本书受中央高校基本科研业务费资助

ZHONGGUO XIANGCUN ZHENXING FAZHAN SHIDIAN
GUIHUA BIANZHI YANJIU BAOGAO
—— YI SICHUAN SHENG WEILI

中国乡村振兴发展试点规划编制研究报告

——以四川省为例

贾　晋　董进智　李雪峰　唐　柳　○ 著
冉瑞平　申　云　尹业兴　高远卓

西南财经大学出版社
Southwestern University of Finance & Economics Press
中国·成都

图书在版编目(CIP)数据

中国乡村振兴发展试点规划编制研究报告:以四川省为例/贾晋等著.—成都:西南财经大学出版社,2021.9

ISBN 978-7-5504-4511-6

Ⅰ.①中… Ⅱ.①贾… Ⅲ.①农村—社会主义建设—研究报告—中国 Ⅳ.①F320.3

中国版本图书馆 CIP 数据核字(2020)第 161746 号

中国乡村振兴发展试点规划编制研究报告——以四川省为例

贾 晋 董进智 李雪峰 唐 柳
冉瑞平 申 云 尹业兴 高远卓 著

策划编辑:李晓嵩 李特军
责任编辑:李晓嵩
责任校对:朴显钰
封面设计:何东琳设计工作室
责任印制:朱曼丽

出版发行	西南财经大学出版社(四川省成都市光华村街 55 号)
网 址	http://cbs.swufe.edu.cn
电子邮件	bookcj@swufe.edu.cn
邮政编码	610074
电 话	028-87353785
照 排	四川胜翔数码印务设计有限公司
印 刷	四川五洲彩印有限责任公司
成品尺寸	170mm×240mm
印 张	16.5
字 数	429 千字
版 次	2021 年 9 月第 1 版
印 次	2021 年 9 月第 1 次印刷
书 号	ISBN 978-7-5504-4511-6
定 价	98.00 元

乡村发展的历史转型

在中华五千年历史的时光长河中，一年甚至十年不过是沧海一粟。许多影响深远的变革和转型都不是一朝一夕发生的，思想的累积和实践的推进都需要经历岁月的打磨。但历史的发展却不完全是线性的，关键的变革和转型犹如酝酿多年的火山一样，往往在某一段或者某一个时间点突然爆发。长时间积累的变革力量在短时间爆发，又往往决定着很长时间的历史走向。

2020 年是全球发展历史进程中极不容易的一年。新型冠状病毒肺炎疫情"黑天鹅"事件触发全球政治经济局势剧烈震荡，全球经济陷入整体性衰退，未来发展具有很强的不确定性。其影响远超 2008 年美国次贷危机引发的全球经济衰退。更为重要的是，国际政治博弈日益显化为一股"逆全球化"浪潮。当今世界正面临百年未有之大变局，全球经济面临发展秩序的重塑和发展范式的转型。

2020 年又是中国发展历史进程中极不平凡的一年。发展的成就进一步凸显出中国共产党的领导和中国特色社会主义的制度优势。脱贫攻坚战圆满收官，在全球减贫史上谱写出辉煌篇章。小康社会建设目标全面完成，我国综合国力和国际竞争力显著增强。生态污染防控取得显著成效，"绿水青山就是金山银山"的发展理念深入人心。公共服务和社会保障全面提高，人民群众生活水平明显提升。抗击新型冠状病毒肺炎疫情取得重要战略成果。面对中华民族伟大复兴的大局，中国经济也面临着发展格局的重构和发展模式的转型。

2020年必将是继往开来的关键之年。中国全面开启建设社会主义现代化强国的历史征程，进入"十四五"规划、2035年远景目标谋划未来发展的历史方位。在纷繁复杂的国际政治形势下，保持发展定力，坚定发展信心，唯有坚持全面深化改革，通过改革来激发国内经济大循环新的发展动能。

中国的改革开放肇始于乡村，农村改革为城市的改革和发展提供了原始的驱动力，开启了中国的城镇化进程。但长期以来，城市的发展和乡村的衰败却构成了中国城乡二元结构的发展鸿沟。21世纪以来，中央连续数年的"一号文件"持续聚焦"三农"问题，将城乡关系调适作为政策调适主线。2017年，我国又开启了乡村振兴战略的伟大征程。在完成脱贫攻坚任务，全面转向实施乡村振兴战略的历史关口，让我们进一步思考：乡村振兴之路应该如何走？未来的乡村将走向何方？

黄宗智在《中国的隐性农业革命》一书中提出，随着城市收入水平的提升和食物消费结构的改变，中国的农业结构正在发生显著的转型。之所以称之为"隐性"的农业革命，其原因在于这种转型主要来自消费结构变迁的市场力量驱动，并且驱动力量的来源主要是城市。如果深入思考城市对乡村的需求变化，除了食物消费结构变迁对农业结构的影响外，基于对乡村自然生态环境和人文历史文化的价值回归诉求也日益显化。除了传统农产品外，生态产品和文化产品逐渐成为城市居民需求的重点。外部驱动力量的变化对乡村人口、经济、社会的影响无疑是巨大的，不仅是农业革命的问题，更是乡村发展的转型。从驱动力量的来源看，乡村转型的动能主要来自乡村外部，来自城市，甚至来自其他区域的城市以及国外。

从国际乡村转型和重构的规律看，乡村往往经历了从生产性乡村，到消费性乡村，再到功能性乡村的转型和发展。功能性乡村意味着乡村必然依据不同的功能导向出现分化。部分乡村主要提供生产产品，部分乡村主要提供文化产品，部分乡村主要是人群的特殊居住和消费场所，部分乡村又主要承担农产品的生产职责，部分乡村成为某一个特色产业的发展集聚地。从一般概念来讲，城市和乡村的休制机制界限已经并不明显，甚至可以说是模糊的，仅仅能够从人口分布的密度来区分。

我国地域辽阔，自然资源禀赋和经济社会发展的双重差异叠加，使得乡村发展水平差异巨大。面临乡村振兴的历史重任，乡村未来发展肯定会呈现多元化的特点，转型和发展的范式必然也是多元的。近年来，在一系列强农惠农政策下，公共财政投入乡村的力度加大，乡村基础设施和公共服务水平明显提升。这不仅为返乡下乡人口提供了居住和发展的公共资源基础，也为生态资源的价值转化和乡村文化的历史传承提供了资本沉淀形成的转化平台。基础设施的改善为乡村多元化转型提供了重要的基础条件。同时，人口在城乡之间的流动和迁徙也出现了许多新的特点，部分都市圈区域的乡村出现逆城镇化的现象，部分特色资源禀赋乡村出现城乡人口的"候鸟式"流动，部分乡村出现返乡下乡人口的聚集，部分乡村由于村镇的合并重组形成区域内部人口的流动。这些变化趋势和城镇化进程引发的人口流动趋势相互叠加，使得未来城乡间及乡村内部人口流动的复杂性明显增强。不同的人口迁徙趋势形成的资源要素结构为多元化乡村转型提供了不同的思路。更为重要的是，总量超过约 2.4 亿的户籍和工作生活地分离的农民工何去何从，依然具有很大的不确定性。这也极大地影响了乡村的转型发展。

我国《乡村振兴战略规划（2018—2022 年）》中将村庄划分为集聚提升类、城郊融合类、特色保护类和搬迁撤并类，这为我国未来乡村发展转型提供了有益的指向。从系统工程的角度讲，乡村系统"要素-结构-功能"的系统性变革和转型可能沿着这样几个方向展开。一是城乡融合转型。城市郊区的乡村受城市发展的辐射带动，基础设施和公共服务达到城市水平，部分乡村融入城市，成为城市的一部分。部分乡村保留乡村的生产、生活、生态特点，但主要承担服务城市经济社会发展的功能。二是聚集发展转型。一些重点镇、村随着人口的聚集，基础设施和公共服务投入力度加大，成为乡村的区域中心，这部分乡村主要承担辐射和服务周边乡村居民的功能。三是特色发展转型。一些乡村由于特色文化和旅游资源丰富，作为休闲旅游和消费目的地吸引大量短期旅游、观光人口，主要承担旅游和文化消费目的地的功能。四是生态保护转型。部分处于生态脆弱或自然保护区域的乡村，主要承担生态涵养功能。五是供给保障转型。部分粮食和主要农产品主产区通过生产性基础设施水平的提升和新型经营主体的培育，主要承担粮食及其他主要农产品供给保障功能。

多元化的乡村转型方向昭示着乡村振兴路径的多元化。2020年，随着脱贫攻坚任务的完成，我国的"三农"政策将全面转向乡村振兴。如果说脱贫攻坚主要解决"底线保障"问题，那么乡村振兴就要解决"高线发展"问题。乡村发展的转型在2020年这个特殊的历史时期拉开了序幕，可以预见的是，在政府和市场双重作用下，一场乡村发展的伟大变革即将发生在神州大地上。如果说因为年龄的原因，我们没能亲身经历40多年前那场农村改革引发的乡村巨变，只能在理论的梳理中体会变革力量的话，现在我们有幸能够处在这个关键的历史时间点去总结规律，研判趋势，用理论和实践的双重视角去感受与触摸这场时代转型和变革。

一代人有一代人的使命，一代人有一代人的收获。身处中华民族伟大复兴大局之中，于大局中寻找发展之路，我们任重道远。

贾晋

2020 年 10 月于成都

前言
QIANYAN

　　本书主要对乡村振兴战略规划的编制进行研究。乡村振兴战略规划是指导乡村全面发展的战略性、全局性、基础性系列规划，是乡村振兴的空间落实和时序安排，是乡村优化空间和配置资源的重要手段，是乡村产业发展、生态保护、村庄建设、基础设施建设、公共服务配套和人居环境改善的直接依据。乡村振兴战略的落地落实需要科学地把握其中的发展要义。在资源环境约束和城乡融合发展背景下，科学探索乡村振兴的实现路径，成为当前规划编制中亟须解决的现实问题。

　　2018年，按照中央和四川省委一号文件的要求，四川省全面启动了乡村振兴战略规划试点工作，确定了22个试点县（市、区）和30个试点镇（乡）开展乡村振兴战略规划编制工作。在这样的背景下，本书编写组有幸主持了其中四项规划，分别是雅安市名山区乡村振兴战略规划、眉山市彭山区乡村振兴战略规划、绵阳市涪城区杨家镇乡村振兴战略规划与广元市青川县青溪镇乡村振兴战略规划。在规划的过程中，本书编写组不断地对各地农业农村发展进程、发展理论与发展案例进行分析、比对和归纳总结，对乡村振兴内涵与发展路径的认识也在不断提高。本书主要具有以下特点：

　　第一，立足实践。本书编写组集结了西南财经大学众多优秀专家学者和博士研究生，组成规划编制工作团队。前期，规划编制工作团队征求省直有关部门和市（州）、县（市、区）意见，充分吸纳基层干部和群众建议，历经实地调研、思路论证、文本写作等，形成了较为科学合理的规划征求意见稿。在此基础上，规划编制工作团队又通过与相关部门进行多轮座谈交流和专家评审，最终形成了乡村振兴战略规划的正式文本。

第二，理论提升。乡村振兴战略的落地落实需要科学把握其中的发展要义。本书对国家和四川省层面的乡村振兴战略规划要点进行了重点解读，对乡村振兴的发展逻辑进行了有效梳理，对规划过程中的统筹协同与渐进实现进行了分析，并对规划建设过程中需要克服的几个倾向进行了归纳和总结。

第三，范式指导。为了使读者对编制乡村振兴战略规划有一个全面、系统的了解，并能在读后进行实际操作，本书编写组以实际参与的乡村振兴战略规划编制为例，从目前的规划理论和方法出发，充分考虑各地乡村的自身特征、建设需求以及发展方向，提出专门适用于乡村振兴战略规划编制的理论体系和方法措施，详述了四地乡村振兴战略规划案例，以期为各级政府实际开展乡村振兴战略规划编制工作提供范式指导和案例参考。

本书由贾晋审定大纲和总纂，李雪峰、高远卓负责全书统稿及全书审校。各章节撰写人员都来自农林经济管理学科研究一线。第一章由唐柳、李艳娜、周璇编写，第二章由冉瑞平、董进智编写，第三章由贾晋、高远卓编写，第四章由贾晋、李雪峰编写，第五章由贾晋、尹业兴、李雪峰编写，第六章由贾晋、申云、高远卓编写。本书的完成，得益于多位专家的帮助，在此一并致谢。由于我们的水平和能力有限，本书难免存在疏漏和不足，诚望各位读者不吝指正。

贾晋

2020 年 12 月于成都

目录
MULU

第一章　国家乡村振兴战略规划要点解读

乡村衰落是工业文明造成的普遍现象。纵观全球经济发展情况，随着工业化与城镇化的快速发展，各国乡村都不可避免地出现了衰落现象，都经历了"工业优先发展→工业反哺农业→工农融合发展"的路径。那么，城市发展的同时为什么不可以让乡村自然衰落下去呢？乡村为什么需要与城市一道繁荣起来呢？根本原因在于城市需要多功能农业的产品供给，需要广大乡村绿色空间的生态支撑，需要有从事农业生产、守护生态的职业工作者，需要为留住"乡愁"、保住"绿水青山"的绿色空间提供更多、更好的服务。这是城市发展的内在之需，更是振兴乡村的原本之理。基于对我国现代化建设规律和城乡关系变化特征的深刻把握，党的十九大提出了乡村振兴战略，顺应了亿万群众对美好生活的向往，也为化解城乡发展不协调、农村发展不充分的结构性矛盾提供了实践导向。战略实施，规划先行，乡村振兴战略的落地落实需要科学地把握其中的发展要义。在资源环境约束和城乡融合发展背景下，科学探索乡村振兴的实现路径，成为当前乡村振兴战略规划编制亟待解决的现实问题。

第一节　把握乡村振兴的发展逻辑

作为农业大国，中国的农业农村现代化进程无疑面临着人地矛盾、生态问题、体制机制壁垒等诸多挑战。探寻和把握合乎乡村需求性、标准性、发展性以及目的性的重构理念与振兴逻辑成为破解"三农"问题的关键。乡村振兴战略是对我国乡村渐进式改革历史的全面超越，包含着革新的基因，也指向振兴的归宿。乡村振兴战略规划的编制作为平衡自上而下战略与自下而上行动的桥梁，需要在历史的延续与创造中对新时代中国乡村做最为精准的预设。因此，乡村振兴战略规划的编制必须依存乡村振兴战略的理性逻辑——革新与振兴。

一、革新的逻辑

改革的重点在于激发乡村振兴的内生动力，打造乡村社会生活的新形态、新面貌。纵观中国乡村社会的百年变迁，从封闭的礼俗社会到开放的法理空间，乡村社会的存在和维系都始终围绕着村落这一物质基础和空间载体。在地域、社会、政治以及文化心理的共同性之上，传统村落得以展现其独立的特质——基于农耕生计的乡土性。但伴随着"小农"的社会化转型，乡土性突破村落场域的藩篱后走上现代化"后乡土"之路也形成了人口外溢、文化没落、规制失灵的"新常态"。乡村振兴对乡村社会发展的统合整理正是对这种"新常态"的"革故鼎新"。

（一）人口重构——新乡民

乡村振兴的核心是农业人口的现代化与乡村人才集聚。以"人本理性"逻辑约束农民向服务乡村的态度转化，以"新乡民"思维促进农民建设活力的激发与创新能力的定向发挥是乡村振兴人口革新的重要内容。众所周知，农民的高度分化是单向城镇化进程中乡村衰落的主要原因之一。乡村"空心化"、人口"老弱化"的问题在乡土黏性日渐式微之下愈发明显。通过妥善处理农民主体与农房市场价值变现、公共服务设施配置、农地经营权流转的逻辑关系，一定程度上可以弥补乡村在"地位"上的缺失，但要想真正让农民支持新乡村建设，还需在"希望"和"机会"的供给上持续发力，确保农民主体性的有效发挥。例如，创新政策制度供给，促进乡村人力资本的提升与改造。乡村振兴战略规划编制要建立有吸引力的乡村人力资源政策，首先应解决的就是留哪些人、聚什么人的问题。因此，在规划编制之初，探清区域人口基底是重要前提。规划编制要从实际出发对当地城乡人口的未来布局有合理的前瞻判断，既要关注有技术、会管理、懂市场的实用型和生产经营型乡村原住人口的培育发展，也要增大知识型、技能型与创新型的"回归"或"外入"人才队伍建设的可能性。之后，人口革新通过示范、学习、引领、合作、参与、互惠等方式的创新设计而实现，也即形成新乡民。当然，除了自上而下政策带来的革新外力，打破乡村人才的困境还需要人口内部积极性的充分调动。建立乡村振兴人才集聚平台及搭建专业化农村"双创"基地，可以实现乡村"物质资源"的反哺，打破乡村招才引智、"智志双扶"的瓶颈，主动破除城乡人才要素流动体制机制障碍，畅通智力、技术、管理的下乡通道，并配合建立有效的人才奖励机制，充分激发人才要素活力。因此，以内外合力与量质同升达到人口结构逐步优化的目的，即是乡村振兴战略规划中人口的革新逻辑。

（二）文化复兴——新乡韵

乡村文化是凝聚乡村社会整体发展力量的关键。在实现农业现代化和城乡融合发展的历史背景下，乡村文化的复兴、"乡愁"的归源与延续就是在认同感与归属感中重拾乡村文化的自信，重建乡村精神和乡村理想的革新过程。原有的特色乡土文化被打上现代化印记，与农民价值需求结合，与乡村治理结合，在更广泛的功能作用发挥中滋养乡村社会。当然，乡村文化的总体重构与复兴不是简单地回到从前，更不是推倒重来，而应是基于乡村民俗、民风、个性和可活化特点的创意重建，也即新乡韵的形成。

1. 强调与"生计"融合

复苏乡村文化产业和激发居民自主参与的动力，关键在于给予文化合适的生长土壤。在文化更新的过程中有相当一部分的乡土文化被原汁原味或原封不动地就地保存，如以乡村建筑为代表的物质文化，以节庆民俗为代表的非物质文化；也有一部分乡土文化由于承载主体的变化而被整体迁移、馆藏，如传统的工艺与器具，但无论哪种形式都存在着"文化落地"的难题。因此，乡村振兴战略规划编制的一个重要方向就是文化与"生计"结合的发展设计。在因地制宜地保护与存续地域文化多样性、最大限度地挖掘和弘扬地域文化价值的过程中，乡村振兴应主动输出稀缺的乡村社会文化资本，一方面能够通过文化基因携带场所，如工艺传习所等的规划建设，发展文化创意等特色产业，在对乡村文化的"个性创造"中寻求传统文化保护的经济驱动力；另一方面能够借助村庄风貌整治、建筑风格保护、历史文脉传承、乡愁文化基因和地域特色民族风情元素彰显等，以文化艺术与民族风俗激发乡村地域活力，在旅游服务中强化村民对乡土景观、农耕文化的深层认知与情感依附，实现农民对乡村文化的权益增值。

2. 强调公共的文化服务供给

强调公共的文化服务供给是基于新乡村文化的植入革新。时代进步与发展所凝结的优秀文化从外部场域进入乡村空间需要以一种合宜的方式被接收和内化。毋庸置疑，基层综合文化服务平台，如乡镇文化站、村级文化活动中心等公共文化机构是其中重要的"传递枢纽"。因此，乡村振兴战略规划编制要强调通过公共文化服务设施的建设完善、公共文化服务供给模式的创新设计、公共文化建设投入机制的多元融合等，促进基层公共文化机构辐射作用有效发挥，推动公共文化乡土转型，切实保障公共文化资源的惠民、利民与便民。这种文化内化与文化活化的复兴逻辑也是乡村振兴文化的革新逻辑。

（三）组织变革——新乡治

推动乡村治理民主化、科学化以及现代化是乡村组织革新的根本目的所在。乡村治理是乡村振兴战略规划实施的关键基础，也是重要环节。充满活力、和谐有序的善治乡村的形成不是一蹴而就的，从人才振兴到组织振兴再到产业振兴的乡村渐进发展路径表明，要使乡村治理有效实现，必须进行两个维度的考量：

其一，乡村权利归属问题，即乡村治理与乡村主体的关系逻辑。在城乡二元结构背景下，乡村社会组织结构多元化、复杂化的最直观表征就是乡村政治效能的弱化、虚化、边缘化以及"能人经济"的异化。在实质上，其指向的也正是乡村治理两大主体——基层组织和村民的治理权利分配问题。乡村组织革新强调村集体制度与村民自治制度相互交织下的"良治"，因此乡村振兴战略规划编制的一项重要工作就是要平衡两者的治理关系，从"三治融合"的创新着手，构建基于乡村社会特征的差异化治理体系。例如，乡村可以通过村民选举、新乡贤推介以及各类集体组织建设，用自治方式激发乡村治理活力；通过道德、伦理规范和社会舆论的宣扬，用"柔性治理"模式发挥乡村德治作用；通过强化农村普法教育和依法治国理念，用法治手段维护乡村治理秩序和公平正义。当然，乡村振兴也应积极构筑"政党下乡"、高校服务等智慧下沉平台，促进其更好地嵌入乡村生活，更好地发挥组织、动员、协调的功能，从根本上强化乡村基层党组织的指导和规范效力。乡村振兴也应关注乡村社会的各类冲突，通过行为特征、激化成因的归类分析，积极预设并编制相关化解方案，形成乡村组织治理的实效化保障。

其二，组织规制下的发展问题，即乡村治理与乡村经济的结合逻辑。在一定程度上，组织振兴也指重新把人民组织起来，整合劳动力、智力要素，通过集体生产与生活，实现增收增益。基层治理体系中的法治与德治也好，村民实施的自治也罢，其治理的最终指向都是乡村的经济社会发展。基于此，集体经济组织的发展模式可谓既弥补了乡村基层自治组织形式的缺失，又为乡村组织向"授人以渔"式的革新转型做了铺垫。乡村振兴战略规划编制要通过农民生产合作社、农民经济合作组织等集体经济组织的建设发展，积极培育从事现代农业生产的新型经营主体，创新并探索出更多的乡村基础治理向多元治理模式和多元治理结构转型的发展形态，从组织效力上为推动乡村经济的健康稳定发展做支撑保障。

二、振兴的逻辑

乡村振兴的内在逻辑在于整合、改造、增益的渐进实现。作为兼具工具理性与结果指向的统一体，乡村经济的全方位振兴是从其基础物质层面向产业和生态两个维度推进的现代化发展。产业兴旺是乡村经济繁荣发展的前提，生态宜居是乡村经济健康发展的保障。乡村振兴战略规划编制要推进以农业为核心的产业生产，也要注重以"绿水青山"为本底的生态建设。

（一）产业兴旺——新业态

农村"立身"的基础在于农业，农业的"出路"在于现代化。发展现代农业不仅是振兴乡村的需要，也是社会和谐稳定的内在要求。围绕粮食的核心地位，推动农民"归业"，围绕资源的发展禀赋，推动农民"兼业"，以结构优化互补的新业态支撑起乡村可持续生计的发展统筹，是新时代乡村产业振兴的核心要义，也是其转型创新的基本逻辑。

1. 重视传统农业

谋划农业自身成长的强劲动力既是保障乡村核心功能（粮食生产）有效实现的基础，也是确保乡村振兴的关键。乡村振兴应通过土地改良、农田水利设施建设、农业灾害防范等自然资源和基础设施强化，构筑农民易得、易用的支撑发展保障，稳住乡村生产基石；通过推进农村承包地确权登记颁证，扶持培育龙头企业和特色农业生产，大力发展绿色、立体等高质量农业，推进农业适度规模经营，集成打造优异特色品牌，以最大限度发挥农业本身潜能，切实提升生产经营效率。

2. 重视大农业圈层的规划建设

推动要素跨界配置与产业有机融合是解决乡村劳动力价值萎缩问题的关键。相较于传统农业的横向产业体系，纵向产业体系具有更高的组织效率和更强的市场竞争力。纵向产业体系既是基于传统农业产业链条的"延伸"体系，也是乡村原有非农产业的"发散"体系，而产业振兴的重要目的就是促进两类体系的融合。"延伸"体系的"农业化"核心围绕，"发散"体系的"农业化"功能回归，形成富有乡土特色的"大农业"产业圈层。乡村振兴战略规划编制应注重经营项目在生产、加工、物流、研发等过程中的科技含量提升，保证农业产品的高价值利用，以合理化、绿色化、创新化，促进农村经济特色发挥；同时，积极谋划农业的多功能性开发，将休闲、旅游、康养、游学、教育等相关业态纳入产业体系，增强乡村产业聚合力，以多次产业化创造新的复合业态。但是，乡村振兴需要在"农业+"的导入过程中尊重地方的产业实际，在综合分析的前提下提出渐进性变革方案，不可遍地"综合体"，更不能满村"民宿风"。

3. 重视项目落地的发展运营

规划建设项目需要考虑产品成果的经济变现。一方面，乡村振兴可以通过创新机制和搭建平台，吸引各类电商加入乡村产品流通，打开产城对接和城乡对接的关口，以互联网思维构建适宜的商业模型；另一方面，乡村振兴可以通过围绕农业农村优势产业的科学布局，培育和发展农商产业联盟、农业产业化联合体等新型产业链主体，构筑"公司+合作社+专业农户"的现代农业产业发展模式，打造产加销一体化的全产业链集群，以规模集聚助力乡村经济向好发展。

（二）生态宜居——新生态

自然生态是乡村生态宜居的本底，也是乡村振兴发展的基石。习近平总书记的"两山论"对生态价值取向的根本把握，为乡村生态振兴指明了发展方向。推动山清水秀生态空间修复，推动绿色生产生活纵深发展，以多维度生态系统的复合营建，构筑自然资本增值与环境保护良性互动的乡村新生态，是底线思维下乡村生态振兴的目标指向。因此，将绿色发展理念贯穿农业和农村发展的全过程，以健康的福祉谋划乡村生态的绿色变革，便是其中重要的发展逻辑。

1. 自然生态

宜居生态是乡村区别于城市的"个性"，乡村振兴战略规划编制首先要做好的就是这一"个性"的留存和保护，通过梳理乡村各类生态资源，评估生态要素敏感性，精准把握乡村地域生态环境的发展特点，在守住基本农田控制线、生态红线、水源保护范围等重要生态界线的基础上，重点谋划耕地、林地、水域、湿地等限制性保护规划，落实科学的防治、整治措施等，构建乡村生态安全格局，保育与恢复乡村原生态资源。

2. 社会生态

村庄是人居环境和人文生态的共生场域，也是最能体现地域基本特征的载体。乡村社会生态的修复需要根据村庄所处圈层及村庄的文化底蕴、生态廊道、交通干线、河流水系等特殊要素进行弹性控制，既需要针对垃圾、污水、村容等问题统筹整治，也需要通过植树造林等行动加快"绿色"发展；通过制定美丽乡村风貌提升规划，明确村庄定位，把原貌整治、塑造特色作为主导乡村规划和建设的方向，形成功能清晰、布局合理、生态宜居的村庄建设格局；通过生活环境设施的改造和升级，让居民生活更方便、更环保、更有质量；通过乡风文明整体宣教的文化生态，让保护的观念内化，构筑全域角度的社会生态，彰显村庄特质。

3. 经济生态

良好的生态环境是乡村发展的最大优势和宝贵财富，从绿水青山到金山银山，其中体现的正是乡村生态振兴的"变现"逻辑。农村依托绿水青山发展产业的事实，注定了乡村经济生态的振兴应有产业生态化和生态产业化的两个选择。在产业生态化改造上，乡村应遵循资源节约、物质循环、低碳生产的发展理念，通过提高绿色农业生产水平、加强工业生产的清洁设施建设等逐步减少产业生产对生态环境的污染和破坏。在生态产业化转变中，乡村应按照绿色发展的导向，基于比较优势挖掘乡村特色生态资源，发展生态加工、生态服务等新型业态，如在保护耕地基础上构建农业生产景观体系等，通过挖掘和开发旅游经济、民宿经济，使生态资源的生态价值向经济价值转化，形成社会收益。同时，乡村振兴也应关注生态经济的矛盾"背面"，关注生态环境的公共品属性与经济发展的营利属性在生态经济"变现"中的关系平衡。乡村振兴战略规划编制应强调通过相关制度规制的作用，有效规避以牺牲环境来换取经济增长的现象。

第二节 注重城乡融合与乡村衰退的思辨

在生产体系变动、社会体系松动、治理体系完善之中寻求乡村新的"归宿"，是社会治理的新课题。乡村振兴战略关于"城乡融合发展"的强化，是对新时代城乡关系的再思考，也是新时代乡村现代化的路径指向。乡村振兴战略规划编制需要审视其中"共生共荣"的目的与关系逻辑，统筹推进乡村综合建设，并以此增强规划的引领性与现实落地性。

一、融合的推进——城乡共同体

城乡融合发展是基于空间布局优化和制度供给创新的经济、社会、环境的全面融合发展。长期以来，生产要素配置及公共服务供给的单一偏向，造成了城乡发展不平衡、农村发展不充分的情况。推动农业农村现代化，以城乡融合实现互利共赢的乡村振兴战略，是解决新时代城乡发展矛盾的突破点。但是，这一过程绝非指向乡村的逐渐"消融"。乡村振兴战略规划编制需要把握好融合的"度"，防止乡村振兴战略规划的"城市化"。在一定程度上，"融合"就意味着"突破"，乡村振兴战略规划编制需要突破城乡之间的产业边界、公共资源边界以及区域空间边界，以要素资源自由流动、城乡双向赋能形成新的城乡共同体。

（一）产业方面

城乡发展的博弈主要在于传统乡村区域比较优势的缺失、小农经济的延续以及工农同工不同酬的特殊情况造成的乡村劳动力价值萎缩。因此，制度化跟进的乡村振兴战略规划，首先应强调对乡村产业的市场化改革。深化农村集体产权制度改革、经营性资产股份合作制改革有助于将农村集体经营性资产以股份或份额形式量化到集体成员，借以完善农村集体产权权能，保障农民对集体资产股份的占有、收益。农村土地及要素市场改革包括承包地三权分置改革、承包地退出改革、宅基地退出改革和集体经营性建设用地入市改革等，打开资源要素与区域市场空间高效对接的窗口，整体借助资产的盘活，推进城乡融合。制度化跟进的乡村振兴战略规划强调乡村本土产业的转型升级。乡村应大力培植发展与外围城市需求相一致的特色种养、农产品加工、农村新型服务等，用城市现代科技来改造传统农业、用城市的工业发展来延长乡村的农业链条、用移动互联来丰富和发展农业业态，以城带乡、以工带农，有效推进三次产业在城乡空间内的融合发展。另外，制度化跟进的乡村振兴战略规划应以招商引资为重点，推进产业集成的非公经济发展，积极探索农业产业化的经营新模式，通过扶持"一村一品、一乡一业"的经济联合体建设，推动城市人、财、物的乡村"落户"，构筑以村域经济和乡域经济为基础的新发展体系。

（二）公共资源方面

城乡融合的前提是城乡等值，也就是让居民无论是生活在城市还是生活在乡村，均享受到等值的公共品服务。一直以来，乡村公共服务是我国农村地区发展的明显短板，也是实现城乡融合发展必须加快补齐的短板。乡村振兴应推动公共服务向农村延伸、社会事业向农村覆盖。乡村振兴战略规划编制应切实正视城乡基本公共服务配置存在的差距，通过服务体制机制创新，实行乡村偏向的公共服务增量配置政策，让农民享受到与城市居民均等化的基本公共服务。乡村振兴要实现水、电、路、信等基本公共服务能获得，文娱、购物、金融等生活品质服务可获取，教育、医疗、社保等社会化服务广覆盖，以利好的公共服务供给，创造良好的人居环境，保障乡村生产生活与城市的现代化融合。

（三）区域空间方面

区域空间边界的突破是城乡有形融合的重要表现。县域乡村的发展涉及生态功能区、产业园区、产业集聚区、村落聚居区等各种功能空间。城乡融合和适度规模下的现代化乡村建设，强调对这些功能空间的汇集整合。当前阶段，改变乡村地区"镇弱村空"的状态，需要探索区域功能空间集成的新发展形态。就地城镇化是其中重要的发展形式，也是乡村振兴战略规划编制需要重点关注的城乡融合"试验区"。乡村振兴应通过构筑特色小镇等城乡融合体，以扩容提质为重点，强化中心社区与重点村镇优势，培育生产、生活、生态"三生"融合的村镇有机体、居业协同体，做强村镇空间场、做实乡村振兴极。当然，在"试验区"的选择标准和试验内容上，要综合评估地理环境、资源禀赋、农业功能、经济总量、民风民俗、人口规模、城乡关系等，确保其有代表性和可推广性。

二、衰退的阻断与防范——新乡村共同体

城乡二元体制下，基于血缘和地缘关系维系以及集体认同的传统乡村共同体的解体有一定的应然性和必然性。随着现代化和市场经济的持续推进，乡村所经历的从社会关系到价值体系的结构变革，也对新型乡村共同体的重构提出了要求。乡村的共同体有两种假设：一种假设认为乡村是村落共同体，另一种假设认为乡村是基层市场共同体。实质上，两者都指向了乡村有别于城市的特性——自组织和内聚。乡村振兴的实质性发展，强调乡村内部的多元复兴，提倡农民主体地位的回归和利益的维护。因此，以重构的新乡村共同体阻断和防范乡村衰退，是乡村振兴的重要目的指向，也是乡村振兴战略规划编制必须妥善处理的重点问题。

（一）主体认同下的社会共同体

乡村内部的共建、共治与共享，应是在主体认同基础上形成的"更新完善"。乡村建设尤其是市场前景良好的乡村建设，并不缺乏外来要素的"激励"，但是缺乏村庄内部要素的"觉醒"。乡村建设需要凝聚农民的发展共识，即乡村建设的主力和动力都应是农民。规划建设项目通过主动嵌入可供农民参与的"角色"，如把规划建设的立体农业、田园综合体、农业示范园等项目的现代化经营管理权限充分赋予农民，助推项目的切实落地与发展。当然，乡村社会共同体重建最终能否成功，在根本上还取决于能否培养出大量成熟理性的乡村公民。植入德育的伦理教化以及设置自治、互助的制度平台有助于让农民自觉参与乡村的社会治理与公共建设。"乡愁"的归源延续有助于提升主体认同感和幸福感。

（二）合作与联合上的经济共同体

新乡村共同体是在乡村现代化过程中、在个体间自由交往和平等互动基础上形成的，是一种合作共同体。虽然受到现代化的影响，但是乡村并没有完全脱离传统的"集体意识"而存在，乡村振兴追求的也正是一种个体差异基础上的经济联合。就农民而言，只有当乡村超越情感依托成为经济来源的象征、乡村共同的经济利益和农民个人的经济利益共同进退时，农民才会对乡村产生强烈的依赖感，才会推动乡村共同体的实现。事实上，乡村拥有相较于城市更为灵活的"自组织"特点，乡村的公共领域、私人领域和日常生活领域既高度碎片化又有机地联系在一起。因此，在差序格局之上重构适应乡村成长特点的经济发展模式，应重视农民内部的合作与联合，借助专业合作社和小型经济体的综合建设，形成互帮互助的乡村经济共同体。乡村振兴战略规划编制可以通过构建以政府推动、龙头企业带动、村委创办、能人领办为主的农民专业合作社，带动农民尤其是贫困户入社，实现就业和增收；通过调和农民分散经营与市场之间的矛盾，尊重既有的乡村利益格局，顺应新的市场变化，立足优势兴办、多领域创办多样化、联合化、组织化的乡村经济合作体，以规模经济推动乡村振兴。

第三节　强调关键技术的集成应用

破解规划"弹性不足"的困局，需要乡村振兴战略规划编制基于定性与定量的综合分析做科学化的系统集成。由此，乡村振兴战略规划编制除对乡村内部发展逻辑的定性统筹外，还需关注现代技术在其中的定量应用。在数据资源前提下，乡村振兴战略规划编制通过深入理性的预判与分析，精准把握乡村发展变化的规律，以更高的契合度强化其在规划建设中的指导作用。探清县域乡村的发展现状、洞悉乡村地域的风貌特征、强调基于实地调研和可行性分析的现代关键技术在乡村振兴战略规划编制中的应用主要体现在三个方面：村庄发展潜力评价、全域土地综合整治和重点项目可行性评估。

一、村庄发展潜力评价

乡村的发展潜力受多方面的影响，既包括政策、资本、人才、技术等外部因素，也包括资源、环境、文化、人口等内部因素，内外部因素相互影响也相互制约。进行县域村庄的发展评价是乡村振兴战略规划编制重要的前期工作，通过对乡村发展潜力的量化分析，能更客观地辨析发展局限，为乡村振兴各项发展指标的科学制定提供依据，也为后续基于村庄特色的产业选择、生态修复等提供基本的数据支撑。科学的乡村发展潜力评估应强调"自下而上"的原则，根植于乡土实际，按照"家庭→村→乡（镇）→县"的整体思路，汇集基本的乡村信息，探清乡村各类资源的基底，获取人口、土地保有量、农林牧渔的发展基础和生态资源的开发状况，明确县域乡村的生态红线、发展红线。科学的乡村发展潜力评估应通过构建成熟的发展评价体系，精准录入基础信息，借助具体指标的比例赋值，量化村庄的"综合实力"；同时，借助大数据平台做县域内村庄的发展备案，通过潜力的对比评估，做乡村地域内部的差异化分析，并以此确定不同类型乡村的发展定位与空间组织形态，在县域空间上形成不同的建设层级。科学的乡村发展潜力评估应从整体上为乡村振兴战略规划编制提出分区、分类、分级推进的发展战略，提供最为基础的支撑。

二、全域土地综合整治

土地是乡村振兴的核心单元，乡村振兴战略规划编制需要进行用地的集约精准保障，把握土地与乡村振兴的内在关系。全域土地综合整治不同于传统的区块治理，而是以村为基本单位，连同乡（镇），进行县域空间内全要素的统筹规划，旨在推动生产、生活、生态空间的合理布局，为形成点、线、面的要素集成，或者核心与边缘的空间发展脉络提供规划依据。乡村振兴战略规划编制要强调通过借助地理信息系统、遥感成像等现代科技手段进行土地的全域勘测，清晰划分土地类型，探寻差异化的地域空间特征，并对规划区尤其是搬迁规划中的村落聚居区、新型产业园区等，进行地质灾害或潜在危害预估；通过搜集各功能空间的人口数据，分析人口密度空间上的演变规律，预测人口未来规模，动态地进行用地结构调整和管控。乡村振兴战略规划编制应以经济、人口、自然条件等多因子叠加信息整合，形成全域的土地布局优化与综合整治，推动调整乡村关键发展要素的演进方向，以定向汇聚的点、线、面等场域空间形态，解决土地不合理利用、区域产业无序发展的诸种问题，形成各要素间耦合协调发展的格局。

三、重点项目可行性评估

可行性评估是规划前期工作的重要步骤，即在投资决策之前，通过对拟建项目进行全面的技术经济分析论证，前瞻性预判规划执行可能存在的问题和挑战，确保项目以最小的投资换取最佳的经济效果。长期以来，我国乡村一直都存在着既定的经济、社会、资源环境系统脆弱的事实，且程度较高。这无疑对乡村振兴战略规划编制提出了较高的要求。为了避免破坏性的开发建设，针对拟规划建设的项目，必须在一定的可能性范围内，实施必要性和技术可行性分析。乡村振兴战略规划编制在预设具体的发展项目时，应强调在经济成本、农民负担能力以及生态承载力等方面的发展评估，构建层次分析等效益权重评价指标体系，重点把控相关因素的敏感性，立足实际，以此实现拟建项目的可操作性、可增益性。

第四节　关注规划的协同与渐进

乡村振兴是多因素协同演进、共同作用的结果，同样也是一个长期、动态上升的过程。乡村振兴的这一本质内在地要求乡村振兴战略规划编制在由技术理性走向社会理性的过程中，还需要关注其中的统筹协同与渐进实现。

一、统筹协同

乡村振兴既是顶层设计也是基层实践，实现自上而下的规划与自下而上的行动之间的平衡，不仅要考虑省、市、县、镇、村乡村振兴战略规划的纵向衔接，也要量度经济社会发展、国土空间、主体功能区规划的横向协调。

（一）纵向衔接

纵向衔接要求遵循制度性、要素资源统筹分配与落地践行的过程性发展逻辑，强调省级规划在国家战略与政策指导之下，以市、县为基本单位进行区域把控；强调市、县规划在立足区块特征之上，以乡镇为基础单元实施重点谋划；强调镇、村规划在微观尺度之中，以村落为核心围绕因地制宜进行"细密编织"。三种异质性的空间规划有着纵深的递进关系和上升逻辑，在现实的乡村振兴战略规划编制中，无论是哪一种空间规划，都应前瞻性地考虑与另外两者的关联，不脱离下层级的实际，也不能摆脱上层级的大方向。

（二）横向协调

乡村振兴战略规划需要统筹乡村地域可支配、可利用、可依赖的要素资源，综合协调区域多种主导规划。乡村振兴战略规划编制应按照国土空间开发布局，定向乡村振兴发展界限；按照主体功能区战略部署，靶向乡村振兴发展内容；按照地区国民经济发展目标指向，统筹城乡融合发展进度。当然，除了强调从横向的主导规划中获取"立规支撑"，乡村振兴战略规划编制还应考虑对产业、人才、文化以及组织和生态分项目标的细化统整、衔接与互补。乡村振兴战略规划编制应把握控规与详规的关系逻辑，把握开发与保护的发展逻辑，把经济发展质量和改善乡村人居环境放在重要的位置，重视乡村文化传承与生态环境保护。总之，乡村振兴战略规划编制应强调多规的纵深统一，增强前瞻性和引领性。

二、渐进实现

乡村振兴并非一蹴而就，需要尊重乡村发展的客观规律，聚焦阶段任务，实施梯次推进的渐进性革新。乡村差异和复杂的空间形态、多元和动态的发展特征决定了乡村振兴不是"一刀切"的工程，而是一项长期的历史任务。这就需要乡村振兴战略规划编制摒弃"一劳永逸"的思维，重视以长远发展目标为基础，合理确定短期发展规划。事实上，乡村发展实际与规划预期处于长期的博弈之中，妥善地处理其中变与不变的关系，需要规划编制根据"示范"先行经验，适时地"通权达变"，进行补充汇编、总结更新的过程性调整。例如，在省域规划的任务安排上，甘肃省侧重在乡村振兴第一阶段实现全省的精准脱贫，四川省强调城乡融合发展，安徽省强化基础设施建设，陕西省聚焦小城镇建设。这其中体现的就是不同地区结合发展实际，在工作重心上所做的倾斜和侧重。当然，在县域规划中也应注重增强差异化乡村地域的弹性和可持续性，总结"普适性"的乡村发展理念和策略，但不能"一概而论"，从较偏远的外围农村地区到接近城市的边缘区，要把握不同村庄的变迁发展趋势，分阶段和分地区因村制宜、精准施策，推动乡村振兴健康有序进行。

第二章　四川省乡村振兴
战略规划要点解读

2018 年中央一号文件对实施乡村振兴战略进行了全面部署，明确提出要强化乡村振兴的规划引领。制定乡村振兴战略规划、实施乡村振兴战略成为四川省各级党委和政府的重点工作任务。2018 年 5 月，四川省在全国率先启动县域乡村振兴战略规划试点工作，实施了规划引领乡村振兴战略的一系列举措，取得了良好成效。

第一节　全面部署总体战略

党的十九大报告首次提出实施乡村振兴战略，要求必须始终把解决好"三农"问题作为全党工作的重中之重，要坚持农业农村优先发展，按照产业兴旺、生态宜居、乡风文明、治理有效、生活富裕的总要求，建立健全城乡融合发展体制机制和政策体系，加快推进农业农村现代化。2018 年中央一号文件系统阐述了乡村振兴战略的内涵、目标、实施方略和路径，对实施乡村振兴战略进行了全面部署。2018 年中央一号文件明确提出要强化乡村振兴的规划引领，在制定《国家乡村振兴战略规划（2018—2022 年）》基础上，要求各地区、各部门要编制乡村振兴地方规划和专项规划或方案，并要求加强各类规划的统筹管理和系统衔接，形成城乡融合、区域一体、多规合一的规划体系，实现分类有序推进乡村振兴战略。

2018 年四川省委一号文件全面部署新时代四川省乡村振兴战略，强调坚持规划先行，编制省级、县级乡村振兴战略规划，优化农业功能分区和乡村经济地理格局，推进农业主体功能区建设，确定重点发展区、优化发展区、适度发展区、保护发展区；要求建立多规合一的规划机制，加强各类规划的统筹管理和系统衔接，形成城乡融合、区域一体、多规合一的规划体系，推进城乡规划、土地利用总体规划、产业发展规划、环境保护规划、经济和社会发展规划等有机衔接，促进城乡功能和空间融合发展；要求各级政府强化乡村振兴战略规划执行监管，把编制规划纳入各级政府工作考核内容，严格实行规划审批制度，建立健全村镇基层规划建设管理队伍，并要求县（市、区）政府每年向同级人大报告、向同级政协通报乡村振兴计划的实施情况。自此，四川省开启了规划引领、助力乡村振兴战略实施的新篇章。

第二节　率先构建规划体系

按照顶层设计基本要求，遵循农业农村优先发展基本原则，四川省编制了《四川省乡村振兴战略规划（2018—2022 年）》，部署四川省若干重大工程、重大计划、重大行动。四川省各市（州）制定了区域性乡村振兴战略规划，指导县（市、区）统筹县城、乡镇和村组，制定与国民经济和社会发展规划相对应的县域乡村振兴战略规划。乡镇按照因地制宜，宜聚则聚、宜散则散的规划理念，更新完善镇村规划体系。

为进一步推进实施乡村振兴战略，四川省率先探索构建了县域乡村振兴战略规划体系，并印发了《关于开展乡村振兴规划试点工作的通知》《关于四川省县域乡村振兴规划编制的指导意见》，明确提出"1+6+N"县域乡村振兴战略规划体系，并确定在崇州市、富顺县等 22 个县（市、区）和成都市郫都区唐昌镇等30 个乡镇开展乡村振兴战略规划试点。四川省"1+6+N"县域乡村振兴战略规划体系中的"1"，即县域乡村振兴战略规划（2018—2022 年），是战略性和总体性规划，是乡村振兴的空间落实和时序安排；"6"，即乡村空间布局，乡村产业发展，宜居乡村建设，乡村生态环境，乡村基础设施和公共服务设施建设，古镇、古村落、古民居和古树名木保护 6 个专项规划，是具体深化和落实；"N"，即各类年度实施方案及重点镇（特色镇）乡村振兴战略规划、重点村（特色村）建设规划、有条件的村可组织编制村土地利用规划等，是指导施工图设计和实施的空间落实。"1+6"为必须编制的规划，各县（市、区）可自行确定"N"的编制类型和数量。根据《关于四川省县域乡村振兴规划编制的指导意见》的要求，县域乡村振兴战略规划体系坚持多规合一、绿色生态、城乡融合、因地制宜、彰显特色等原则和理念，统筹衔接经济社会发展规划、土地利用规划和产业发展规划等，构建全域覆盖、城乡一体、均等服务的基本公共服务体系，全域推广"小规模、组团式、微田园、生态化"建设模式。四川省率先初步形成了省级规划→市州规划→县级规划→乡镇规划→村庄规划的乡村振兴战略实施规划体系，有力推进了四川省实现乡村振兴战略规划全覆盖。

第三节　分类推进振兴战略

四川省地域辽阔，地形地貌复杂，各地自然条件、社会经济发展水平差异较大，存在区域发展不协调、不平衡问题。四川省是农业大省，乡村面积大，存在城乡发展不平衡、农业农村发展不充分问题。实施乡村振兴战略不能搞"一刀切"和"齐步走"，必须分类推进、精准施策。

2018 年 9 月，四川省委、省政府印发《四川省乡村振兴战略规划（2018—2022 年）》，对四川省 2018—2022 年实施乡村振兴战略做出整体部署。《四川省乡村振兴战略规划（2018—2022 年）》充分认识乡村振兴任务的长期性、复杂性和艰巨性，根据不同区域、不同类型乡村的发展基础和演变规律，突出问题导向和目标导向，分地区、分类别推进乡村振兴，明确坚持把实施乡村振兴战略作为新时代"三农"工作的总抓手，按照产业兴旺、生态宜居、乡风文明、治理有效、生活富裕的总要求，统筹推动乡村产业振兴、人才振兴、文化振兴、生态振兴、组织振兴，建立健全城乡融合发展体制机制，加快推进农业农村现代化，擦亮四川农业大省金字招牌，推动由农业大省向农业强省跨越。

为了实现乡村振兴战略的分类推进、精准施策的总体构想，四川省选定了首批 22 个规划试点县。这 22 个规划试点县是秦巴山区、乌蒙山区、高原藏区、大小凉山彝区、川西平原地区和川中丘陵地区等不同区域和发展水平县域的典型代表，覆盖了四川省主要类型区。各规划试点县分别探索各类区域、不同发展水平的"1+6+N"县域乡村振兴战略规划体系模式，寻求分类推进、精准施策。

四川省分类推进乡村振兴战略的主要思路是在构建"一干多支、五区协同"

区域发展新格局中，统筹推进四川省乡村振兴，优化农业功能分区和城乡经济地理，主要包括推进农业主体功能区建设，推进以五大农产品主产区为主体的农业发展布局，支持经济强县、农业大县率先建成农业强县，开展农业强县示范县创建工作，破除行政区划壁垒和体制机制障碍，探索建立产业城乡互通、区域互融、跨区跨界的产业融合发展机制。各县（区、市）都在不断探索和实践，取得了较好的成效。例如，广汉市是中国农村改革发源地之一，也是重要的粮食主产区之一，规划了"三路三带四基地"的现代农业产业发展布局，从农业园区着手，力图打造绿色农业功能区、现代粮食产业功能区和城市近郊休闲农业功能区，形成"园区联动"产业发展新态势。处于秦巴山区的广元市利州区和巴中市恩阳区考虑得更多的是如何实现脱贫攻坚和乡村振兴的衔接发展。广元市利州区提出了打造乡村振兴试验区的思路，规划了一批跨村社甚至乡镇的试验区。巴中市恩阳区以村为单元，确立了 25 个首批乡村振兴试点村，并编制规划，分类推进。位于川西平原的崇州市，其农业农村发展程度较高，属于乡村振兴高质量落地区域，因此崇州市聚焦提升现代农业质效、完善现代农村功能、提高农民生活品质、深化体制机制改革，成立了崇州市现代农业功能区，探索"农、商、文、旅、体"融合发展，助推城市郊区乡村振兴的新思路。人多地少、远离市场的雅安市汉源县则以小农经营为主体，以大户、家庭农场、专业合作社等新型经营主体为补充，探索出了一条"小农现代化"的乡村振兴新路径。

第四节 规划建设要克服的几个倾向

乡村振兴战略规划建设是一项复杂的、长期的系统工程，不能急于求成。确立科学的乡村振兴战略规划理念和规划体系，统筹配置城乡要素资源，是成功实施乡村振兴战略的保证。乡村振兴战略规划建设，应当注意以下几个问题：

一、防止规划建设的随意性

一些县域乡村振兴战略规划，尤其是乡镇规划和村庄规划，缺乏对区域乡村人口、社会经济发展条件以及发展规律的科学研究和预判，存在一定的随意性。这可能会导致规划失败或低效，误导乡村振兴中的一些举措，造成自然资源和社会资源的错配与浪费。区域乡村人口、社会经济发展条件以及发展规律是实施乡村振兴战略规划的重要逻辑基础，我们必须加强对乡村人口变化趋势、乡村经济社会发展趋势等基本规律的研究，使乡村振兴战略规划更科学、更合理。四川省地域广泛，地形地貌复杂，自然、社会经济条件差异大，产业发展、宜居建设、生态保护、乡村治理需要规范化建设和管理，相关部门需要在技术、风貌、管理等方面研究出台具有区域特色的乡村规划建设规范、标准和准则。

二、防止规划建设过度旅游化

一些乡村振兴战略规划言必称旅游，似乎没有乡村旅游，就谈不上乡村振兴。这是一个误区，值得警惕！乡村旅游的发展需要旅游人口的支撑，不是任何地方都适合开发乡村旅游的，如果乡村旅游的市场需求不足以支持乡村旅游设施的正常运行，就会造成大量旅游资源过剩，会导致人力、财力及其他大量资源的浪费，反而会降低农民的收入，也影响当地农业的现代化进程，这在国内外均有失败的教训。农村的主导产业还是应该以农业产业为主，在资源丰富、区位条件好、旅游人口充足的区域才能规划发展乡村旅游业。

三、防止产业规划有机化

发展有机农业是当前乡村振兴产业规划的一个热点，而一些地方并未做基本的论证，也不管有无基础和条件，随意规划发展有机农业，这也是一个误区。有的地方根本不适合发展有机农业，也没有完全按照有机农业的要求进行生产，徒有一个虚名，误导乡村振兴。从某种意义上而言，有机农业是一种"奢侈农业"，即使是在耕地资源丰富的发达国家，虽然其有机农业已经有几十年的发展历史了，但至今有机农业面积也不超过农业总面积的10%。对于我们这样一个人多地少的国家来说，乡村振兴产业规划还是应该鼓励种植以无公害、绿色食品为主的大田农作物。

四、防止乡村规划建设城镇化

一些村庄在规划建设方面与城镇相差无几，高楼耸立、草坪绿地、宏大广场，俨然一副城市模样，没有乡村气息，没有乡愁味道。乡村振兴战略规划须对此类情形加以警惕，防止农村公共品过度供给。从发达国家和地区的经验来看，农村居民点的公共服务设施并不多，农民一般都是和就近的城镇居民共享城镇公共服务。乡村振兴战略规划建设一定要遵循城乡融合、统筹发展的原则，根据乡村自然地理条件、乡村经济社会发展的实际情况和规律，不能抛开城镇体系就乡村论乡村，孤立地推进乡村振兴。否则，乡村振兴会效率低下、不堪重负且难以为继。

五、防止规划建设过度行政化

乡村振兴战略规划建设过度行政化有两种表现：一是乡村振兴战略规划、投资建设完全是政府的事，村民、群众参与太少；二是规划建设缺乏统筹、融合发展的观念，完全以行政区划为单元，乃至"以邻为壑"。前者难以激发社会大众的内生动力，而乡村振兴是一项长期的、复杂的系统工程，单靠政府是难以完成的，必须发动群众，从规划的编制到落地都需要得到社会群众的理解、支持、参与；后者容易导致效率损失、浪费资源，还会引发一些不必要的社会矛盾，具有相似自然地理条件、社会经济条件的相邻行政单元，完全可以依靠上级行政区域的统筹谋划，打破行政单元分割，统一规划、统一建设，节约资源、节约成本、形成规模。

六、防止长官意志

在一些领导同志联系的村，规划往往是领导说了算。有的领导一拍脑袋就定了一个村发展的目标和任务。这样按照领导意图做出来的建设规划，往往脱离实际，盲目追求高大上。相关部门的项目资金随之跟上，而且会伴随三天两头的协调和督办。这样规划出来的村，要不了一年工夫，就会被投入数千万元甚至上亿元的资金。只要相关领导岗位没有发生非正常变动，规划的实施就会带来一月一个样，三五个月大变样，眼看着翻天覆地。一旦领导岗位出现了非正常变动，留下的烂摊子往往就会长期无人问津。这样的结果既浪费了资源，又造成公共资源分配的不公平，容易引起群众不满。

解决类似的问题，站在领导同志的角度，其应当注重调查研究，尊重实践、尊重科学、尊重基层的智慧，指导规划而不左右规划；站在基层的角度，基层既要准确领会领导同志的指示精神，又要坚持实事求是的原则，注重结合本地实际，在规划中落实而不盲从。

七、避免技术"独断"

不少地方在乡村建设中，简单依赖专业机构、专业人士编制规划，评审一过就了事。这种现象通常出现在那些搞试点、争项目的地方。乡村的建设试点、建设项目强调规划先行是对的，问题在于一些地方并没有真正意识到规划的重要性，只是为了拿下试点、拿下项目、拿回资金而做规划。在此情况下，地方只为得到一个通得过的文本，规划单位则满足于规划的通过，在项目竞争时只看文本怎么样。

笔者曾实地注意到这类规划的两种情形：其一，"水土不服"。主攻城市规划的把城市小区规划模板搬到乡村来，长期在平原地区做规划的跑到山区去做项目，规划出来"四不像"。其二，"消化不良"。一些知名规划咨询机构、相关方面的知名专家承接了大批的规划项目，实际编制则由挂靠单位或实习生操刀，规划文本大多中看不中用。这样的规划，往往验收一过，就被束之高阁。

应当看到，乡村振兴战略规划既需要相关专业人士运用专业知识，进行多角度比较分析，科学编制；又必须让各方利益主体自觉参与规划的全过程，并协调处理好各种诉求的关系，求同存异，真正把规划变成共同的意志。

八、抵制资本诱惑

这些年，不少工商企业，特别是房地产开发企业，到乡村发展现代农业、开发乡村旅游业甚至建新村。为实现利益的最大化，他们精心开展规划设计工作，做出看上去很美、很有诱惑力的规划蓝图。这种规划一般都在承包地流转和宅基地节约上做文章，搞集中开发和集中安置，有的还冒着违反政策和法律的风险，以种种名义变相搞起房地产开发。当地老百姓则被安置在集中居住区，甚至被迫"上高楼"，腾出的集体建设用地就变成了企业的开发空间。这些规划的实施一般都得到了当地政府及相关部门的支持。项目建成后，有的群众感觉亏了，就去政府上访。而一旦项目进行不下去，老板就跑了，当地政府又来收拾烂摊子。

对于这样的情况，一方面，政府和群众应牢记实施乡村振兴战略是全党全社会共同的行动，自然离不开资本下乡；另一方面，政府又必须承认工商资本逐利的天性，并引导工商企业尊重农民在乡村振兴中的主体地位。村组干部和村民应充分沟通协商，共同制定共建共享的发展规划。

九、克服狭隘经验主义

看到按领导意志做的规划、专业机构编的规划、工商资本搞的规划的种种弊端，一些地方村组干部、乡土能人就自己动手，凭经验编制产业发展或新村建设规划。有的村组干部感觉自己有文化、有经验，专家能做的，他们也能做好；有的返乡创业人员因为去城里打过工、做过生意、搞过工程，相信自己有能力做好家乡的规划。这样便由村组干部或返乡能人牵头，自己动手编制本村的发展规划。这种规划一般没有规范的文本，有的甚至只是一些简单的草图。由于眼界不宽、相关专业知识缺乏，大多数编制人员手低且眼也不高，规划的蓝图限制了建设水平和发展空间。

笔者在调研中发现，一些农民建房，要么建在公路两边，即路修到哪里，房屋就建到哪里；要么建在良田中间，把原本依山傍水的老房子拆了，到好田好地当中去新建聚居点。多数建设项目、建筑风格，往往来源于盲目跟风赶时髦、简单复制别人的做法。笔者深入了解后发现，那些规划往往是村组干部、乡村能人带领大家做的。

克服这种狭隘经验主义，就是要在发挥农民积极性、主动性、创造性的同时，帮助他们开阔眼界，看到自身经验的局限性，增强科学意识，通过各种方式借助相关专业机构、专业人士的知识，运用科学方法编制建设发展规划。

类似的问题，尽管是过去在新农村建设中出现的，但带有倾向性，对编制乡村振兴战略规划有一定的警示作用和借鉴意义。编制基层特别是村一级的乡村振兴战略规划应引以为戒，吸取其中的教训，增强规划的前瞻性、科学性和可操作性。当然，乡村情况千差万别，中央在乡村振兴战略规划中划分了集聚提升、城郊融合、特色保护、搬迁拆并四类村庄，规划编制一定要分类进行。

第三章 雅安市名山区
乡村振兴战略规划案例

实施乡村振兴战略是国家的重大决策,是全面建设社会主义现代化国家的重大历史任务,是新时代做好"三农"工作的总抓手。乡村振兴战略作为一项长远发展战略,对促进城乡均衡发展、传承和弘扬中华文明、实现中华民族的伟大复兴具有重要意义。为全面贯彻落实中央和地方决策部署及《中共中央 国务院关于实施乡村振兴战略的意见》《乡村振兴战略规划(2018—2022年)》《关于实施乡村振兴战略开创新时代"三农"全面发展新局面的意见》《四川省乡村振兴战略规划(2018—2022年)》《雅安市乡村振兴战略规划(2018—2022年)》等相关文件的精神,在分析名山区乡村发展现状和演进规律趋势的基础上,结合《雅安市国民经济和社会发展第十三个五年规划纲要》《雅安市名山区地方志事业第十三个五年发展规划(2016—2020年)》《雅安市名山区"十三五"人才发展规划》、雅安市名山区各村庄整体规划以及相关专项规划,建立规划编制工作团队,明确发展目标定位、空间布局、特色亮点和发展路径,确定阶段性重点任务,细化落实工作重点和政策措施。雅安市名山区乡村振兴战略规划是名山区落实乡村振兴战略落地实施的具体部署,是各部门、乡镇编制本部门和本地规划的重要依据。

第一节 规划编制背景与基础

一、乡村振兴发展基础

党的十八大召开以来,名山区坚决贯彻中央、省、市的重大决策部署,坚持把"三农"工作作为全区的重点任务，认真践行新发展理念，推动相关工作运行，农业农村发展取得了巨大成就，经济社会发展保持稳中向好态势，为实施乡村振兴战略奠定了坚实的基础。在本次规划编制过程中，规划编制工作团队通过实地考察，发现名山区具有较好的乡村振兴发展基础。

（一）产业发展基础

近年来，名山区产业生产不断提档升级。2017年，名山区茶园面积35.2万亩（1亩≈666.67平方米，下同），茶叶总产量4.92万吨（1吨=1 000千克，下同），综合产值58亿元，茶叶带动农民增收占比达60%以上，产量产值、良种化率、机械化率、良种茶苗繁育率稳居全国前茅。蒙顶山茶叶交易所成为全国唯一的茶叶商品"定价中心"，实现全国4 000余种茶叶知名品牌线上交易。在品牌建设方面，蒙顶山茶在品牌影响力方面取得历史性突破，跻身中国十大茶叶区域公用品牌，品牌价值达30.72亿元，全国排名第八位。在茶旅融合方面，"茶中有花、花香茶海、色彩纷呈、四季辉映"特色旅游景观基本形成，蒙顶山国家茶叶公园成为全国唯一以茶叶为主题的休闲农业公园，为茶叶公园的评价和建设提供了国家标准。2017年，名山区共接待游客452万人次，旅游综合收入达到38.13亿元。

（二）美丽乡村基础

名山区以全域建设蒙顶山国家茶叶公园为载体，推动茶业转型升级和提质增效，走茶旅融合的发展道路，初步实现了"茶区变景区、茶园变公园、茶山变金山"的飞跃，以35.2万亩优质茶园为基础的茶叶公园秀容初显。名山区先后荣获"全国最美乡村示范县""四川省生态文明建设战略合作县（市、区）"，名山区茅河乡被评选为"最美乡村建设先进乡镇"，万古乡红草村入选"十大旅游乡村"，双河乡骑龙村入选"十大生态乡村"，茅河乡龙兴村、临溪村入选"雅安市十大最美乡村"。截至2017年年底，名山区"四好新村"覆盖率达到90%以上。

（三）社会治理基础

名山区已成功创建"四川省村民自治模范县（区）"，全区创建"全国民主法治示范村"1个，创建省级各类法治示范点9个，市级各类法治示范点17个，区级法治示范点30个。名山区万古乡红草新村建立了"1+3+3"基层社会治理模式、茅河乡社区探索了"1+4"治理模式、解放乡银木村形成了"一核四力"的多元化基层治理模式，为名山区乡村振兴发展奠定了坚实基础。银木村的"一站式便民服务综合体"和高岗村的"农村生活垃圾分类模式"作为典型示范推广案例，为名山区乡村振兴社会治理提供了新思路。

（四）生态发展基础

名山区因生态环境优美、旅游资源丰富而成为典型的生态宜居城市，享有"中国茶文化之乡""世界最美茶乡"的美誉。名山区长期实施严格的环境保护制度，实施天然林保护工程。截至 2018 年上半年，名山区巩固退耕还林成果 11.09 万亩，完成营造林 1.36 万亩，森林面积和蓄积持续"双增长"。名山区开展城市园林绿化、道路绿化、水系绿化、新村绿化美化行动，栽种树木 90 万株，城乡国土绿化率达 80.5%。万古乡、中峰乡成功创建成为森林小镇。名山区全面开展环境污染整治行动，空气质量长期达标率在 70% 以上，断面水质达标率为 100%，具有坚实的生态发展基础。

（五）农民增收基础

名山区围绕发展休闲农业和乡村旅游、农村电子商务、茶修生态康养产业，扎实推进农民增收新产业、新业态示范县创建，在盘活农村资产资源、培育新型农村集体经济、加快三次产业融合发展、促进农民增收等方面取得了较好成绩，被命名为四川省农民增收示范县。名山区通过不断加大财政资金投入力度、推动农业信贷担保体系建设，促进农业农村经济持续发展和农民稳定增收。自 2016 年以来，名山区农民人均可支配收入维持 8.0%~9.0% 的增长速度，呈现稳定上升趋势。

二、乡村振兴战略规划编制的重点和难点

规划编制工作团队通过实地考察发现，名山区在乡村振兴发展过程中也存在一定的短板亟待补齐，这也是本次乡村振兴战略规划编制的重点和难点。

（一）茶产业提质增效任重道远

名山区茶产业大而不强，缺少强势企业品牌引领，茶叶产品在文化、精神层面还有巨大的品牌需求潜力有待挖掘。茶叶企业各自为政，家族式管理、"小富即安"的现象普遍存在。新型农业经营主体匮乏，茶叶企业普遍存在经营主体分

散、经营规模较小、统一经营滞后、生产技术水平和经营管理水平有待提高、与农户利益联结还不够紧密等问题。多数茶叶企业缺乏产品创新能力，进行原料初级加工，产品精深加工体量小，名优品牌茶叶的销售比例不足10%。绝大多数茶叶企业在鲜叶初制加工后将其运至其他地区贴牌销售，处于茶产业价值链低端。发展现实与蒙顶山茶品牌地位严重错位，茶叶产业提质增效迫在眉睫。

（二）区域内部区域发展不均衡

近年来，名山区优先发展茶叶产业带经济区，加大对以蒙顶山镇为核心的地区的开发力度，初步形成"两城一带一环"协调发展格局。但必须看到，区域协调发展中还面临着一些亟待解决的突出矛盾，即区域发展不平衡的问题。前进乡、永兴镇、红岩乡、车岭镇等部分区域与名山茶业产业经济带上地区之间的经济总量差距还在拉大，区域人均发展水平差距呈扩大趋势，区域基本公共服务水平差距没有明显缩小趋势。如何促进经济增长方式转变和区域协调发展，特别是促进部分资源禀赋相对较低地区的经济加速发展成为亟待关注的课题。

（三）农村集体经济发展较薄弱

发展壮大村集体经济是推动农村经济社会发展、增加农民收入的重要途径。名山区村集体经济发展方式较为单一，经济基础普遍薄弱。村集体经济平均经营性收入只有1.56万元，多个集体经济"空壳村"存在。原因在于村集体经济发展的意识缺乏，部分乡镇领导发展壮大村集体经济的观念淡薄。村集体经济未能将主导产业发展中取得的部分利益留在村集体经济组织中。村集体经济经营管理人才缺乏，经营管理人才队伍素质较低。此外，村集体经济发展的扶持政策也有待完善。

（四）特色乡村文化挖掘包装有待深入

特色乡村文化的魅力在于浓郁的乡土气息和乡村风情，田园观光、自然生态和民俗文化等是吸引游客的必备条件。名山区许多地方的乡村文化开发还停留在低层次阶段，巨大潜力远未开发出来。例如，部分旅游活动项目档次低、文化含量少、特色缺乏；多数休闲农业园区的发展还停留在低层次的观光层面，产品结构单一，知识性、趣味性差，参与性不强。在茶旅、文旅融合方面，名山茶叶文化、红色文化等内涵挖掘不够，独具特色的以乡村民俗、民族文化为灵魂的人文旅游缺乏。

（五）高水平要素保障能力薄弱

人才、资金、土地、财政等要素保障能力不足，是阻碍经济发展的瓶颈。当前，优质要素保障能力不足已成为名山区发展现代农业的"新短板"。在农村建设资金短缺方面，名山区在发展中涉及的道路建设、环境治理、水电气要素保障等基础设施建设仍然滞后，依靠本级财政难以支撑。在金融支持方面，名山区茶叶加工企业普遍存在资金需求量大但融资困难的问题。在农村建设用地方面，茶叶加工企业用地较难，在一定程度上影响了名山区产业园区规划建设。农村支持鼓励政策不足，造成农村发展的人才后劲不足，尽管农村常年外出务工人数远低于周边区县，但仍有大量青壮年农村劳动力转移就业。综合上述原因，名山区的优质要素保障能力亟须加强。

第二节　规划报告编写目录

规划报告编写目录如表 3-1 所示。

表 3-1　规划报告编写目录

1　规划总则	6　推动乡村文化振兴，焕发乡风文明新活力
1.1　规划背景	6.1　加强农村精神文明建设
1.2　振兴基础	6.2　丰富乡村文化生活
1.3　振兴机遇	6.3　加强优秀传统文化保护利用
1.4　现实挑战	6.4　发展乡村特色文化产业
2　总体要求	7　积极培育乡村多层次人才，推动乡村人才振兴
2.1　指导思想	7.1　培育新型职业农民
2.2　基本原则	7.2　挖掘和培育乡土人才
2.3　总体定位与发展目标	7.3　引进和培养专业人才

表3-1(续)

3	优化城乡空间结构，构建乡村振兴新格局	7.4	培育"三农"干部队伍
3.1	统筹城乡空间布局	7.5	引进高层次专家人才
3.2	优化乡村发展布局	8	构建新型乡村治理体系，创新治理有效新模式
3.3	确立全域空间布局	8.1	加强农村基层党组织建设
4	推进农业供给侧改革，踏上产业兴旺新台阶	8.2	构建现代乡村自治体系
4.1	健全名山区现代农业产业体系	8.3	推进乡村法治建设
4.2	提高名山区农业综合生产能力	8.4	创新乡村德治建设
4.3	健全名山区现代农业经营体系	9	建立健全保障机制，推动乡村振兴战略落实落地
4.4	推进名山区一二三产业融合发展	9.1	健全工作推进机制保障
5	加快特色美丽乡村建设，打造生态宜居新风貌	9.2	深入推进农村土地改革
5.1	改善乡村人居环境	9.3	建立完善脱贫长效机制
5.2	建设幸福美丽乡村升级版	9.4	优化乡村人才发展环境
5.3	加快特色小城镇建设	9.5	健全多元投入保障机制
5.4	加强乡村全域生态保护与建设	9.6	强化乡村振兴考评激励

第三节　规划案例精选章节

2　总体要求

名山区按照"产业兴旺、生态宜居、乡风文明、治理有效、生活富裕"的总要求，按照"生态优先，绿色发展；以人为本，共享发展；突出特色，差异发展；统筹规划，集聚发展；优化格局，融合发展"的原则，突出"五个示范"，打造"六大场景"，把名山区建设成为雅安乡村振兴示范市的"排头兵"、环成都经济圈乡村绿色振兴的"示范区"、乡村振兴区域融合发展的"先行区"。

2.1 指导思想

名山区坚持以习近平新时代中国特色社会主义思想为指导，全面贯彻党的十九大、中央农村工作会议、四川省第十一次党代会和十一届二次、三次全会以及雅安市委四届四次全会、名山区委二届八次全会的精神，落实乡村振兴战略规划。名山区牢固树立新发展理念，按照产业兴旺、生态宜居、乡风文明、治理有效、生活富裕的总体要求和农村美、农业强、农民富的最终目标，遵循乡村发展规律，准确把握名山区的现实情况，确立抓住茶业主线、拓展融合路径、发挥组织作用、构建服务平台、强调落脚人业兴的乡村振兴思路，把解决好"三农"问题作为重中之重，把实施乡村振兴战略作为新时代"三农"工作的总抓手，坚持走以生态为本底的绿色可持续发展道路，推动实现乡村产业振兴、人才振兴、文化振兴、生态振兴和组织振兴。

2.2 基本原则

2.2.1 生态优先，绿色发展

名山区立足名山生态本底，紧扣绿色发展主线，把生态保护与产业发展有机结合起来，大力推动发展绿色主导产业，推进生态产业化、产业生态化。名山区因地制宜发展技术含量高、就业容量大、环境质量高的绿色产业，推动形成绿色发展方式和生活方式，让绿色为群众创造更多红利，努力实现百姓富、生态美的有机统一。

2.2.2 以人为本，共享发展

名山区以资源环境承载力为依据，按照有利生产、方便生活和保护生态的要求发展主导产业。名山区充分尊重农民意愿，维护农民根本利益，完善利益联结机制，调动广大农民积极性、主动性、创造性，激活乡村振兴内生动力，持续增加农民收入；注重机会公平、保障基本民生、创新社会治理，让广大农民在乡村振兴中有更多获得感、幸福感、安全感。

2.2.3 突出特色，差异发展

名山区科学把握乡村的差异性和发展走势分化特征，尽力而为、量力而行、循序渐进、扎实推进；尊重自然，准确把握和挖掘名山区地域特点、发展现状、资源优势，做好顶层设计，彰显乡村特色，传承历史文化、乡风民俗、传统建筑等，展现田园风貌，塑造乡村特色风貌，充分避免与其他区域的同质化发展以及区域内部的同质化发展。

2.2.4 统筹规划，集聚发展

名山区树立城乡一体、多规合一理念，遵循乡村发展规律，统筹考虑土地利用、产业发展、人口分布、公共服务、生态保护等。名山区把握产业集聚、人口集中、开发集约的原则，培育特色经济和优势产业，加强产业上下游协作，延伸产业链条，打造若干具有核心竞争力的产业集聚区和特色产业基地。

2.2.5 优化格局，融合发展

名山区深入推进农业供给侧结构性改革，依托名山区特色优势产业，合理规划产业布局，优化升级产业结构，培育发展新动能，促进产业结构在动态变化调整中不断迈向中高端。名山区大力推动农业种植由农业资源向文化资源、旅游资源、康养资源以及平台资源转化，促进一二三产业深度融合发展。

2.3 总体定位与发展目标

2.3.1 发展定位

名山区按照建设成为宜居、宜业、宜养、宜商的"中国茶都"总目标，以百公里、百万亩乡村振兴茶产业带为载体，厚植绿色生态环境本底，打造茶产业高质量发展引擎，叠加旅游和康养经济新动能，培育特色乡村地域文化内核，构建现代乡村治理体系。名山区将生态优势、产业优势、区位优势转化为发展优势，探索出丘陵地区乡村绿色生态发展的"名山路径"。名山区努力实现农业全面升级、农村全面进步、农民全面发展，力争在 2022 年以前将自身打造成为国家农村一二三产业融合发展先导区、四川省实施乡村振兴战略工作先进区、成都平原经济区康养休闲的聚集地、雅安创建乡村振兴示范市的排头兵、雅安乡村振兴区域融合发展的示范区、环成都经济圈乡村绿色振兴的引领区。

2.3.2 发展路径

名山区乡村振兴发展路径如图 3-1 所示。

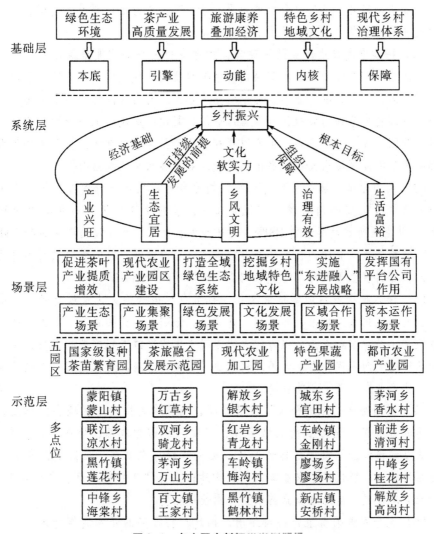

图 3-1 名山区乡村振兴发展路径

名山区以绿色生态环境为本底、茶产业高质量发展为引擎、旅游和康养叠加经济为动能、特色乡村地域文化为内核、现代乡村治理体系为保障。

（1）全面推进茶产业提质增效，构建乡村振兴的产业生态场景。名山区实现蒙顶山茶产业结构优化，生产水平大幅提升，现代信息技术与新型交易模式广泛应用，清洁能源普及率显著提高，精制茶比重大幅提高，产品市场占有率及品牌知名度明显提升,茶旅融合发展水平显著提高,旅游接待规模大幅增长。名山区实现从茶叶资源大区向茶叶产业强区跨越。

(2)持续推进农业产业园区建设,构建乡村振兴的产业集聚场景。名山区沿成雅快速通道产业带布局国家级良种茶苗繁育园、现代农业产业园、茶旅融合发展示范园、特色果蔬产业园和都市农业产业园。名山区围绕蒙顶山茶国家现代农业产业园打造蒙顶山省级良种繁育产业园、蒙顶山现代加工产业园和蒙顶山茶康养产业园,配套生产设施、生产过程和生产产品实现标准化,特色优势产业得到辐射带动并实现健康发展。名山区现代农业发展水平实现全面提升。

(3)全力打造全域绿色生态系统,构建乡村振兴的绿色发展场景。名山区农村生活垃圾治理高岗村模式实现全覆盖,农村生活垃圾无害化处理率达到100%,卫生厕所普及率达到100%,行政村农村生活污水有效处理率达到100%。村庄环境整体整洁有序,村民环境与健康意识普遍增强,村内道路通行条件明显改善,村容村貌显著提升,管护长效机制逐步建立并完善。

(4)深入挖掘乡村地域特色文化,打造乡村振兴的文化发展场景。名山区建成以公共文化服务场馆、艺术馆、博览园、影剧院、社区服务中心为主体的茶马古城文化产业园。以茶文化为代表的传统文化的价值得到挖掘和弘扬,茶文化产业从传统走向现代。名山区茶文化产业实现集群发展,文化软实力得到巨大提升,文化产业发展迈上新的台阶。

(5)全面实施"东进融入"发展战略,构建乡村振兴的区域合作场景。名山区达成与成都市全方位的区域合作,实现"总部在成都、生产加工在名山"的产业互动模式,承接成都转移产业;实现"厨房在成都、菜篮子在名山"的产业互动模式,现代都市农业体系完成构建;实现"工作在成都、居住在名山"的产业互动模式,生态康养旅游产业得到长足发展。

(6)充分发挥国有平台公司作用,构建乡村振兴的资本运作场景。名山区成立了乡村振兴发展投资有限责任公司,该公司作为乡村振兴发展专业投融资平台,对名山区乡村振兴发展投融资进行市场化运作和管理,控股、参股有关项目的资本运作和经营,对授权经营的国有资产进行经营和管理,以实现国有资产保值、增值。名山区通过创新农业农村投入机制、改进投入方式,吸引更多社会资源向"三农"领域聚集。

2.3.3 发展目标

2.3.3.1 阶段目标

（1）近期目标：到 2020 年，初步构建城乡融合体制机制和政策体系，实施乡村振兴战略的工作格局基本形成；农村一二三产业融合发展水平进一步提升，基本构建起现代化的农业产业体系、生产体系、经营体系；初步形成具有规模的茶产业加工企业；农村基础保障条件持续改善，基本公共服务水平显著提高，农村人居环境显著改善，全面建成小康社会。

（2）中期目标：到 2022 年，在全面建成小康社会目标如期实现的基础上，农业农村现代化水平不断提升，产业兴旺、生态宜居、乡风文明、治理有效、生活富裕的发展态势显著增强，城乡融合发展的体制机制和政策体系基本形成。名山区在雅安市、环成都经济圈和四川省乡村振兴工作中的先行示范作用显著增强。在 2022 年以前，每年创建省级乡村振兴战略先进乡镇 1 个、先进村 3 个以上。

（3）远景目标：到 2035 年，乡村振兴取得决定性进展，农业农村现代化基本实现，农业强区基本建成。乡村产业全面兴旺，一二三产业协调发展，相互促进，主导产业优势特色凸显，蒙顶山茶品牌价值得到巨大提升。宜居乡村全面建成，农村生态环境优良，城乡要素深度融合，城乡基本公共服务均等化基本实现，乡村生产、生活和生态空间布局科学合理，人居环境整洁优美。乡风文明大幅度提升，社会主义核心价值观深入人心，乡村优秀文化遗产得到切实保护，公共文化服务体系全面建成，文明乡风、良好家风、淳朴民风基本形成。乡村社会治理有效，乡村治理建成自治、法治、德治相结合的完善体系。农民生活更加富裕，农村居民收入持续增加，文化娱乐生活丰富，城乡收入比显著减小。到 2050 年，乡村实现全面振兴，城乡差别缩小，实现现代化，农村居民收入和消费达到中等发达国家水平，农村居住环境优美，人与环境完美交融，经济可持续发展，乡风文明得到有效传承，乡村治理达到完善。名山区乡村全面振兴，农业强、农村美、农民富全面实现。

2.3.3.2 目标体系

名山区乡村振兴目标体系如表 3-2 所示。

表 3-2　名山区乡村振兴目标体系

分类	序号	发展目标	单位	2017年基期值	2020年目标值	2022年目标值	属性
产业兴旺	1	粮食综合生产能力	万吨	9.35	>9.35	>9.35	约束性
	2	农业科技进步贡献率	%	62	63.5	65	预期性
	3	农业劳动生产率	万元/人	3.8	4.4	5.0	预期性
	4	农产品加工产值与农业总产值比		>1.33	2.5	2.8	预期性
	5	"三品一标"农产品数量	个			25	预期性
	6	休闲农业和乡村旅游接待人次	万人次	452	650	800	预期性
	7	农民收入中家庭经营性收入占比	%	54	56	58	预期性
	8	特色优势产业产值占农业总产值的比重	%	80	>80	>85	预期性
	9	高标准农田占比	%	87	92	高标准茶田占比90%以上，其他作物用地占比94%以上	预期性
	10	主要农作物耕种收综合机械化水平	%	49	58	>80	预期性
	11	农业信息化水平	%		60	>85	预期性
	12	有新型职业农民的村民小组占比	%			>90	预期性
	13	产地加工、冷链物流体系健全				健全	预期性
	14	"农户+"的新产业组织方式		基本建立	基本建立	全面建立	预期性
生态宜居	15	畜禽粪污综合利用率	%	80	90	>90	预期性
	16	村庄绿化覆盖率	%	32	35		预期性
	17	对生活垃圾进行处理的村占比	%	50	90	100	约束性
	18	对生活污水进行处理的村占比	%	10	60	100	预期性
	19	农村卫生厕所普及率	%	50	90	100	预期性
	20	"户分类、村收集、镇运输、县处理"垃圾收运置模式（或就近分散处理等模式）		全面建立	全面建立	全面建立	预期性
	21	村民小组保洁员配备率	%	100	100	100	约束性
	22	有正常运行的污水处理厂的乡镇占比	%	30	>50	>80	预期性
	23	化肥农药用量减小幅度	%	0	≥10	≥20	预期性
	24	农业废弃物资源化利用及回收处置率	%	86	88	90	预期性
	25	"六网"基础设施建设水平		80%以上	基本完善	位居前列	预期性
	26	"美丽四川·宜居乡村"达标村（特色村落）占比	%			>85	预期性
	27	是否为省级卫生县（市、区）		是	是	是	预期性

表3-2（续）

分类	序号	发展目标	单位	2017年基期值	2020年目标值	2022年目标值	属性
乡风文明	28	村综合性文化服务中心覆盖率	%	100	100	100	约束性
	29	县级及以上文明村和乡镇占比	%	68.7	70	75	预期性
	30	农村义务教育学校专任教师本科及以上学历占比	%	78	80	85	预期性
	31	农村居民教育文化娱乐支出占比	%	8.3	9	10	预期性
	32	适龄少年儿童义务教育阶段入学率	%	100	100	100	预期性
	33	县级文化馆图书馆级别		3级	3级以上	3级以上	预期性
	34	乡镇综合文化站达标率	%		>85	100	预期性
治理有效	35	村庄规划管理覆盖率	%		80	100	预期性
	36	建有综合服务站的村占比	%		70	100	预期性
	37	村党组织书记兼任村委会主任的村占比	%	2.3	45	60	预期性
	38	有村规民约的村占比	%	100	100	100	约束性
	39	一村一法律顾问的村占比	%	100	100	100	预期性
	40	基层党组织领导核心作用		明显	明显	明显	预期性
	41	平安建设群众满意度排位		全省79名	全省前70	全省前60	预期性
	42	公共法律服务体系建设水平		体系已初步建立	继续完善	类区前列	预期性
生活富裕	43	农村居民恩格尔系数	%	30.8	30	28	预期性
	44	农村居民人均可支配收入	元	13 087	16 900	>27 000	预期性
	45	城乡居民收入比		2.17	2.1	2	预期性
	46	农村自来水普及率	%		80	85	预期性
	47	具备条件的建制村通硬化路比例	%		100	100	约束性
	48	城乡居民医疗保险、低保、特困人员救助、养老保险		覆盖98%	全覆盖	全覆盖	预期性

表3-2(续)

分类	序号	发展目标	单位	2017年基期值	2020年目标值	2022年目标值	属性
"三农"优先	49	三级书记抓乡村振兴的领导责任制和实绩考核制度		正在完善	落实	落实	预期性
	50	编制实施多规合一的乡村振兴战略规划		编制中	完成	完成	预期性
	51	各地单列用于农村新产业新业态用地规模占四川省下达年度新增建设用地计划比例	%	0（或无数据）	>8	>8	预期性
	52	乡村振兴财政投入在县级财政公共支出中的比重	%	13.8（2018年）	20	>20，高于类区平均水平	预期性
	53	涉农贷款余额增速	%		>10	高于类区平均水平	预期性
	54	所有公办义务教育学校达省定基本办学条件标准		100%达到	100%达到	100%达到	预期性
	55	在县域内义务教育校际均衡状况评估中，小学、初中的差异系数		0.32，0.33	0.32，0.33	0.32，0.33	预期性
	56	每1 000名乡村人口卫生技术人员数	人	3.66	4.2	5	预期性
	57	农村居民最低生活保障标准和农村特困人员供养标准		低保标准350元/人·月；特困人员供养标准500元/人·月	不低于全省最低标准	低保标准>350元/人·月；特困标准>500元/人·月；高于全省最低标准	预期性
	58	体制机制改革		重大农村改革年度任务基本完成；改革试点试验取得可复制推广的经验	重大农村改革年度任务全面完成；改革试点试验取得可复制推广的经验	重大农村改革年度任务全面完成；改革试点试验取得可复制推广的经验	预期性

3 优化城乡空间结构，构建乡村振兴新格局

名山区推进农业供给侧结构性改革，坚持走以生态为本底的绿色可持续发展道路，构建"一带一环五园七组团多点"的现代农业空间结构，促进生产要素在空间和产业上的优化配置，加快形成区域特色突出、产业分工合理、产业体系完备的乡村农业产业发展新格局。

3.1 统筹城乡空间布局

3.1.1 统筹城乡发展格局

名山区尊重城乡发展规律，构建"主城区-重点镇-一般镇-农村新型社区和中心村-基层村"五级城乡居民点体系，统筹空间、规模、产业三大结构和生

产、生活、生态三大布局，聚力推进城乡融合发展，提升中心场镇建设水平，构建功能完备、集群发展的城镇大体系，满足人民美好生活需要。名山区坚持人口与资源环境承载能力相匹配、经济社会与生态环境保护相统一，通盘考虑城镇和乡村发展，统筹谋划产业发展、基础设施、公共服务、资源能源、生态环境保护等主要布局，形成田园乡村与现代城镇各具特色、交相辉映的城乡发展形态。名山区积极对接市域城镇体系，坚持以人为本，有序推进本地人口城镇化和外来人口市民化，形成梯队推进的全域城镇化格局，促进"人产城"有机融合。名山区严控城乡建设用地规模，引导人口向城市、特色镇和新型社区集聚。

3.1.2 构建城镇发展体系

名山区构建城镇发展特色体系，强化城乡网络体系建设，推进城乡均衡发展，形成"中心引领、多点支撑、城乡融合、全面振兴"的城乡发展新格局，统筹中心区域与重点镇协调发展，形成城市与农业聚集板块、城镇与产业拓展板块、旅游发展板块和生态农业板块四大板块。名山区发挥以城带乡的核心引领能力，着力打造一个设施完善、产业兴旺、特色鲜明、人口集聚、环境优美的中心镇，打造一批综合强镇和工贸型综合城镇、旅游名镇、产业重镇。名山区充分发挥城区、镇区、园区、景区带动的作用，促进城村、镇村、园村、景村联动发展，打造乡村振兴城镇发展新体系。

3.1.3 强化空间用途管制

名山区强化国土空间规划的指导约束作用，统筹自然资源开发利用、保护和修复，按照生态主体功能区定位，开展资源环境承载能力和国土空间开发适宜性评价。名山区推进人口适度集聚，形成以优先开发区域和重点开发区域为主体的经济建设布局、以限制开发区域和禁止开发区域为主体的农业与生态布局。名山区科学划定城镇、农业、生态空间以及生态保护红线、永久基本农田、城镇开发边界，建立不同功能区差异化协同发展长效机制，推动城乡空间资源有效保护、有序开发。

3.2 优化乡村发展布局

名山区坚持人口资源环境相均衡、经济社会生态效益相统一，打造集约高效生产空间，营造宜居适度生活空间，建设天蓝地绿水清生态空间，构建人和自然有机融合的乡村空间关系。

3.2.1 统筹利用生产空间

名山区落实农业功能区制度，科学划定建设粮食生产功能区、重要农产品生产保护区和特色农产品优势区，合理划定养殖业适养、限养、禁养区域，严格保护农业生产空间。名山区适应现代农业发展需要，科学划分乡村经济发展片区，保护农业开敞空间，合理利用各类要素资源，促进不同类型乡村产业集聚发展。名山区统筹推进农业产业园、科技园、创业园等各类园区（基地）建设，构建一批现代农业产业聚集区，促进农业生产、加工、流通、研发、示范等功能相融合，将乡村生产活动融入区域性产业链和生产网络之中。名山区创建一批特色鲜明、产城融合、充满活力的国家级和省级农业强镇、商贸重镇和旅游名镇。

3.2.2 合理布局生活空间

名山区充分考虑各乡镇差异性和特殊性，遵循乡村传统机理和格局，划定空间管控边界，明确用地规模和管控要求，确定基础设施用地位置、规模和建设标准，合理配置公共服务设施，按照布局合理、功能齐全、质量可靠、设施配套、环境优美、特色明显的要求，注重传承传统建筑元素、保留地域建筑风格，引导集中建设村镇住宅小区，打造管理有序、服务完善、文明祥和的农村社区。名山区加强乡村公共文化建设，提高乡村社会文明程度，维护原生态村居风貌，保护自然和人文环境，彰显乡土、传统和地域特色，因村施策，加强风貌塑造，增强人文特色，注重融入时代感、现代性，强化空间利用的人性化、多样化，构建生活便捷、服务完善、商业繁荣、文明和谐的乡村生活空间，努力提高乡村生活的品质和舒适度。

3.2.3 严格保护生态空间

名山区树立山水林田湖草是一个生命共同体的理念，加强对自然生态空间的整体保护，全面增强森林、河流、湖泊、湿地等自然生态系统稳定性，修复和改善乡村生态环境，强化生态功能和提升服务价值。名山区持续开展绿美乡村活动，选取一批条件相对优越的村庄，打造彰显特色产业、秀美森林景观、浓郁文化底蕴的山水田园和农业旅游综合体，打造一批示范点，完善建设管护机制，形成绿色的生活方式和人居空间。名山区统筹山水林田湖草系统治理，加强对自然生态空间的整体保护，修复和改善乡村生态环境，加快建设生活环境自然优美、生态系统稳定健康、人与自然和谐共生的生态宜居美丽乡村。

3.3 确立全域空间布局

名山区围绕雅安市委"一核两翼"市域发展新格局部署，树立经济地理发展理念，厚植农业农村发展优势，加大创新驱动力度，推进农业供给侧结构性改革，坚持走以生态为本底的绿色可持续发展道路，构建"一带一环五园区七组团多点位"的全域发展空间布局。

"一带"贯穿，即沿成雅快速通道打造主轴产业经济集中发展带，推动形成百公里、百万亩乡村振兴茶产业带，实现联动蒙顶山，活跃茶马古城，联通百丈湖、清漪湖，带动沿线特色集镇实现绿色经济发展。

"一环"贯通，即以蒙顶山、官田坝、红草坪、茅河乡、牛碾坪、骑龙场、月亮湖为节点，串联形成"茶旅融合经济环"，促进环线经济一体化融合发展。名山区高标准进行城乡规划、产业规划和交通规划，通过打造禅意茶乡、酒香茶乡、骑游茶乡、科普茶乡、水韵茶乡、梯田茶乡、浪漫茶乡，以此为核心，形成七大全域布局、方向明确、定位准确的发展组团。名山区通过中国至美茶园绿道环线全面贯通，形成614平方千米的大空间、大格局、大经济地理，盘活环线的全域经济发展。名山区形成廊道互通、各具特色、产业兴旺的城乡一体化发展态势。

"五园"并举，即在成雅快速通道产业带沿线区域科学布局五个产业园区。名山区在茅河乡、联江乡、黑竹镇等区域建设国家级良种茶苗繁育园，依托四川省名山茶树良种繁育场，深化与高等院校、科研院所的深层次产学研用合作，打造全国最大的无性系茶树良种繁育产业。名山区在百丈镇、红星镇等区域打造现代农业加工园，分类推进茶叶加工企业转型升级，打造一批茶叶集中加工区，并以茶产品深加工为主导带动其他农副产品加工集约发展。名山区在中峰乡、新店镇、解放乡、双河乡、马岭镇等区域打造茶旅融合发展示范园，完善旅游综合体等旅游基础设施，将茶产业与旅游健身度假区、茶乡民俗文化区、户外运动休闲区进行有机结合。名山区在双河乡、车岭镇、新店镇等区域打造特色果蔬产业园，推广示范标准化种植、果园管理、病虫害防治等技术，促进果蔬产业规范化发展。名山区在前进乡、红岩乡等区域打造都市农业产业园，以实现农业提质增效为目标，以供给成都、雅安等都市农产品为方向，提升农业科技含量和产品附加值。

"多点"示范，即依靠当地资源禀赋，首批打造12个特色不同的村级示范点，将其作为名山区乡村振兴产业示范中的节点、亮点和"引爆点"，带动辐射周边村域联动发展。

蒙阳镇蒙山村通过建设蒙顶山景区茶园游览区、蒙顶山景区游览区、禅居康养旅游与茶叶种植区、中草药培育发展区，打造成为茶旅融合示范村。万古乡红草村依托19 000余亩"茶+贵（珍贵苗木）"生态立体茶园，打造集乡村旅游、农事体验、农业观光、休闲娱乐、养老怡情为一体的茶乡风情旅游综合体。解放乡银木村依托月亮湖资源发展休闲观光旅游度假区，结合南北两条高品质茶叶种植带，打造集特色农业发展与休闲度假旅游为一体的农旅结合示范村。解放乡高岗村依托茶产业走廊产业带，以全面推广高岗村模式为契机，全力打造以休闲度假、文化体验为特色的近郊旅游休闲地。黑竹镇莲花村建设106亩茶叶加工产业园，通过引进具有一定实力的茶叶加工企业入园生产，形成一批茶业发展龙头企业，打造产业兴旺示范村。中峰乡海棠村依托自然和区位优势，持续推动牛碾坪景区建设，打造集茶叶观赏、种植体验、休闲娱乐为一体的茶旅融合新高地。茅河乡香水村依托香水苗木种植农民专业合作社等大型合作社，大力发展茶苗种植，通过加强苗圃基地建设，套种其他经济作物，打造成为产业带动示范村。联江乡凉水村依托初具规模的茶叶基地，结合农村清洁能源（沼气池）建设，大力发展"茶+桂""猪+沼+茶"立体生态循环农业，打造成为循环生态农业样板村。双河乡骑龙村通过发展乡村旅游业，利用坡地茶园的景观特色，将茶园分为纯茶园观光区和茶梨套种特色区，打造成为宜居、宜业、宜游的旅游带动型生态村。红岩乡青龙村以贸易服务功能为主导产业，依托双龙峡风景名胜区建设，辐射带动周边村社经济发展。车岭镇金刚村发展综合绿色产业，以茶叶、大棚蔬菜、雷竹、脆红李种植作为产业发展基础，打造成为集特色农业和生态农业为一体的示范村。前进乡清河村利用电子商务服务壮大发展原生态农副特产品、手工制作茶叶、雅安金丝楠木工艺品、特色竹编等产业，打造成为电商助力脱贫攻坚示范村。

4 推进农业供给侧改革，踏上产业兴旺新台阶

产业振兴是乡村振兴的物质基础。名山区坚持质量兴农、效益优先，以农业供给侧结构性改革为主线，加快转变农业发展方式，不断提高农业创新力、竞争力和全要素生产率，构建现代农业产业体系、生产体系、经营体系，推动实现乡村产业振兴。

4.1 健全名山区现代农业产业体系

4.1.1 优化现代农业产业体系

名山区切实贯彻四川省"一干多支，协同发展"战略，利用名山区"环成都经济圈"的优势区位，布局农业农村产业发展；精准对接国家战略，主动融入"一带一路"、长江经济带建设，切实提升农业农村对外开放合作层次和水平。名山区坚持市场导向与发挥区域比较优势相结合、产业调整与发展特色主导产业相结合的原则，因地制宜，形成以茶叶产业和乡村旅游业为主导，以畜牧养殖业、猕猴桃和特色蔬菜种植业为特色的"两主导三特色"农业产业发展新格局。名山区以茶业产业为核心，以集农养、文养、康养为一体的优势茶旅产业为叠加，以绿色生态循环养殖业和特色果蔬种植业为支撑，以农村电商等新经济新业态为附加，着力打造茶旅融合产业生态圈、绿色循环养殖生态圈和特色果蔬产业生态圈，并在"茶叶+"战略下以茶叶产业全产业链为主线，对名山区农业产业发展进行串联，实现区域发展联动，创建国家级和省级特色优质农产品优势群。

名山区遵循产业发展与农业就业人口规模、农业科技水平、农业社会化服务水平相适应的原则，建设高品质茶园 33 万亩，提高牲畜规模化养殖水平，实现生猪年出栏 65 万头、种植猕猴桃 2 万亩、种植特色蔬菜 1 万亩、休闲农业年接待游客 600 万人。名山区初步形成年产值 100 亿元以上级的茶叶产业和 50 亿元级的乡村旅游业两大支柱产业，12.5 亿元级的畜牧养殖业、亿元级的猕猴桃种植业和特色蔬菜种植业三大特色产业并举的产业格局。

4.1.2 加强农业产业基地建设

名山区打造国家绿色食品原料（茶叶）标准基地，以蒙顶山茶基地联盟为主体，推进高标准茶叶基地建设；按照蒙山茶国家标准，建成国家级、省级茶叶标准化示范区（乡）3 个；以中峰乡、蒙顶山镇等地区为重点建设有机茶叶基地，2022 年有机茶园认证面积达 1 200 亩。名山区以茅河乡为重点，着力建设商品茶苗培育基地，提升茶树良种繁育场良繁能力，适度扩大品种园、母本园和苗圃园建设规模，力争到 2022 年实现年繁育出圃无性系特色茶 15 亿株。名山区继续推进老旧茶园更新换代，加大"名山白毫 131""特早 213""蒙山 9 号""川茶 2 号"和"中茶 302"等优良品种推广力度，优化茶园品种结构，提高鲜叶品质，力争到 2022 年实现茶园品种改良 20 万亩以上。

蒙顶山茶基地规划布局表如表 3-3 所示。

表 3-3　蒙顶山茶基地规划布局表　　　　　　　　单位：亩

乡镇	规划面积	乡镇	规划面积/亩
蒙阳镇	9 305	新店镇	29 630
城东乡	9 055	中峰乡	26 933
蒙顶山镇	4 872	百丈镇	28 360
永兴镇	11 260	红星镇	23 884
红岩乡	12 307	解放乡	17 630
前进乡	18 108	马岭镇	18 300
车岭镇	16 386	联江乡	23 403
双河乡	22 557	黑竹镇	18 306
万古乡	22 119	茅河乡	15 073
建山乡	6 888	廖场乡	18 290
合计			352 666

　　名山区打造特色果蔬产业基地，按照"发展特色、提高品质、主打健康"的思路，重点发展特色果蔬、绿色果蔬、设施果蔬，打响名山区特色、绿色果蔬品牌。名山区在城东、建山、中锋、万古、蒙阳、新店等地建设猕猴桃生产基地2万亩；在车岭镇建成标准化、规模化的现代绿色蔬菜产业示范基地1万亩，成为雅安城区日常蔬菜消费的主力供应基地之一。到2022年，名山区力争实现果蔬产值5亿元。名山区培育年收入20万元以上的蔬菜专业种植大户10户，培育年销售蔬菜500吨以上的蔬菜专业销售大户或经纪人10个，全区蔬菜商品率达到95%以上。

　　名山区打造现代农业加工基地，依托区域资源禀赋条件和特色优势产业基础，建设现代工业加工基地，加快发展农产品产地初加工和农产品精深加工，实现农业附加值的提升和价值链的拓展。名山区积极推进特色农产品加工减损增效，加强产后商品化处理。名山区改造升级生猪屠宰加工厂，使其具备先进完整的绿色屠宰设备流水生产线。猪肉加工年产量力争到2022年达到1万吨。名山区在建山乡建设果蔬商品化初加工厂，对果蔬产品进行分级，并进行清洗消毒、预冷及商品化包装。果蔬初加工产量力争到2022年达到3万吨。名山区全面提升农产品精深加工能力，适应市场和消费升级需求，大力发展茶叶精深加工，以四个茶叶集中加工园区建设为核心，积极引进茶多酚、速溶粉、茶食品、茶饮料、保健品等深加工产业项目，纵向延伸茶业产业链。名山区打造蒙顶山茶黑竹加工示范园区，引入年产值1 000万元以上的茶叶企业15家；建设蒙顶山茶产业园，引入年产值1 000万元以上的茶叶企业40家；新建蒙顶山茶新店加工示范园区，引入年产值1 000万元以上的茶叶企业40家；推进建设蒙顶山茶红岩加工示范园区，引入年产值1 000万元以上的茶叶企业25家。名山区茶叶加工总产值力争到2022年达到30.9亿元。

名山区打造都市农业产业基地，充分借助成雅快速通道，向东为大成都范围服务，向西为雅安服务，利用都市完善的城市基础设施条件来发展现代都市农业，进一步扩大成雅文化、信息交流，促进农村开放。名山区深度挖掘乡村生态休闲、农业旅游观光、农耕文化教育等内涵价值，在永兴镇金桥村、笔山村、马头岗村等打造藤椒基地、竹艺和竹编艺术长廊、水果采摘基地。名山区利用农业景观和采摘一体来吸引环成都经济圈游客观光、品尝、体验、娱乐、购物，满足市民与农民间社会交往与精神文化交流的需求。

4.1.3 提升产业特色品牌建设

名山区强化蒙顶山茶品牌体系建设，着力推进茶叶品牌化战略，完善蒙顶山茶标准体系，提升蒙顶山茶品牌影响力，树立强烈的品牌意识，引导区域内品牌整合优化，形成以公用品牌为主导、企业自主品牌和区域公用品牌相结合的蒙顶山茶品牌体系。名山区发挥蒙顶山茶跻身中国十大茶叶区域公用品牌的优势，在区域品牌下，通过差异化发展，塑造茶业综合品牌和产品品牌代表，如绿茶（蒙顶甘露、蒙顶石花）、黄茶（蒙顶黄芽）、黑茶（藏茶）。名山区鼓励和支持企业实施"蒙顶山茶+企业品牌"双商标战略，扶持蒙顶山茶业、丰丰茶业、跃华茶业等企业进行技术创新、新产品研发和市场拓展。名山区打造一批可展示、可借鉴、可推广的茶产业发展示范样板和茶业旗舰企业品牌，争创全国百强品牌茶叶企业5家以上、国家级龙头企业1家以上、省级龙头企业10家以上；争创国家级产品品牌5个以上、省级产品品牌15个以上。

名山区提升蒙顶山茶品牌形象，结合区域条件、竞争对手情况和消费者习惯，对品牌形象定位、品牌内涵进行提炼，建立并完善品牌视觉体系和品牌行为体系。在此基础上，入选区域公用品牌的企业品牌在共性中寻找差异，做好各自农产品品牌的定位，精心提炼品牌理念（内涵概念、品牌覆盖和延伸领域范围、品牌口号），规范农业品牌标志（标志图形、字体、辅助图形、色彩），结合地域特色精心设计适合不同需求和层次的产品包装，构建完整的视觉符号体系。名山区通过整理完善蒙顶山茶品牌历史、品牌人物、品牌象征、品牌典仪、茶歌、茶舞、茶具、茶博物馆等，塑造蒙顶山茶的精神象征，创新蒙顶山茶的文化消费方式，引领形成年轻化的流行时尚。

名山区传播蒙顶山茶品牌内涵，深入挖掘蒙顶山茶品牌内涵，以凸显蒙顶山茶的优势为传播主题。名山区围绕"中国茶都""植茶始祖""千年贡茶""世界茶源"等主题概念，构建科学传播路径；积极策划蒙顶山茶产品形象代言人选拔，举办品茶节和"茶王"评比等特色活动，吸引目标消费人群、新闻媒体和客商的关注；精心组织参与全国农交会、四川省农博会、中国西部（重庆）国际农产品交易会等重大展会，中国国际农产品交易会等重大会展论坛；精心筛选参展涉农企业和农产品，统一展会形象，规范文艺表演、网络直播、客户洽谈、促销活动、新媒体互动等环节，加大品牌宣传推介力度。名山区在关键节点和区域推出系列户外广告、宣传单、视频广告和网络广告，抢占消费者的生活圈媒体；设立官方微博、微信公众号、官方主页，运用"网红"直播等方式积极推介名山区的特色农产品、节庆农事，提升名山区蒙顶山茶品牌在年轻消费者中的知名度和偏好度。

名山区完善品牌市场销售渠道，开拓重点区域市场。在国内市场方面，名山区充分利用"蒙顶甘露"较其他区域绿茶产品早上市一个月的优势，主攻成都、重庆和西安市场；中晚期"蒙顶甘露"主攻华北和东北市场；"蒙顶黄芽"主攻四川省内和北京、天津等北方市场；"黑茶"主攻西藏、内蒙古、北京市场。以"蒙顶甘露"为代表的品牌产品力争到2022年销售突破6 500吨。在国际市场方面，名山区支持本地龙头企业取得出口资质，直接出口创汇，扩大蒙顶山茶国际影响力。蒙顶山茶力争到2022年出口至5个以上国家和地区；出口规模达1 200吨，出口额突破1 800万美元（约合1.16亿元人民币）。名山区建立专卖直销渠道，针对"蒙顶甘露"，在成都、重庆、西安、武汉等大中城市设立专卖店，并对专卖店的店面设计、陈列设计、促销活动、采购运输环节和销售环节制定统一的标准。名山区与京东和阿里巴巴合作，利用大型电商的品牌信任度，借助网络电商渠道，在京东、天猫等电商平台建立蒙顶山茶旗舰店，创新蒙顶山茶销售模式，提升销售规模。

4.1.4 完善产品质量安全体系

名山区坚守国家农产品质量安全线，采用标准化方式推进现代农业发展，实现农产品质量安全体系标准引领。

名山区实施化肥和农药使用零增长行动。名山区全面推动测土配方施肥技术、有机肥替代化肥技术，大力开展化肥使用量零增长行动，建立示范片，整村、整乡镇推进有机肥替代化肥的有效模式和工作机制，创建定地、定时、定作物、定化肥量的科学施肥示范区。名山区鼓励企业科技创新，引导肥料产品优化升级，大力推广缓控释肥料、生物肥料、土壤调理剂等高效新型肥料，提高肥料利用效率。到 2022 年，配方肥施用比例将力争达到农业产业基地总面积的 90%，化肥使用量在 2017 年的基础上减少 5% 以上。名山区开展病虫害绿色防控技术的集成、试验示范和推广，全面落实农作物病虫害绿色防控技术标准，开展绿色防控示范区建设。名山区在中峰、万古、双河、新店、百丈、红岩等重点乡镇，优选龙头企业、专业合作社、家庭茶场建立生物农药示范区，开展生物农药示范补助试点。力争到 2022 年，病虫害绿色防控千亩示范区达到 3 个，病虫害绿色防控面积比例达到农业产业基地总面积的 30%。

名山区强化农业投入品管理和加大监测力度。名山区强化落实农业投入品使用管理，健全化肥、农药、农膜、兽药、饲料等农业投入品的质量监测制度以及化肥、农药销售登记备案制度，禁止将有毒、有害废物用于肥料或造田。名山区加大对违法违禁生产、销售和使用高毒、高残留、有害农业投入品的处罚力度，营造生产、销售和使用安全农业投入品的良好氛围与环境。茶叶质量安全监管体系建设优先向茶叶加工集中园区所在村，如黑竹镇莲花村等地倾斜。名山区配齐区级茶叶质检站设备，配足技术人员，保证经费投入，加强对乡镇的技术培训、工作指导；制定乡镇农药残留速测标准，选优配齐检测人员和设备，完善检验检测手段，提高检验检测能力；鼓励旗舰企业和有条件的龙头企业通过自建检测室或委托第三方检测机构，开展农产品质检工作。

名山区建立完善农业产业种植管理档案。名山区依托龙头企业、专业合作社等经营主体，建立茶园种植管理档案，为茶叶溯源系统的建设提供数据支撑。名山区引进物流信息标识和条码表示系统，全程记录用药、施肥、除草、采收、贮藏、运输等关键信息，生成种植环节的信息标识码。到 2022 年，龙头企业力争全面实现基地档案管理，覆盖面积达 10 万亩。

名山区现代农业产业重大工程如表 3-4 所示。

表 3-4　名山区现代农业产业重大工程（1）

建设项目	空间分布	建设内容
四川省农业科学院茶叶研究所科技创新与转化中心基地建设	中峰乡	新产品开发加工中试示范车间及配套建设；育种试验基地建设；新建茶树种质资源圃、茶树育种基地、茶树苗木繁育基地、茶树新品种示范展示基地、茶园病虫害绿色防控技术及栽培管理综合技术试验示范基地等
蒙顶山茶黑竹加工示范园区	黑竹镇	引入年产值 1 000 万元以上的茶叶企业 15 家
蒙顶山茶产业园	蒙顶山镇	引入年产值 1 000 万元以上的茶叶企业 40 家
蒙顶山茶新店加工示范园区	新店镇	引入年产值 1 000 万元以上的茶叶企业 40 家
蒙顶山茶红岩加工示范园区	红岩乡	引入年产值 1 000 万元以上的茶叶企业 25 家
国家良种茶苗繁育园	茅河乡	繁育良种茶苗 3 000~5 000 亩
猕猴桃示范种植基地	城东乡、建山乡、中锋乡、万古乡、蒙阳镇、新店镇	建立猕猴桃生产基地 2 万亩、良种猕猴桃苗木繁育基地500 亩
现代绿色蔬菜产业示范基地	车岭镇	建立标准化、规模化的现代绿色蔬菜产业示范基地 1 万亩
果蔬商品化初加工厂	建山乡	对果蔬产品进行分级，并进行清洗消毒、预冷及商品化包装，果蔬初加工产量达到 3 万吨
都市农业产业基地	永兴镇	打造都市农业种植基地 1 000 亩

4.2 提高名山区农业综合生产能力

4.2.1 加强耕地保护

名山区加强耕地质量建设和保护，进行以平整土地、增厚土层、调整田型、培肥地力为重点的基地耕地质量建设；大规模推进土地整治，落实最严格的耕地保护制度，严格保护基本农田；实施水源工程，完善农田水利设施，加强以排灌渠系、小型集雨蓄水和提灌设施为重点的水利设施建设，大力发展高效节水灌溉，提高农业用水保障水平。名山区彻底落实支持农业保护补贴政策，实施粮食生产能力提升工程，建设高标准农田，逐步把现有农田建成田成方、渠相连、路相通、土肥沃、林成网、能排灌的稳产高产农田。名山区加强农机道路交通网络建设，整治农村机耕生产便民道路，基本实现乡、村、组、农户、农田路网全覆盖。到 2022 年，名山区力争 90% 的基地耕地质量达到四川省标准农田三级以上水平，灌溉保证率达 85%。

4.2.2 推进农业绿色生产

名山区坚持绿色发展、规划引领、分类指导、依法推进原则，按照"1+N+L"的总体思路，分类分步解决茶叶加工企业"小散乱"等历史遗留问题，全面完成茶叶加工企业证照清理，引导成长型企业实施"煤改电""煤改气"，实行企业除尘降噪设施安装和厂区环境规范。

名山区坚持"一控、两减、三基本"的思路，大力推动实施畜禽养殖废弃物资源化利用工程、农作物秸秆处理循环利用工程、农业废弃物社会化服务支撑工程、种植业清洁化生产工程和病虫害绿色防控技术工程五大生态循环农业重点工程，实现"三大体系"构建完成。

名山区构建生态循环农业产业体系，推进生态循环基地建设，实现种养平衡，降低茶园面源污染；采用"猪-沼-茶"循环模式，按照 1 亩茶园承载 3 头生猪的标准，对茅河乡、新店镇、双河乡、中峰乡、百丈镇、红星镇等地的规模化养殖场，配套沼气池、水肥一体化管网、粪污车等设备，进行标准化改造。到 2022 年，名山区力争建设生态循环示范点 120 个、生态循环基地 10 万亩。

名山区构建农业清洁生产体系。在茶叶种植方面，名山区大力推广测土配方施肥、商品有机肥和新型肥料应用，积极推广农药零差率统一配供模式，开展病虫害绿色防控和统防统治，健全化肥农药减量化长效管理机制。名山区采用政府购买服务等方式，建立市场主体回收、专业机构处置、公共财政扶持的农田废弃物收集处理体系，因地制宜开展农业废弃包装物和农膜回收处理。在生猪循环养殖方面，名山区结合生猪养殖现状分布特点，加快完善禁养区调整方案和生猪产业发展布局；加强政策引导和执法监管，落实主体责任，强力推进生猪养殖污染整治；全面开展规模生猪养殖场污染治理和生态化改造提升，建立完善生猪养殖污染防治长效管理机制。

名山区构建农业废弃物资源利用体系，坚持政策引导、示范先行、治理达标等基本原则，大力引进农业废弃物资源化利用新模式，促进畜禽排泄物、病死动物、畜禽屠宰废弃物、农作物秸秆等转化为有机肥源和农村清洁能源。名山区鼓励实施以本地畜禽粪便为原料的有机肥生产应用、沼气工程等项目；大力推进农作物秸秆还田，将其作为生物质能源、畜牧饲料、食用菌基料等，建立农作物秸秆收集运输处理体系，完善农作物秸秆综合利用的长效运行机制。

4.2.3 提升农业装备化和信息化水平

名山区提升茶业种植机械化水平，推广茶园耕作、施肥、植保、修剪、采摘等机械化操作，提高茶园机械化水平；积极推广新的开厢起垄标准，按照 1.8～2.0 米行距定植，降低茶园郁闭度，便于开展机械化作业；探索引进名优茶机械化采茶设备，通过试点实验，完善配套措施，进一步提高名优茶机械化采摘率。到 2022 年，名山区力争茶园修剪机械化率达 100%，适宜地区机耕率达 60%，大宗茶机械化采摘率达到 90% 以上，名优茶机械化采摘取得突破。

名山区启动多层次物联网工程，建立"区-乡镇-基地"三级物联网联动平台。本着以点带面、重点推进的原则，名山区在茶叶、生猪养殖示范园区先行试点，安装物联网无线传感器设备，并以示范园区内实时空气温湿度、土壤温湿度、光照强度、空气二氧化碳浓度 6 项环境数据和可视化监控数据为基础，搭建名山区农业物联网平台。到 2022 年，名山区力争在先行试点成功的基础上，将物联网平台应用于 20 万亩特色种植基地，对 60 万头生猪养殖进行监测，初步建成具有视频接入、智能生产管控、产品质量追溯、农资监管执法、农业应急指挥、农机全球定位系统（GPS）定位、市场监测分析等功能的农业智慧监管系统；基本建立结合实际、整合资源、体现特色、市场运作、互惠互利、方便快捷的益农信息服务体系；稳步推进农业现代化和信息化深度融合的农业物联网生产调控体系。

名山区增强农业信息服务的能力，加强传统信息媒体建设，增加农业专业节目供给数量，丰富节目内容，优化节目结构。为在时间的配置上符合农民的需要，名山区增加节目时间，增多重复播出次数，节目播放时间与农民的生产生活一致。名山区强化农产品市场信息建设，构建功能完备的农产品市场信息系统，实现信息采集、加工处理、分析预测、监测预警四项功能。名山区强化气象灾害预警建设，加强农业气象服务和农村气象灾害防御体系建设，加强气象监测网络建设，建立健全气象服务和防灾减灾体系，提升气象为农服务水平，为农业增效、农民增收、农村发展提供气象保障。

名山区现代农业产业重大工程如表3-5所示。

表3-5 名山区现代农业产业重大工程（2）

名称	项目内容	目标
畜禽养殖废弃物资源化利用工程	建立生态健康和种养结合的绿色生态种养模式，推广清洁生产技术和改进生产设施，从源头减少畜禽粪便产生量。全面加强畜禽粪便综合利用，引导通过工程措施、生物处理和农牧结合三个途径，开展规模沼气工程配套综合利用、生物有机肥加工、堆沤直接还田，实现种养结合。鼓励建设完善小散畜禽粪便集中收集处理、沼液沼渣集中利用、病死畜禽无害化处理服务体系，完善病死动物无害化处理设施和长效运行机制	到2022年，畜禽养殖废弃物资源化利用率达100%，纳入保险的病死动物应收尽收
农作物秸秆处理循环利用工程	按照农用优先、多元利用的原则，全方位强化秸秆综合利用，因地制宜推广秸秆肥料化、基料化、燃料化、饲料化、工业化，培育和壮大秸秆综合利用主体，加强秸秆收储体系建设。逐步形成利用方式多样化、利用主体多元化、产业发展规模化和收储体系网络化发展格局	到2022年，农作物秸秆综合利用水平和利用率（超过95%）进一步提升
农业废弃物社会化服务支撑工程	突破瓶颈，重点建设小散养殖场（户）粪便收集集中处理、沼液沼渣集中配送、秸秆收集储运、农药废弃包装统一收集处理等关键环节社会化服务体系，支持探索畜禽粪便有效储存、收运、处理、综合利用等全产业链发展的有效模式。鼓励、引导社会资本投入，政府采用购买服务等模式参与农业废弃物利用、农业面源污染治理等领域	到2022年，关键环节社会化服务率（超过95%）进一步提升

表3-5(续)

名称	项目内容	目标
种植业清洁化生产工程	围绕节水、节肥、节药,实行轮作、间作、套作等农作制度和设施栽培、节水灌溉、水肥一体化等节约型农业技术;推广使用有机肥和种植绿肥,开展测土配方施肥,实现化肥减量增效。推行绿色生态防控技术、推广高效低毒低残留农药、开展专业化统防统治等,实现化学农药减量控害。实施农田氮磷控源治理、田间生态林建设等工程;合理开展耕地轮作休耕试点,因地制宜推广粮肥、粮豆等轮作,改善农田生态环境,提升农田生态功能。对农药废弃包装物、废弃农膜等收集处理,建立由市场主体回收、专业机构处置、公共财政扶持的农药废弃包装物收集处理体系,因地制宜收集处理利用废弃农膜	到2022年,化肥使用量较2017年减少5%,农药使用量较2018年零增长,化肥和化学农药使用量较2020年进一步下降
病虫害绿色防控技术工程	设立生物农药专项补贴,在农资采购上加大对生物农药的扶持力度,提高农资经营企业销售积极性;在中峰、万古、双河、新店、百丈、红岩等重点乡镇,优选龙头企业、专业合作社、家庭茶场建立生物农药示范区,开展生物农药示范补助试点	到2022年累计新增防控面积8万亩以上
物联网联动平台	建立1个区级物联网生产指挥调度中心、14个乡镇街道分中心以及多个基地应用示范点	到2022年,初步建成功能完备的农业智慧监管系统
农产品市场信息系统	建立信息资源子系统、信息传播子系统和信息用户子系统	到2022年,初步建成功能完备的农产品市场信息系统
农村气象监测系统	建立完善农村暴雨、雷电、大风、干旱等气象灾害监测网和特色农业小气候、农业气象试验研究、大宗农作物观测网。充分利用广播、电视、报纸、手机、电子显示屏、网络等媒体及时发布农村气象信息	到2022年,初步建成功能完备的农村气象监测系统

4.3 健全名山区现代农业经营体系

4.3.1 壮大名山农村集体经济

名山区深入推进农村"三变"改革，让资源变股权、资金变股金、农民变股民。名山区全面开展农村集体资产清产核资、集体成员身份确认，引导支持农村集体经济组织探索资产租赁型、资源整合型、稳健投资型、区位特色型、服务创收型等发展模式。名山区加快推进农村集体经济"脱空"工程建设，全面总结试点经验，推广资源变资产、资金变股金、农民变股东的"三变"改革模式，用好用活贫困村产业扶持基金，探索"四荒"资源开发的新模式。名山区实施新型集体经济发展壮大工程，推动农村集体资产财务管理规范化；支持农村集体经济组织负责或参与财政支农项目建设，鼓励探索财政支农项目实行股份量化到村集体经济组织，鼓励将农村集体资产入股参与农村新产业新业态发展。

4.3.2 培育名山新型农业经营主体

名山区加快培育规模适度的家庭农场，加大对规模生产茶叶、果蔬农户的支持力度。名山区重点培育和扶持一批机制完善、实体化运作的农民专业合作社，积极探索土地股份合作社、土地托管以及"大园区、小业主"等土地规模经营模式；围绕茶叶种植、生猪养殖等主导产业，大力扶持产业关联度大、带动能力强的农业龙头企业；培育以生产经营型为主、兼顾专业技能型和专业服务型的新型职业农民。到 2022 年，名山区力争培育 9 个稳定发展、效益明显的省级以上示范家庭农场；培育发展 14 个省级以上农民合作社，促进农民合作社开展实体化运作；培育 20 个市级以上农业产业化龙头企业。

4.3.3 完善紧密型的利益联结机制

名山区发挥新型农业经营主体带动作用，建立完善利益深度连接机制，继续推广"龙头企业+合作社+基地+农户""专业市场+合作社+农户""供销社+小农户"等经营模式，推行订单收购、股份合作、联耕联种、生猪代养等生产方式，发展多样化的合作生产，开展农超对接、农社对接，提高小农户组织化程度，帮助小农户对接市场。名山区扶持小农户发展生态农业、设施农业、体验农业、定制农业，提高产品档次和附加值，拓展增收空间；探索建立乡村产业发展用工制度，生产基地或产业项目优先吸纳小农户就近就地就业。

4.3.4 健全名山农业社会化服务体系

名山区通过组织创新、制度创新、管理创新，着力构建以名山公共服务机构为依托、新型农业经营主体为骨干、其他社会力量为补充、公益性服务和经营性服务相结合、专项服务和综合服务相协调的新型农业社会化服务体系。名山区积极探索在基层供销社设立"三部六中心",加强名山区农业基层综合服务站建设。名山区提升社会组织服务能力,培育一批农资配送、农机租赁、劳务服务、果蔬营销、冷链物流等各类经营性社会服务组织;强化金融支持,探索农民合作社和家庭农场商业信贷的实现形式,拓展合作社和家庭农场融资渠道。名山区在解放乡银木村试点建立金融综合服务站,提供金融业务、电子商务、金融知识宣传等服务,为加快实现农业现代化提供有力的服务保障。到2022年,名山区力争开展农业社会化服务的新型农业经营主体达到270家。

4.4 推进名山区一二三产业融合发展

4.4.1 坚持推进农旅融合发展

名山区大力推动实施"茶叶+"战略,依托名山绿色本底和茶业优势,按照全价利用、跨界开发、深度融合、动能接续的产业振兴思路,促进茶业由农业资源向文化资源、旅游资源、康养资源以及平台资源转化,突出茶马古道国际文化旅游品牌,围绕"1+7+N"融合发展格局,培育全域旅游新业态,争创天府旅游名区(县),把名山区建设成为成都大都市区康养休闲目的地。

名山区加快特色旅游景区建设,围绕连线品牌上档升级,力争蒙顶山核心景区创建国家5A级旅游景区,支持百丈湖、清漪湖、月亮湖、骑龙场万亩生态观光茶园创建国家4A级旅游景区。名山区深化与大型企业合作,大力推动牛碾坪旅游综合体、蒙顶山国际茶文化博览园(蝴蝶谷)、"十里梅香·茶源小镇"、百丈关红军纪念馆等项目建设,促进骑龙场、茅河乡两大茶区的景区化发展,增加茶文化旅游看点,丰富茶旅产品,加快景区标准化进程,提升品牌影响力。名山区依托幸福美丽新村的建设,进行"茶区+茶村"旅游一体化发展,着力建设旅游特色小镇。

名山区加快特色旅游业态升级,发展深度体验产品。名山区依托茶叶企业、专业合作社、农户的资本力量和技术力量,立足新型茶叶经营主体的培育,以茶文化旅游产品的深度体验为本,创新旅游体验业态,打造茶叶采摘体验、茶叶制作体验、茶膳美食体验、茶文化体验、茶疗养生体验、禅茶静修体验等多元旅游体验产品。名山区支持集休闲观光、品茗茶膳为一体的"跃华茶庄""雾茶庄园"茶业综合体建设,着力体现项目多样化、餐饮住宿特色化,推动建设清漪湖钓鱼中心、山坪塘农家垂钓园、红草湿地、樱桃塘栈道、月亮湖垂钓基地等"一心一园三基地"以及婚纱摄影、民俗婚庆、"知青大院"等一批综合体验项目。名山区推动将解放乡瓦子村、高岗村、银木村连片打造为知青村落，建设知青老年大学、知青食堂、知青农场。

名山区优化旅游公共服务体系，提升旅游交通通达度，优化旅游线路，串珠成线发展。名山区加强双河乡至解放乡道路建设，建成红草—中锋—新店—解放—双河的旅游环线。名山区立足百里生态茶文化旅游经济带的建设，打造名山区茶文化旅游大环线；结合国道318线的开发，打造名山区（S108）川藏茶马文化遗产廊道。名山区推动智慧旅游平台建设，完善旅游信息咨询服务体系，以物联网、"互联网+"、现代通信技术为基础，完善名山区智慧旅游公共信息平台和智慧旅游业态创新服务体系。名山区在解放乡等地打造了一批旅游集散中心。

4.4.2 加速农村电子商务发展

名山区围绕优势产业，加快电子商务公共服务平台建设，完善电子商务公共服务支撑体系，改造农村现代流通网络，打通农村电子商务"最后一公里"，有效解决"农产品进城"这一难题。名山区实现电子商务与传统产业的共同繁荣，打造名山特色集聚、产业优势突出、带动效应明显、业态互补性强的电子商务产业生态体系；做大特色农村电商规模，全力提高农村商品流通效率。到2022年，区、乡级农村电子商务综合服务平台（站点）覆盖率力争分别达到100%、80%，村级电子商务服务综合服务平台（站点）覆盖率力争达到70%；建成统一开放的农村电子商务市场体系，将名山区打造成电子商务与生态农业相结合的省级电子商务产业示范区（县）。

名山区培育市场经营主体，通过引进与培育相结合，支持各类资本和电商职业经理人参与农村电子商务发展；加大对电商创业人授信和贷款支持力度，组织培训农村居民电子商务应用人才。名山区积极建设新型农村日用消费品流通网络，支持电子商务企业渠道下沉，加强县级电子商务运营中心、乡（镇）商贸中心和配送中心建设。

名山区建设农产品电商平台，鼓励种植大户和涉农龙头企业等在电商平台开设专区，实现"三品一标""名特优新""一村一品"农产品网上销售、抱团发展，形成独具名山特色的标准化、专业化、生态化农产品电商平台；鼓励有条件的批发市场开展网上批发零售，串联全区市级以上农业产业化龙头企业，打造网络销售强势品牌。

名山区完善物流服务体系，健全区域综合服务功能。名山区加快农村信息基础设施建设和宽带普及；依托名山龙头企业电商及商贸流通企业网点发展规划，科学指导企业在乡镇建成仓储配送中心；加强相关部门及电商、快递企业对相关农村物流服务网络和设施的共享，优化配送公共信息服务，承接电商、快递企业订单，搭建并完善从镇到村的"最后一公里"的共同配送网络。

名山区一二三产融合发展重大工程如表3-6所示。

表3-6　名山区一二三产融合发展重大工程

建设重点	项目支撑	项目内容
蒙顶山茶叶公园	"1+7+N"	1条百公里、百万亩茶产业生态文化旅游经济走廊，7个特色茶乡（禅意茶乡、酒香茶乡、骑游茶乡、科普茶乡、水韵茶乡、梯田茶乡、浪漫茶乡），N为相关旅游配套
"一山两湖"旅游景区	蒙顶山景区	2018—2020年重点推进世界茶文化体验园、蒙山茶祖圣地、中国茶俗园、蒙山皇茶体验园、古寺庙修缮工程（智矩寺、静居庵、甘露寺）、蒙顶山夜景工程等核心项目，并成功创建国家级风景名胜区。2021—2025年重点推进国际茶文化论坛、国茶文化学院、世界茶源博物馆、中国茶马古道博物馆等核心项目，并成功创建国家级旅游度假区、国家级生态旅游示范区
	百丈湖度假区	2018—2020年高标准配套完善游客中心、标志标牌等设施，发展蒙山民宿、乡村酒店、精品茶庄等项目，打造国家4A级旅游景区。2021—2025年联动百丈湖度假区的开发，推进半岛花园、桂花岛国际会议中心、南湖水乡、三元祠茶马古街等项目，成功创建国家4A级旅游景区
	清漪湖省级湿地公园	配套完善湿地艺术创作区、湿地农家餐饮街区、湿地文化长廊、湿地植物观光区、湿地动物科普区、茶田景观，联动红草坪万亩茶园一起成功创建国家4A级旅游景区

表3-6(续)

建设重点	项目支撑	项目内容
乡村旅游示范点	"水韵茶乡"茅河生态观光茶园	重点打造临溪河茶休康养、"一把伞"游学体验中心等核心项目,成功创建国家3A级旅游景区
	"绿野仙踪"万亩生态观光茶园	拓展蒙山茶宿旅游民宿、茶田康养运动、精品茶庄等深度体验项目,成功创建国家3A级旅游景区
	"花香茶海"红草坪万亩生态观光茶园	联动清漪湖湿地公园的开发,重点推进蒙山茶宿旅游民宿、茶韵古乡摄影基地、红草湿地公园等项目,成功创建国家3A级旅游景区
	月亮湖景观建设	打造垂钓平台、夕阳观景台、日出观景台、月牙标志物、月儿岗、游览步道、知青广场、婚庆广场、婚纱摄影基地、三湾塘、知青塘等,使月亮湖成为茶园绿道上的重要景观节点

5　加快特色美丽乡村建设,打造生态宜居新风貌

名山区深入实施"三大革命",奋力推动乡村振兴。名山区牢固树立绿水青山就是金山银山的理念,全面实施"六化工程",推动"五美共建"行动,加快建设幸福美丽新村升级版,改善乡村人居环境。名山区统筹山水林田湖草系统治理,推动形成绿色发展方式和生活方式,打造农民安居乐业的美丽家园,让良好生态成为乡村振兴的支撑点。

5.1 改善乡村人居环境

5.1.1 推进农村生活污水和污染源治理

名山区落实《四川省农村生活污水治理五年实施方案》《雅安市农村生活污水治理五年实施方案》《雅安市城镇污水处理设施建设三年推进方案》和《雅安市水污染行动计划实施方案》,结合名山区实际,因地制宜加快推进污水处理设施建设,加快实施城乡供排水一体化项目,积极推进7个乡(镇)场镇生活污水处理设施建设,补齐环保基础设施短板。名山区优先实施环境质量要求高的区域以及30个新村聚居点、15户或50人以上农村居民聚居点农村生活污水处理设施建设,抓好农家乐、旅游民宿、景区宾馆等场所生活污水治理,有序解决农村治污能力不足问题。名山区推动城镇污水处理设施向农村延伸,将农村生活污水纳

入污水管网进行统一收集和处理；远离城镇的农村居民聚居点，配套完善管网设施，合理选择污水处理技术进行集中处理；居住相对分散、污水难以统一收集的地区，就地就近采用无动力、微动力或生态处理技术进行分散处理。名山区加强生活污水源头减量和尾水回收利用。到2022年，名山区力争实现90%以上的行政村农村生活污水得到有效处理，加快推进水库整治、山坪塘治理和水库水质治理等。

5.1.2 推进农村生活垃圾治理

名山区巩固生活垃圾收集处理成果，落实四川省、雅安市城乡垃圾处理设施建设三年推进方案，推行农村生活垃圾集中收集处理，确保95%以上的行政村的生活垃圾得到有效处理。名山区全面推进名山区解放乡农村生活垃圾分类高岗村模式，形成全民参与、网格监管，垃圾分类、源头减量，分级筹资、定时清运，常态管理、村民作主，创先争优、严格考核的良好机制，以垃圾户分类、村收集、乡集运、县处理的方式，将全村的生活垃圾、生产垃圾、建材垃圾等进行分类收集、清运和处理，提升生活垃圾无害化处理能力。名山区推进生活垃圾就地分类和资源化利用，鼓励有条件的地方积极推进农村可再生资源回收，开展农村垃圾就地分类和资源化利用试点，探索农村垃圾循环利用和源头减量措施。

5.1.3 推进农村"厕所革命"

名山区统筹农村公共厕所建设，落实四川省、雅安市"厕所革命"实施方案，结合幸福美丽新村和扶贫新村建设，完成乡村公共厕所新建和改建任务，推广使用装配式环保农村公厕，推动新村聚居点乡村公共厕所配套建设，重点加强"1+6"村级服务中心、学校等公共场所公共厕所配套建设，保证每个村活动室建一个公共厕所。名山区推进农村户用厕所改造，按照群众接受、经济适用、维护方便、不污染公共水体的要求，加快推进农村户用卫生厕所建设和改造，普及不同水平的卫生厕所，基本实现农村户用卫生厕所普及率达到90%。名山区结合农村危旧房改造、灾害避险搬迁等项目，加强农村自建房建设技术指导，全面推进农村户用卫生厕所配套。名山区加快乡村旅游厕所配套，注重乡村旅游厕所与自然环境相协调，推进蒙顶山风景名胜区、乡村旅游点的厕所配套建设。名山区加强厕所粪污治理，鼓励各地结合实际，建立厕所粪污贮存、收集、运输、处理体系，推广运用厕所粪污无害化处理并资源化利用，推行粪肥还田，推动厕所粪污治理与农村生活污水治理有机结合。

5.2 建设幸福美丽乡村升级版

5.2.1 加快幸福美丽新村升级版建设

名山区坚持规划引领，遵循有利生产、方便生活、尊重自然、体现特色、保护文化的原则，以建制村为单位，科学规划，全面推进，深入实施"五美乡村"行动。名山区把"五美乡村建设"和"四好新村"创建作为实施乡村振兴战略的重要抓手，新村建设突出生态特色、乡土气息、民俗风情、地域文化和乡愁历史，打造具有雅安特色的幸福美丽新村升级版。名山区按照住上好房子、过上好日子、养成好习惯、形成好风气的要求，规范程序，严格标准，强化引导扶持，深入推进"四好新村"创建活动，激发农村群众建设幸福美丽家园的内生动力。到 2022 年，名山区力争实现幸福美丽新村全覆盖，100%的村创建为市级"四好新村"，90%的村创建为省级"四好新村"。

5.2.2 加快农村危房和土坯房改造

名山区优先改造建档立卡贫困户的危房和土坯房，采取拆、保、改、建相结合的方式，对农村土坯房进行分类整治。名山区深入推进农村土坯房改造，落实各项保障措施，充分发挥雅安市农村住房建设统筹管理联席会议制度的作用，高质量完成农村土坯房改造工作。名山区大力实施"土坯房改造+"行动，把土坯房改造与盘活闲置农房、盘活闲置土地、文化保护利用相结合，统筹推进，分类实施农村土坯房改造。到 2022 年，名山区力争全面完成农村土坯房改造工作。

5.2.3 加快村容村貌整体提升

名山区加大村容村貌的整治力度，实施以建庭院、建入户路、建沼气池和改水、改厨、改厕、改圈为主要内容的村容村貌整治工程；拆除违法搭建的构筑物及破旧土坯房，消除私搭乱建占用公共空间及主要道路的现象，加强庭院空间整治，对农村公共空间进行梳理整顿，改善村容村貌；推进卫生区县、卫生乡镇等创建工作。名山区结合村规民约建立健全村庄环境卫生整治管理和维护制度，组织村内党员和村民代表加强对村环境卫生整治工作的监督，调动居民自觉维护村容村貌的积极性。名山区按照雅安市"坚决杜绝大拆大建、保留川西民居风貌"的思路，加大对名镇名村的保护力度，最大限度保持农房的原有风貌和农家特色，营造名山特色民居。名山区开展村庄绿化美化行动，推进农村宅旁、村旁、路旁、水旁"四旁绿化"和闲置土地绿化，加快形成道路、水系、房前屋后果木林、村庄周围防护林的新村绿化格局。

5.3 加快特色小城镇建设

5.3.1 创新名山特色小城镇发展机制

名山区深化扩权强镇改革，强化事权、财权和用地指标等保障。名山区创新小城镇发展投融资机制，鼓励社会力量参与城镇投资、建设、运营和管理，探索建立小城镇建设专项基金，推广运用政府和社会资本合作（PPP）模式等。名山区加大对特色小城镇转移支付、对口支持力度，加强银、政、企合作，提升自我发展能力；坚持固态保护、活态传承、业态提升原则，完善资金投入机制，鼓励村民自筹资金、自我组织、自我管理，深入挖掘各地丰富多样的文化资源，推进特色村镇建设。

5.3.2 打造一批具有名山特色的小城镇

名山区充分发挥小城镇对乡村的辐射和引领作用，打造一批产业特色鲜明、形态适宜、发展水平高、示范带动作用强的特色网红小镇和网红村。名山区坚持生态优先、绿色发展、文旅融合、三产互动，严格控制落后淘汰产业向小城镇转移；充分利用小城镇的生态、历史文化和产业优势，精准定位小城镇产业发展方向，制定特色产业发展规划和扶持政策，推进特色产业项目落地、发挥效益，实现特色产业立镇、强镇、富镇；加快培育新创建试点镇的专业化、规模化、特色化主导产业，强化产业对小城镇发展的支撑能力，促进产镇融合发展。特别是新店镇要优化产业布局，推进特色产业转型升级；百丈镇要着重发展生态旅游业，加快物流产业融合发展；红星镇要着重发展优势农业，培育乡村旅游等新业态。

5.3.3 加大特色镇村保护与建设力度

名山区坚持发展和保护利用相结合、因地制宜与突出特色相结合、科学规划与统筹兼顾相结合、政府主导与社会参与相结合的原则对历史文化名镇、名村、街区进行保护，针对已有特色小城镇，增强其承载能力。名山区加快发展其特色优势主导产业，实现特色产业立镇、强镇、富镇；实施城镇基础设施改造提升工程，加强道路、供水、供气、通信、污水垃圾处理等市政基础设施及山地公园、生态湿地、绿廊绿道等生态基础设施建设；优化公共服务设施配置，统筹布局建设教育、卫生、科技、文化、商贸、体育等公共服务设施，提高公共服务质量和水平，增强人口吸引力、集聚力。

5.4 加强乡村全域生态保护与建设

5.4.1 完善乡村生态环境保护制度

名山区完善生态保护补偿机制，在蒙顶山区域开展生态保护补偿试点，并逐步推广。到 2022 年，名山区力争实现全区森林、湿地等重点领域和禁止开发区域、重点生态功能区域等重要区域生态保护补偿全覆盖，基本形成生态保护补偿制度体系；确保重点生态功能区、生态环境敏感区和脆弱区得到有效保护，划定并严守生态保护红线，全面优化国土空间开发布局；强化资源消耗管控，形成新建、改建和扩建项目与用能总量指标挂钩的制度，设立新上项目用能强度标准，对超过标准的不予办理备案、核准和审批手续；严守环境质量底线，将生态环境质量逐年改善作为区域发展的约束性要求，科学确定污染物排放总量限值和环境风险防控措施。

5.4.2 严格执行乡村生态环境保护制度

名山区完善生态环境监管制度，创新生态环境调查和执法工作机制，健全网格化环境监管制度和移动执法系统，完善执法部门独立调查和解决突出环境问题工作程序，形成部门间职责明确、分级监管、配合联动、凝聚合力的环境监管工作格局，实现行政处罚和刑事处罚无缝衔接。名山区制定重点行业污染物排放标准，建立企业环境信用等级评价制度、环境责任保险制度和环境污染损害责任赔偿制度；建立覆盖所有固定污染源的企业排放许可制，将企业污染物排放种类、浓度、总量、排放去向等纳入许可证管理范围，禁止无证排污和超标准、超总量排污；建立自然资源资产产权制度，对水流、森林、湿地、山岭、荒地、滩涂等各类自然资源资产进行普查，摸清底数，理清归属，完成自然生态空间统一确权登记，建立自然资源资产产权管理数据库。名山区逐步划清全民所有和集体所有之间的边界，划清全民所有、不同层级政府行使所有权的边界，划清不同集体所有者的边界；同时，逐步建立覆盖全面、界限清晰、责任明确、约束性强的用途管制制度，实现能源、水资源、森林资源、矿产资源按质量分级、梯级利用。

5.4.3 建设健康可持续的乡村生态环境

名山区坚持系统性、整体性的原则，深入贯彻"山水林田湖草是一个生命共同体"的理念，坚持宜农则农、宜渔则渔、宜林则林，打造种养结合、生态循环、环境优美的生态系统。名山区加强农田水利设施、农业生态基础设施建设，修复自然生态系统、净化水质、保护生物多样性等；保护和改善农田生态系统，大力发展有机生态农业；培育和保护森林生态系统，增强林业生态发展的平衡性，大力开展国土绿化行动，推进沿河、沿湖、沿路造林绿化及农田生态林网建设。

5.4.4 建立健全水治理体系

名山区探索试点河（段）长制，把全区域的河流、水库、湿地、万亩以上灌区的堰渠全部纳入河（段）长制工作中；建成区县、乡镇、村三级河（段）长体系，实施《雅安市村级河长制条例》，建立责任明确、制度健全、运转高效的河湖管理体系。名山区加快河（段）长制信息平台建设，打造一体化、同步化的河湖数据共享平台；加强水资源保护，严守水资源开发利用控制、用水效率控制、水功能区纳污限制三条红线；加强名山河、延镇河、临溪河、朱场河、两合水等水域岸线管理，依法划定河道管理范围；加大水环境治理力度，加快黑臭水体整治，加强入河排污口规范整治和饮用水水源保护。

名山区生态宜居乡村建设重大工程如表 3-7 所示。

表 3-7　名山区生态宜居乡村建设重大工程

项目名称	项目内容
名山区城乡供排水一体化 PPP 项目	包括区城乡供水项目、区场镇和新村生活污水处理站建设项目以及区城市生活污水处理厂项目
生活污水处理站建设项目	修建 10 个场镇、35 个新村聚居点污水管网，完善集中处理设施，采用集中处理方式处理生活污水

6　推动乡村文化振兴，焕发乡风文明新活力

名山区以社会主义核心价值观为引领，坚持精神文明与物质文明一起抓，广泛开展文明村镇创建和乡村文脉保护传承行动，进一步增加农村优质文化供给，激发乡村文化创新创造活力，提升农民精神风貌，焕发农村文明新气象，凝聚实现乡村振兴的强大精神力量。

6.1 加强农村精神文明建设

6.1.1 培育践行社会主义核心价值观

名山区加强学习教育，通过宣讲、讨论、调研、专题活动等多种方式，利用村民"坝坝会"、微信公众号、村远程教育站等载体，深化群众对社会主义核心价值观的认识和理解。名山区加强宣传引导，运用各种社会舆论平台，通过组织主题宣传活动，大力宣传科学理论，形成正面舆论态势；强化阵地意识，坚决抵

制农村封建残余和迷信思想，确保社会主义核心价值观成为农村社会的主流舆论。名山区强化实践养成，发挥各类先进典型的榜样示范和教育引导作用，总结推广先进典型及经验，开展学习宣传先进典型活动，使社会主义核心价值观内化为农民群众的思想意识和行动自觉。名山区加强制度机制建设，通过健全规章制度，把社会主义核心价值观的要求融入农村各项规章制度中，进一步完善乡规民约等行为规范，推动思想道德建设日常化、具体化。

6.1.2 加快推进文明村镇创建

名山区推进文明村镇创建活动，常态化开展"文明村镇""文明家庭""星级文明户""名山好人""好媳妇、好妯娌"等创建评选活动，培育农民正确的价值取向；以高岗村模式为典范，推行开展垃圾不落地、出行讲秩序、办酒不铺张、邻里讲和谐等活动，不断提升文明村镇创建的质量和数量。到 2022 年，名山区力争实现县（区）级以上文明村镇（社区）覆盖面达到 60% 以上。名山区组建志愿服务队，通过志愿队开展文明劝导、家庭纠纷调解等活动，大力宣传老年人权益保障法规，发动和组织全社会尊老敬老；以银木村、石栗村为核心示范村，形成孝廉文化和浓厚的敬老爱老氛围。名山区培育新乡贤文化，开展新乡贤评选活动，以"举、颂、学、礼"四位一体评选"德、公、智、体、美"的推动名山区经济发展的人士；通过"讲、评、帮、乐、庆"等多种形式，以茅河乡为例，讲好乡贤故事，彰显新乡贤道德精神，提升群众的道德修养。

6.1.3 开展乡风文明建设活动

名山区提高农民素质，大力开展道德讲堂实践活动，设立诚信善行义举榜和开展"我推荐、我评议身边好人"等多种活动，以身边好人好事影响农民，引导其远离黄、赌、毒等违法活动和好吃懒做等不良风气。名山区建好用好农村思想文化阵地，加强对农民夜校、农家书屋、村级公共服务中心、文化活动室等的建设和管理，利用村街大喇叭、固定阅报栏、农家书屋、墙体宣传画、宣传标语、文化橱窗等多种宣传阵地，有计划地开展宣传教育，提升农民思想道德素质。名山区开展移风易俗工作，大力倡导文明殡葬新风尚，积极引导群众转变观念，告别陋习，推行绿色、厚养、简葬的殡葬新风。名山区建立道德红蓝黑榜，实行动态管理机制，各村定期进行更新评议，推动形成崇德向善的良好村风民风；深化"家风、家教、家训"活动，开展"我的家风故事""好家风家训""好长辈""好模范"等好家风典型示范引领评选活动，切实营造良好的家风。

专栏 3-1　乡村文明提升行动

·"铸魂强农"工程：针对当前部分农民法治意识淡薄、环保意识不强、婚育思想封建愚昧以及农村宗教渗透和侵蚀等问题，通过宣传教育、社会治理、法治保障等综合措施，以培育时代新农民、新风尚为着力点，全面加强农村思想道德建设，提升农民精神风貌，提高农村社会文明程度。

·"新农村、新生活、新农民"培训提升工程：加强宣讲团和宣讲志愿者两支骨干队伍建设，成立由农业、教育、卫生、文广新、民政、司法等部门业务骨干组成的宣讲团，招募巾帼宣讲志愿者，开展家居生活、伦理道德、亲子教育、身心健康等方面培训，不断提高农村居民综合素质。

·文明评选活动：开展"文明村镇""文明家庭""星级文明户""好媳妇、好妯娌"等创建评选活动，推行"我推荐、我评议身边好人""家风、家教、家训"创建评选活动。

6.2 丰富乡村文化生活

6.2.1 健全公共文化服务体系

名山区建立公共文化服务阵地，持续完善补缺全区综合性文化服务中心；对有牌子无实际阵地的场所进行建设，使房屋建筑功能达到"四室一场"的标准。名山区提升村文化室功能，加快完善集书报阅览、影视播放、应急广播、文体活动、电子商务等多功能于一体的村级综合性文化服务中心，达到"五个一"建设标准。名山区在乡村振兴示范点新建文化院坝和文化工作室，为乡村文化振兴提供服务；发挥公共文化机构的真正作用，突破名山区文化馆、图书馆、农民书屋等固定公共文化设施点的局限性，开展"流动文化车"形式的流动文化服务；开放利用区城学校、乡镇学校、村级学校等教育文化设施。到 2022 年，农家书屋真正做到为农民所用，年借阅次数达 1 万次以上。名山区构建以蒙顶山茶史博物馆为中心、非公有制博物馆为辅助的多元特色博物馆体系；长期免费开放茶史博物馆，充分利用博物馆与学校共建的"文博教育"实践基地，持续开展博物馆"小小讲解员""书画摄影展"等活动。到 2022 年，博物馆力争举办活动 20 次。名山区利用文化站、综合文化服务中心，常态化组织文化惠民巡演、公益电影进社区等公益文化活动，为群众提供切合需求的公共文化产品和服务。到 2022 年，村级文化室、综合文化服务中心使用次数达 10 次/人。

6.2.2 增加公共文化产品和服务供给

名山区深入推进文化惠民工程，持续开展送戏、送书、送电影下乡活动，主办、承办"我们的节日"等演出活动，组织区文艺院团提供"送演出下乡"服务，鼓励业余文艺团体与基层开展对口帮扶交流活动，提升基层艺术创作水平和公共文化服务供给能力，实现"送文化"到"种文化"的转换；放映公益电影，落实公益电影惠及乡村，实现"电影月月看"；打造一批"墨香校园""书香社区""书式人家"，建设精神家园。名山区建立农民群众文化需求反馈机制，针对名山区、乡镇、村落的不同需求，运用政府选择购买、补贴等方式，以"菜单式"的方式采购农民看得懂和用得上的、适合不同年龄段的音像制品与图书等各类出版物。名山区发展新型文化服务项目，支持"三农"题材文艺创作生产，鼓励文艺工作者深入农村，积极创作反映新时代名山区乡村振兴实践的优秀文艺作品，丰富精神文化生活。名山区组织乡村歌舞、乡村竞技等活动，持续开展农民艺术节、"书香雅安·农民读书月"等活动。名山区建设数字文化服务网络，实现文化工程网络化，建立网上图书馆、网上文化馆、网上博物馆等覆盖全区的数字文化服务网络，促进优质文化资源向基层和农村流动。名山区合理运营新兴媒体，推动媒体办好农村版或农村栏目，在名山区电视台、微信公众号、官方微博等重要媒体上形成名山区文化宣传专栏，普及名山文化。

6.2.3 开展群众文化活动

名山区广泛开展群众性节日民俗活动，持续积极举办"蒙顶山茶文化旅游节""蒙山讲坛""农民读书节""茶都大舞台"等文化赛事和展演活动。名山区打造农民艺术节、乡村音乐节、乡村艺术节等活动平台，提高群众参与文艺活动的积极性；以村文艺队为依托，以乡镇片区文艺汇演为平台，定期组织群众开展舞蹈、乐器、戏剧等培训活动。名山区推进群众参与文化创作，培养本土民间艺术团体、人才，挖掘、弘扬和发展民间艺术，鼓励、支持民间艺术创新；鼓励群众自编自导自演文艺节目，在区文化馆、乡镇综合文化站、各村文化广场等场所，开展文化研讨、文学笔会、抒怀歌曲、文艺演出、创作大赛等活动，推出更多以茶文化、红色文化、乡村文化品牌为主题的"名山作品"，推广现有地方特色文化活动，深入开展"茶文化旅游节"和"乡村文化品牌"相关主题活动。

专栏 3-2 乡村公共文化服务工程

·文化惠民工程：实施公共文化服务基础设施全覆盖建设工程，保障乡村现有公共文化服务基础设施的高效合理利用；开展优秀文化进乡村服务，筛选符合广大乡村群众精神需求的文化项目，深入基层农村服务点，丰富乡村群众的文化生活。

·"文化云"建设工程：区、乡、村三级公共文化服务点联动，保障乡、村两级图书室、文化站与市、区两级实现网络无障碍互通，确保各类上网信息资源能够同步更新；以公共数字文化平台建设推动全区公共文化服务水平提档升级，更好地立足群众，服务基层，使公共文化服务改革创新惠及广大群众。

·文化工作者队伍建设工程：鼓励多元化的文化工作者队伍建设，引导政府专职文化工作者、文化志愿工作者、社会组织等多方力量发挥各自的能量，打造一支结构合理、综合素质优良的文化工作人才队伍。

·新型文化创作项目：鼓励文艺工作者深入农村，将反映农村生活、民俗特色、风土人情、精神面貌、名山特色文化的优秀文学作品改编成戏剧、话剧等供乡村基层人民欣赏，丰富其精神文化生活。

·农村文化阵地提升工程：建设现代化、标准化、广覆盖、高效能的农村文化广场设施网络，建立可持续发展的广场文化活动运行机制；充分发挥广场的文化载体功能和凝聚人心作用，组织引导、整合吸纳各类文化资源向农村文化广场集聚，调动农村群众参与文化活动的积极性。

6.3 加强优秀传统文化保护利用

6.3.1 实施文化记忆工程

名山区加强整体规划，深入推进茶马司维修加固和展示陈列、蒙顶山茶史博物馆和文化广场巩固提升等项目，实施重要历史文化遗产保护工程，加强国家级、省级重点文物保护单位保护，全面实施不可移动文物保护工程、可移动文物保护工程、文物保护能力建设工程和重点文物保护单位保护维修等文物保护工程，构建不可移动文物保护体系。名山区保护传承乡村文脉，加强对民俗文化、农耕文化、孝德文化、廉政文化等优秀乡村文化资源的保护和传承，通过实施乡村文化品牌建设，如在中峰乡海棠村茶文化、万古乡红草新村民俗文化、新店镇长春村农耕文化、解放乡银木村孝德文化、百丈镇石栗村廉政文化等村落文化品牌的定位基础上，进一步发挥先进文化示范村的榜样作用，实施乡村历史文化展示项目，进而实现在镇域范围的推广。名山区建立健全传统村落"一村一档"，按照"一村一策"加强村志村史编撰整理，建立优秀乡村文化生产性保护示范基地和保护项目，筹划建设一批民俗生态博物馆、乡村博物馆，评选传统民居、传统街区以及民俗文化和民俗工艺传承人。

6.3.2 深入挖掘非物质文化遗产

名山区实施"非遗上档次"工程和文物保护工程，启动"蒙山茶传统制作技艺"申请国家非物质文化遗产工作，积极申报水月寺和红军百丈关战役遗址进入国家文物保护名录，使名山区内的非物质文化遗产项目和文物保护项目逐步进入区、市、省、国家保护名录，以此提高蒙顶山茶的知名度。名山区培养非物质文化遗产接班人，传承"蒙顶山茶制作技艺""名山马马灯""茶艺表演技艺"等名山区非物质文化遗产；收集现有的民间精工巧匠，建立文化传承者信息库，实现非物质文化遗产接班人的动态化管理；与技能型人才培训相结合，邀请相关文化传承者授课，鼓励农民、青少年参与课程学习；引进学者进行名山区蒙顶山茶文化和其他非物质文化遗产的考察研究，减少非物质文化遗产的流失消亡。名山区实现非物质文化遗产项目的动态化管理，建立非物质文化遗产档案和数据库，实时更新名山区国家级、省级、市级非物质文化遗产名录，鼓励和支持非物质文化遗产项目的展览和演示活动，加强对优秀传统文化典籍、技艺的推介。

名山区传统文化保护项目如表3-8所示。

表3-8　名山区传统文化保护项目

序号	"非遗上档次"工程项目	备注
1	蒙山茶传统制作技艺	省级
2	蒙顶黄芽传统制作技艺	省级
3	名山马马灯	市级
4	永兴寺禅茶传统制作技艺	市级
5	龙行十八式	县级
6	蒙顶甘露传统制作技艺	县级
7	蒙顶石花传统制作技艺	县级
8	蒙山茶艺——"天风十二品"传统表演技艺	县级
9	蒙山施食仪	县级
10	韩氏石雕	县级
11	玄门内家拳	区级

表3-8(续)

序号	"非遗上档次"工程项目	备注
12	传统木工制作技艺（高车水碾）	区级
13	雅安市名山区非物质文化遗产保护中心	拟建
14	茶马古道名山段保护规划工程项目	拟开展前期工作
15	名山文庙保护规划工程项目	拟开展前期工作
16	雅安市名山区茶马古城文化产业园建设项目	启动
17	雅安市名山区民俗文化保护研究院	融资
18	黑竹镇鹤林村百丈关战役胡大林战场遗址规划开发	待审

6.4 发展乡村特色文化产业

6.4.1 挖掘乡村文化内涵

名山区统筹运用各级各类社科研究机构、大中专院校、文化文物单位和学术团体等资源，推动研究以茶祖文化、贡茶文化、禅茶文化、茶马古道文化和茶艺文化为代表的蒙顶山茶文化，以红军长征为代表的红色文化，以茶祖祭拜和灯彩文化为代表的民俗民间文化等主题的机构或组织建设；采取联合研究工作、委托研究等形式，聘任（用）和引进一批优秀传统文化高端研究人才，强化名山优秀传统文化研究力量，深入研究阐释名山特色文化的历史渊源、发展脉络、当前形势、基本走向、未来发展，深刻阐明丰富多彩的名山历史文化、地域文化在巴蜀文化进程中的重要作用和突出贡献，深刻阐明名山优秀传统文化资源的独特魅力。

6.4.2 壮大乡村文化产业

名山区塑造特色乡村文化精品品牌，由政府出资扶持、龙头企业牵头，成立一批创新力、竞争力强的"茶+文旅"企业；以蒙顶山茶文化为抓手，加快花间堂蒙顶山禅茶文化体验中心等项目建设。名山区推动"茶文化年轻态"发展，注重将传统茶文化与奶茶文化结合，注重年轻化设计包装，以新兴媒体平台为宣传载体，打造超人气茶叶店、人气礼盒、节日限定款与定制款"网红名山茶川"。名山区依托蒙顶山、百丈湖、清漪湖、国家茶叶公园和中国至美茶园绿道等文化资源，改造建设樊碾子、过溪、水云间、银木林、月亮湖等一批民宿景点；持续开展"春采茶""夏纳凉""秋骑游""冬喝汤"系列民俗文化活动，推出民俗文化展演、非遗展示等，以体验互动形式重现乡村生活。

6.4.3 推广乡村文化创意产品

名山区实施乡村创意产品推广行动，以名山马马灯周边产品、茶类制品等为重点，支持开发农村特色创意民族民俗文化产品，推出一批在国内外具有一定影响力的优质特色创意产品，加强"互联网+"特色产品和工艺品的生产营销，促进乡村文化产业优秀品牌走出去。名山区加快发展以民间特色工艺品、旅游纪念品等为重点的文化产品生产、包装、品牌设立和销售，重点建设一批文化产品生产集聚区。名山区积极探索特色产业、特色资源与文化创意相结合的道路，提高产品附加值，打造特色精品工艺品、纪念品，加快文化产品产业布局和结构调整。到2022年，名山区力争建成文化产品商贸市场，高标准建成文化产品批发市场和特色文化商城。

专栏3-3　文化创意发展工程

· 乡村文化资源普查工程：深入了解和挖掘非物质文化遗产、民间艺术资源、传统建筑资源的种类、数量、分布状况、生存环境、保护状况以及存在的问题。建档立册，综合运用文字、录音、录像、数字化多媒体等形式更新乡村优秀文化资源记录，认定和抢救具有历史、文化、科学价值的，濒危的非物质文化、民间艺术项目、传统建筑。

· 乡村文化品牌塑造行动：开展"春采茶""夏纳凉""秋骑游""冬喝汤"系列民俗文化活动及"蒙顶山茶文化旅游节""茶都大舞台"等文化艺术活动。

· 乡村特色文化产业发展行动：实施茶祖文化、贡茶文化、禅茶文化、茶马古道文化和茶艺文化等特色文化产业发展活动，打造一批具有名山文化特色的乡村文化产业产品、品牌、企业和基地。

· 乡村创意产品推广行动：加大乡村农副产品的文化植入力度，打造一批具有名山韵味的"茶+创业+艺术"乡村农业旅游产品、"乡村文化+创意"的乡村民俗旅游产品、茶文化乡村农舍村落旅游产品。

7. 积极培育乡村多层次人才，推动乡村人才振兴

名山区实施乡村人才培育集聚工程，推动乡村人才振兴，打造一支懂农业、爱农村、爱农民的"三农"工作队伍；强化本土人才培养，支持农民工返乡创业，积极挖掘培养"土专家""田秀才"等乡村能人；积极吸引各类人才下乡创业，引导教育、卫生、农业、文化等行业科技人员和专业技术人员向基层流动；推进名山乡村留人、聚人、育人、引人，提升人才服务保障能力。

7.1 培育新型职业农民

名山区培养一批有文化、懂技术、会经营的新型职业农民，完善培育新型职业农民的教育体系，按照生产经营型、专业技能型、社会服务型三种类型标准，健全农民教育培训、规范管理、政策支持的新型职业农民培育体系。名山区采用"分时段、重实训、参与式"的培育模式，根据不同乡镇产业发展方向提供订单式线上、线下培训服务，培养能够承接网络经济时代的文旅融合产业、新业态电商产业的复合型农业人才。例如，永兴镇、前进乡等以茶产业为主的乡镇，注重培训茶园管理及制茶相关技术；车岭镇、联江乡等生猪养殖乡镇，以生猪疫病防疫、标准化猪场建设管理培训为主；双河乡等蔬果种植乡镇，以蔬菜种植、灌溉技术培训为主。名山区提供新型职业农民"培训→实践→颁证→跟踪"一体化服务，依托基层党校、成人教育中心、远程教育站点、职业院校等教育平台，重点围绕家庭农场主、合作社领办人以及有创业计划的大学毕业生、退伍返乡军人等人才，科学设置培训班次，强化固定、空中、流动和田间"四个课堂"建设，创新"田间培训+生产指导+市场对接"等培训方式。名山区对获得新型职业农民资格证书的农民进行建档立卡、专人专卷，对个人基本情况、产业发展和经营情况、收益状况等做系统记录，实行"一对一"挂牌跟踪服务指导。名山区提升培育新型职业农民的保障能力，争取相关农业支持政策、项目和补贴向新型职业农民倾斜，逐步建立政府投入、项目支撑的新型职业农民培育投入机制；落实"1+10"优惠政策，在人才津贴、安家补助、家属安置、保险福利、健康体检、年休假、晋级评优、参政议政等方面给予优惠保障；制定本地扶持新型职业农民发展的激励政策，做好现行支持政策的统筹衔接工作。到2022年，名山区力争遴选和培育新型职业农民700人。

7.2 挖掘和培育乡土人才

名山区通过摸底、抢救、保护、传承，发展一批带动能力强、有一技之长的"土专家""田秀才"，扶持一批农业职业经理人、经纪人，培育一批乡村工匠、文化能人、非物质文化遗产传承人，将其转化为乡村振兴的文化资源和产业优势。

名山区鼓励乡村能人上讲台，鼓励以农民企业家、种植高手、养殖能人和能工巧匠为主的"土专家""田秀才"将"百姓上讲台"等培训课堂办到产业发展一线，建立"农民夜校+产业示范户+基地+贫困户"的"理论+实践"教学模式，辅以"流动学堂"形式，推动"夜校讲+示范带+群众干"的良性循环。名山区加快由"土专家"向"领头雁"的转变，开辟"蒙山讲坛"培训平台，通过茶农创业培训、新型职业茶农培育、科技示范户培训、农村实用技术培训等方式，全面提升茶产业人才综合素质，围绕茶产业打造领军型、技能型、拔尖型、实用型的"四型"高素质茶产业乡土人才队伍。名山区开展茶产业乡土人才技能认证职称评定，对培训合格的人才颁发"绿色证书"、技能证书；将表现突出的茶产业乡土人才纳入入党积极分子、后备村干部、行业协会和专业合作社负责人、企业主进行培养。名山区开展新乡贤培育成长工程，出台新乡贤评定办法，发现、培养、壮大新乡贤队伍，建立新乡贤信息库；建立完善新乡贤吸纳机制，制定吸引新乡贤的支持政策，鼓励离退休党员干部、知识分子和工商界人士到乡村创办领办农业企业、合作社。名山区推广茅河乡乡贤理事会形式，组织筹备成立乡贤协会、乡贤志愿者协会、乡贤之家等各种组织，聚集乡贤力量。

7.3 引进和培养专业人才

名山区大力引进农业技术、医疗卫生、文化教育、经营管理等专业人才，鼓励他们通过下乡担任志愿者、投资兴业、包村包项目、行医办学、捐资捐物等方式服务乡村振兴事业，充实乡村振兴人才队伍。名山区建立农村教师培养长效机制，全面推行教师"区管校聘"制度，落实乡村教师支持计划，对偏远乡镇实行定向培养招聘教师，推行城区名优教师下派农村支教和农村新教师上挂城区培养制度，开展乡村名优教师评选，逐步提高乡村教师待遇。名山区开展乡村文体艺术人才认定计划，将乡村中从事文学艺术创作、表演的人员，具有鲜明本地特色并能代表当地较高水准的民间曲艺和戏曲创作表演人才、手工艺人以及从事民间体育活动的农村劳动者纳入认定范围。名山区实施专业技术人员知识更新工程，采用"选人→学艺→传授"三阶段培训模式，从种植大户、农技推广人员、农业技术人员中挑选"讲课师傅"，有针对性地选择高校进修、专家学艺、知识更新培训等形式提升农业技术能力，提高专业技术人员的整体素质。名山区制定农技人员通过提供增值服务取得合理报酬的相关文件，为基层农技人员能够全身心投入农技推广提供政策支持。名山区实施人才定向培养计划，支持鼓励各高校及研究机构根据乡村振兴需求，采取定向招生、定向培养、定向就业的方式，培养乡村振兴专业人才。名山区实施"双创"工程；落实促进返乡下乡创业措施，鼓励和扶持返乡人员挖掘、利用家乡资源的比较优势，依托现有各类园区、特色小镇、闲置土地资源、房屋资源，积极培育和打造返乡农民工创业孵化基地、返乡创业园区。名山区完善专业人员保障措施，对长期在基层工作且业绩优异的农业科技人员、农技推广人员、卫生专业技术人员、乡村学校教师等，优先推荐其参加"评先树优"，奖励结果列入职称评审依据；适当扩大"乡村之星"评选规模，每年评选一批具有较大示范作用的优秀农村实用人才。

7.4 培育"三农"干部队伍

名山区广泛开展干部培训活动，统筹党群、农村、旅游、文体、电商等方面培训资源，建立多元化培育体系，分类、分级、分主题开展乡村振兴工作干部理论轮训、外出考察学习活动，提高适应新形势、运用新思想、推动新实践的能力；培育、储备村级干部人才，实施"薪火培育"计划，切实推进"两张清单"选能人、"三种方式"提能力、"四个一批"畅出口，确保每个村至少要有两名35岁以下、高中及以上文化程度的村级后备力量。名山区通过建立人才信息库、精选特聘指导员、做优村干部大讲堂等形式系统化培育大学生"村干部"。名山区深入实施优秀农民工回引工程，推动能人回归、乡贤助村；实施基层党组织"百名好书记"培养引领计划，推行"差评召回"制度、"五带五强"工作法；实施"千名村级干部"培育工程，开展"千名人才驻村行动"、驻村帮扶工作等行动。名山区选配乡镇级干部人才，建立青年公职人员到乡村挂职制度、新进公职人员到农村开展定期服务制度，建立从村党组织中选拔乡镇领导干部、考录乡镇机关公务员、招聘乡镇事业单位工作人员制度，建立选拔优秀本科、硕士毕业生充实乡村干部队伍的长效机制。

7.5 引进高层次专家人才

名山区以产业吸引专家人才，即以优势产业——茶产业为重心，通过项目签订、平台搭建、科研合作等方式，从四川农业大学、四川省农业科学院等柔性引进专家人才，推动全区茶产业提档升级。名山区深入推进与四川农业大学签订"十三五"科技合作协议，充分利用雅安现代茶业科技中心、茶业专业合作社等平台，长期聘请茶学教授为科技顾问、专家教授为科技特派员，持续带动培养茶产业实用人才。名山区加强乡村振兴智库建设。乡镇政府部门针对自身需求引进大学毕业生、青年干部、高校教师等相关人才参与乡镇管理工作。名山区组建乡村振兴专家库，强化理论和政策研究，加强乡镇一线的指导力量，借助"雅州英才"工程，引进高层次和稀缺人才。到2022年，重点镇将完成乡村振兴智库建设，乡镇人才体系将更加完善。

专栏 3-4　乡村人才振兴行动

·新型职业农民培育工程：开展教育培训、认定服务和政策扶持"三位一体"的农民职业化促进活动，培育一批综合素质高、生产经营能力强的新型职业农民。

·乡土人才培育计划：开展乡村旅游、乡土建设、乡村种养殖业、医疗卫生、文化教育等实用技能培训，培养一批乡土人才。

·农村实用人才培养工程：加快推进农民素质提升工程，实施乡村振兴领军人才培养计划；重点引进和培育一批乡村旅游和休闲农业产业投资经营人才，多渠道培育农业职业经理人，培育一支起带动作用的现代农业经营主体与现代农村经纪人队伍。

·"四勤""四有"农业农村干部培育：培育勤动脑、勤动腿、勤动嘴、勤动手，有情怀、有本领、有担当、有作为的农业农村干部；不断提高工作质量和效率，努力为实现乡村振兴贡献力量。

·"双创"行动计划：鼓励社会资本加大投入力度，建设市场化、专业化的众创空间，吸引返乡农民工和农民企业家创新创业；推行科技特派员制度，组织实施一批"星创天地"，为返乡创业人员提供科技服务；鼓励大型科研院所、高等院校建立开放式创新创业服务平台，促进返乡创业农民工和农民企业家运用其创新成果创业；通过宣传回乡创业优惠政策、强化商会纽带作用，引导在外农民企业家返乡创业；在资金、税收、能源、建设、土地、用工等方面，在政策允许情况下给予农民企业家返乡创业优惠和扶持。

·"专家大院"计划和农业科研杰出人才项目：加强对农业科技各领域有杰出贡献人才的支持，每年选拔 10 名左右杰出科学家入驻"专家大院"和院士工作站，进行科技创新。

---

8. 构建新型乡村治理体系，创新治理有效新模式

名山区推进乡村组织振兴，把夯实基层基础作为固本之策，建立健全党委领导、政府负责、社会协同、公众参与、法治保障的现代乡村社会治理体制，确保乡村社会充满活力、安定有序。

8.1 加强农村基层党组织建设

8.1.1 全面落实基层党建工作

名山区落实创新基层党建工作任务，全面落实"三会一课"、主题党日、谈心谈话、民主评议党员、党员联系群众等党内活动，建立农村党员定期培训制度，加强党的基本理论、基本路线、基本方略和宗旨、党性、党纪、党的基本知识及实用技能培训教育，着力提高党员队伍整体素质。名山区落实从严治党责任，严格党支部层面工作程序，切实做好党委换届工作；开展党员亮身份活动，在村党建活动中心设置公开栏，公开党员身份、党员监督电话，发挥群众的监督

作用。名山区采取视频、会议、微信和编印资料等多种形式，创新党组织工作开展形式。名山区通过党组织领办、协办合作社（协会），建立村企之间组织上联合、发展上联动、利益上共享的党组织新模式。名山区提高基层党建工作信息化水平，推进基层党建传统优势与信息技术深度融合，通过网络管理及时完善党员信息；建立完善基层党建网站，开设基层组织、干部管理、党建知识、文件阅览、先进典型、经验交流等栏目；建立党组织信息系统和党员网上学习互动平台，为基层党组织和党员干部群众提供便捷高效的服务。

8.1.2 将基层党组织建成坚强的战斗堡垒

名山区分层分类进行基层党组织建设，推进非公企业和社会组织"两个覆盖"攻坚行动，开展"两新联万村、党建助振兴"行动，抓好企业、农村、机关、学校、街道社区、社会组织等基层党组织建设，重点加强新型农民专业合作组织、脱贫奔康产业基地和名山商会党组织建设，增强名山凝聚力。名山区建立"村村联建""村企联建""村部联建"模式，将几个村党组织、企业与行政村党组织、农业技术推广站等涉农服务部门与行政村党组织合并以联合建立党组织，实现生产要素优化配置。名山区建立健全区域性行业性党组织，围绕农村产业发展、社会治理新需求，设立区域性党组织（各类园区、商务楼宇、商圈市场），在行业协会、商会设立行业性党组织。名山区依靠典型建设推动基层组织建设，重点抓基层组织建设示范村，通过"树立+宣传+推广"确定典型的示范带动作用，如茅河乡的"1+4"治理模式、银木村的"一核四力"实践、红草新村的"1+3+3"模式，在全区形成一个比、学、赶、超的基层组织建设良好氛围，扎实推进遵纪守法、务实担当、公平正义"三个标杆"争创活动。名山区强化基层党组织廉政建设，加强对基层党组织主体责任落实情况的督导检查和考核评价，突出领导干部"关键少数"，认真执行问责条例，落实全面从严治党责任。名山区多措并举开展常态化廉洁教育，深入开展反面警示教育，持续开展"清风领航 勤廉名山"廉政文化文艺巡演活动，着力推进以廉政谈话、定期谈话、诫勉谈话、警醒谈话为主要形式的预警促廉机制。名山区推行村级小微权力清单制度，加大基层微权力腐败惩处力度，开展扶贫领域腐败和作风问题专项治理，严肃查处发生在惠农资金、征地拆迁、生态环保和农村"三资"管理领域的违法违纪问题。名山区落实确权、亮权、晒权工作，促进便民监督、实时监督、阳光监督，进一步厘清村议事会、监事会、监督委员会、村级纪检委员等的职责边界，建立健全有针对性的防控措施，加强村（社区）廉政风险防控。

名山区基层党组织建设发展目标如表 3-9 所示。

表 3-9　名山区基层党组织建设发展目标

指标		2017 年	2022 年
基层党组织	企业党组织/个	32	35
	农村党组织/个	174	180
	机关党组织/个	56	57
	学校党组织/个	34	35
	街道社区党组织/个	15	40
区域性行业性党组织	农业专业合作社党组织/个	8	16
	农业产业链党组织/个	0	2
	非公企业党组织/个	31	35
	社会组织党组织/个	17	22
党员发展专项计划	产业工人党员/人	6	46
	青年农民党员/人	159	417
	高知识群体党员/人	0	20

8.2 构建现代乡村自治体系

8.2.1 完善村民自治组织体系

名山区完善以村党组织为领导核心、村民会议和村民代表会议为决策机构、村民委员会为管理执行机构、村务监督委员会为监督机构的村民自治组织体系，创新农村基层民主运行的体制机制，健全乡镇政务公开和村务公开的联动机制，健全议事、听证（论证）、村（社区）公共服务准入制度等，规范工作程序、办法步骤、结果运用，回应农村社会不同群体的利益诉求。名山区提高基层事务民主决策准确性，坚持以"三议"为程序、"五会"为载体，规范村民自治的议事内容、议事程序、议事规则，增强基层事务民主决策的群众性、科学性、实践性和操作性。名山区定期组织乡镇干部或村干部进行业务培训，重点培训村务公开、村规民约、听证论证、民情恳谈等内容。名山区加强新村自管委组织、村务监督委员会建设，规范新村自管委运行机制，全面建立健全村务监督委员会，规范职责权限、监督内容、工作方式，提高村务监督管理工作的水平和实效，推行村级事务阳光工程。

8.2.2 发挥农民主体地位

名山区切实发挥好群众主体作用，实现自我建设、自我管理、自我服务、自我发展，创新以农民为主体的治理机制。名山区创新"民定机制"，遵循村民自愿、直接受益、量力而行的原则，让农民有知情权、参与权、表达权和监督权，公益事业建设实行"一事一议"；创新利益机制，实行"公司+专业合作组织+农户"的生产经营模式，形成企业、专业合作组织、农民三方"利益普惠"推进格局，提高农民受益程度；创新激励机制，按照"积极参与、政策优先"和"先建后补、以奖代补"的方式，对产业发展、基础建设等实行以奖代补、先建后补，调动农户积极性。名山区形成村民自我服务长效机制，通过开展团体活动、技能培训、社区教育，为空巢老人、留守儿童、困难残疾人、需要就业的妇女等特殊群体提供服务，发掘服务对象中有意愿为邻里进行志愿服务的居民骨干，协助服务对象在骨干志愿者的带领下建立社区自组织及长效互助公益组织，形成村民自我服务长效机制。名山区完善村务公开民主管理，以扩大有序参与、推动信息公开、加强议事协商、强化权力监督为重点，拓宽范围和途径，丰富形式和内容，逐步建立责权明晰、衔接配套、运转有效的村级民主监督机制。

8.3 推进乡村法治建设

8.3.1 加强法治宣传教育

名山区加强法治文化阵地建设，巩固传统法治文化阵地，充分利用西城社区法治实践基地、红草村法治文化园、新车站宪法主题公园等传统阵地，开展法治宣传活动；开辟机关法治文化阵地，督促指导各机关单位将法治宣传教育和法治文化建设与自身建设有机结合；打造特色法治文化阵地，大力开展法治建设"一村（社区）一品"工作，将法治文化与地域特色民俗文化等结合发展，打造集法治文化、法治宣传、休闲旅游为一体的高品位、多功能的法治文化阵地，形成特色法治文化阵地建设格局。名山区利用报纸、电视、广播、手机等各级媒体开设法治时空、法治经纬等专题栏目，全方位开展法律宣传，筑牢媒体法治文化阵地。名山区开展形式多样的群众性法治文化活动，实施"法律十讲"乡村、"一月一主题"送法下乡、春节前后普法宣传、3月法治宣传月、"12·4"宪法日宣传、未成年人保护等专题宣传活动；积极举办宪法学习报告会、讲座、知识竞赛、以案说法等活动，推动宪法等法律法规家喻户晓。名山区依托农民夜校、农贸会、早市等农村场地，组织村"两委"干部、群众等集中学法，加强打击非法集资、劳动权益保护、婚姻家庭、土地等专题法治教育，解读有关典型案例，增强群众法治意识。名山区依托"一镇一品"的法治宣传项目，开展妇女、儿童、老年人权益保障，农村宅基地政策解读，邻里纠纷矛盾化解等法治宣传和服务活动；借助名山电视台、《名山报》等平台，运用以案说法、模拟法庭、法治电影等，采取法律赶集、普法宣传车、律师下乡说法等形式，广泛宣传合作社、土地流转、婚姻家庭等与乡村群众生产生活密切相关的法律知识。

8.3.2 推进平安乡村建设

名山区健全落实社会治安综合治理领导责任制，完善提升网格化管理、社区化服务、信息化建设三大工程。名山区创新社会治安综合治理，建立立体化社会治安防控体系，总结、提炼、创新、推广以茶产业矛盾纠纷多元化解机制为典型的纠纷调处机制，强化预防和化解农村社会矛盾机制建设，把维稳、维权、解困有机结合起来。名山区深入开展扫黑除恶专项斗争，依法打击和惩治黄、赌、毒、涉黑、拐骗等违法犯罪活动。名山区加大对"村霸"和宗族恶势力的惩治力度，保护农村居民人身权、财产权、人格权；依法打击农村非法宗教活动，依法制止利用宗教干涉农村公共事务。名山区健全农村公共安全体系，深化"雪亮工程"建设；深化网格化服务管理，完善县、乡、村三级综合治理中心功能和运行机制，整合区域管理，建立集综合治理、民生等为一体的网格化服务管理模式；加强农村警务、消防、安全生产等工作，坚决遏制重特大安全事故；落实社区服刑人员、刑满释放人员管理制度，健全政府主导、社会参与、家庭扶持的帮扶机制，使其尽快融入社会；加强反邪教宣传，加强对社区戒毒、严重精神障碍患者服务管理工作，强化对乡村留守老人、妇女、儿童等服务教育，提高其自我防范意识和能力，确保其人身和财产安全。

8.4 创新乡村德治建设

8.4.1 强化道德教化作用

名山区以社会主义核心价值观为引领，深入挖掘农村传统道德教育资源，推进社会公德、职业道德、家庭美德、个人品德建设，不断提高乡村社会道德水平。名山区健全征信系统，完善守信激励和失信惩戒机制，发挥"道德讲堂""四德榜"作用，强化农民的社会责任、规则意识、集体意识、主人翁意识，反对不孝父母、不管子女、不守婚则、不睦邻里等行为；鼓励见义勇为，弘扬社会正气。名山区选择树立乡村德治先进典型，持续开展道德模范、好公婆、好媳妇等评选宣传活动，弘扬尊老爱幼、邻里和睦、勤劳致富、扶贫济困的文明风尚，引导农民群众孝老爱亲、重义守信、勤俭持家、向上向善。名山区加强科技、卫生知识教育，利用基层党校、农民夜校等资源，鼓励支持企业、合作社等参与开展技能培训，着力提升农民群众科学文化素质和致富技能。名山区充分发挥"一约四会"作用，规范村规民约的制定及修改，约束农民群众行为；完善村民议事会、道德评议会、红白理事会、禁毒禁赌协会、孝善理事会等群众自治组织，遏制大操大办、攀比炫富等陈规陋习。名山区规范农村党员和公职人员自办、参与红白事的标准和报告制度，引导党员干部带头移风易俗，抵制不良风气，以优良党风带动淳朴民风。

8.4.2 建立农村思想道德建设新机制

名山区为农民道德建设提供重要保障，切实加强乡、村两级领导班子建设，为改进农村思想道德建设，建立完善激励监督机制；从经费、人员、队伍等方面建立农村思想道德建设的保障机制。名山区建立思想道德建设目标责任制度、法规约束机制、表彰奖励机制等，将思想道德建设任务落实到基层。名山区建立信用评价体系，建立农村思想道德评议机制，从老党员、老干部、人大代表、政协委员中选举产生农民思想道德评议委员会。名山区探索制定农村信用体系建设实施办法，广泛开展信用村、信用户评定，建立符合名山区情的乡村信用评价体系，完善守信激励和失信惩戒机制。

专栏 3-5 现代乡村治理重点工程

·乡村公共法律服务体系建设：构建普惠、高效、便民的公共法律服务体系，增强以法治宣传、人民调解、法律咨询、法律援助为重点的公共法律服务能力；推行"一村一法律顾问"制度，广泛开展群众性法治文化活动。
·"民主法治示范村"创建：健全"民主法治示范村"创建标准体系，深入推进农村民主选举、民主协商、民主决策、民主管理、民主监督，推进村务、财务公开，实现农民自我管理、自我教育、自我服务，提高农村社会化法治管理水平。
·农村"雪亮工程"：加大农村公共区域视频监控系统建设力度，推进城乡视频监控连接贯通；探索将视频图像资源接到农村群众终端，及时有效发现和预警风险隐患；在农村地区基层党建、社会治理等领域逐步开展应用，提升社会治理精细化水平；建立健全"雪亮工程"人才引进、培养、激励机制。
·农村社会治安防控体系建设：健全农村人防、技防、物防有机结合的防控网，增加农村集贸市场、庙会、商业网点、文化娱乐场所、车站码头、旅游景点等重点地区治安岗亭与报警点设置，加强农村综治中心规范化建设，深化拓展农村网格化服务管理，加强农村消防、交通、危险物品、大型群众性活动安全监管，形成具有农村特色的社会治安防控格局。

9. 建立健全保障机制，推动乡村振兴战略落实落地

雅安市名山区乡村振兴战略规划是今后一个时期名山区实施乡村振兴战略的指导性文件，要强化规划的权威性和约束力，发挥规划的引领作用，完善规划实施机制。名山区通过健全工作推进保障机制，优化乡村人才发展环境，强化农村土地使用保障，健全多元投入保障机制，强化乡村振兴考评激励等来确保规划顺利实施。

9.1 健全工作推进保障机制

名山区健全组织领导体制，成立乡村振兴领导小组，加强和改善党对"三农"工作的领导，健全党委全面统一领导、政府负责、党委农村工作部门统筹协调的农村工作领导体制。名山区坚持乡村振兴重大事项、重要问题、重要工作由党组织讨论决定的机制；充分发挥基层党组织和党员先锋模范作用。名山区强化领导责任担当，建立实施乡村振兴战略领导责任制，确定党委和政府"一把手"为第一责任人；坚持领导干部联系点制度，每位区级领导联系一个村，加强对实施乡村振兴战略的工作指导；强化督查指导，制定督察考核及排名办法，将乡村振兴考核结果作为选拔干部的重要依据。名山区建设乡村干部队伍，指导区县、乡镇、村开展选派优秀干部上下交流、挂职任职工作，激发和调动干部队伍活力，对在实施乡村振兴战略中表现优秀、实绩突出的基层干部进行奖励，鼓励引导优秀干部在乡村振兴事业中历练成长。

9.2 深入推进农村土地改革

名山区继续放活土地经营权，成立土地流转工作服务站，结合乡镇的产业发展情况，找准土地流转主体，落实发展项目，按照依法、自愿、有偿的原则，引导龙头企业、技术能人、经营业主到农村搞开发、建基地、办产业，促进农村土地向企业、向业主、向种养殖大户集中，发展适度规模经营，完善利益联结机制，实现企业和农户互惠共赢。名山区完善农村发展用地保障机制，科学编制规划，启动农村土地利用规划编制工作，统筹安排农村生产、生活、生态空间，加强对农村建设用地规模、布局和时序的管控，充分考虑农村建设用地需求，为农村发展用地预留规划空间。名山区全力保障农业产业化发展用地需求，优化土地利用结构，科学安排农业产业化项目，支持农村集体经济组织以集体建设用地使用权入股、联营等形式与其他单位、个人共同兴办农产品加工企业。名山区盘活农村存量建设用地，扎实推进城乡建设用地增减挂钩试点，对闲置、低效、散乱

的农村建设用地进行整理复垦和布局调整，产生节余建设用地指标，缓解农村发展建设的用地压力。所获指标流转收益全部返还农村拆旧项目区，用以支持农民住房、农村基础设施、公共服务设施的建设，助推农村三产融合发展。名山区加快建立产权交易综合平台，建立健全以区（县）级为中枢、乡级为平台、村级为网点的土地流转服务平台和土地流转监测体系，提升市农村产权交易平台服务功能，发展农村产权评估、抵押担保等中介服务。

9.3 建立完善脱贫长效机制

名山区坚持区、乡两级"双组长"负责制，长期跟踪回访，长期对接市级联系领导，调整区级联系领导，对接相关市、区级帮扶单位，明确帮扶责任、任务、措施和效果，加强各级沟通联系，切实为基层和群众提供服务，实现帮扶力量全覆盖，帮扶干部和帮扶对象长期100%对接。名山区实施"十看五帮五机制"，巩固脱贫成果，即扎实开展看收入、吃穿、住房、就学、就医等"十看"；帮持续稳定增收、帮住房条件改善、帮脱贫政策落实、帮生活质量提升、帮新风正气塑造"五帮"；建立预警机制，实现动态监管、超前谋划，建立识别机制，严格标准、畅通渠道，建立利益联结机制，带动群众稳定脱贫、共享发展机会，健全协同参与机制，杜绝"等靠要"、不尽赡养义务等不正之风，建立政策保障机制，完善重点领域相关政策、提供坚实保障等"五机制"。名山区将贫困户、已脱贫户、非贫困户困难群众纳入监测范围，及时跟进帮扶，防止已脱贫户返贫及非贫困户致贫。

9.4 优化乡村人才发展环境

名山区完善人才流向乡村机制，建立选派第一书记工作长效机制，全面向贫困村、软弱涣散村和集体经济薄弱村党组织派出第一书记。名山区实施基层党组织"百名好书记"培养引领计划和"千名村级干部"培育工程；完善新型农村经营人才扶持政策，实施新型农业经营带头人轮训计划；引导和支持企业家、大学生、农民工、党政干部、专家学者、医生、教师等通过各种途径回归故里；建立急需紧缺人才援助机制，选派党政机关干部到乡村开展对口援助，组织专家到乡村开展智力服务，实施农技推广服务特聘计划。名山区统一制定人才管理办法，统一制定农村人才的培养、引进、选拔、任用、考评、激励管理办法；推行"岗编适度分离"新机制，出台工资、住房、职称、社保等优惠政策，引导教育、卫生、农业、文化、科技等方面的专业人员到乡村工作；出台高校毕业生返乡创业就业支持政策，完善新型农村经营人才扶持政策。名山区搭建人才工作服务平台，建立返乡创业人才工作服务平台，引导农民工和农民企业家回乡创业；建立大学生回乡工作服务平台，进一步完善和落实大学生农村创业扶持政策；建立新型职业农民工作服务平台，完善新型职业农民教育培训体系，鼓励农业园区、农业企业建立新型职业农民实习实训基地和创业孵化基地，引导农业合作社建立农民田间学校，为新型职业农民提供观摩学习、实践场所。

9.5 健全多元投入保障机制

名山区加强财政资金投入，健全乡村振兴财政投入保障制度，实现各级财政更大力度向"三农"倾斜，切实做到基础设施建设和社会事业发展的重点转向农村，国家财政新增教育、卫生、文化等事业经费和固定资产投资增量主要用于农村，逐步增加政府土地出让收入用于农村的比重，确保财政投入与乡村振兴目标任务相适应。名山区通过政府与社会资本合作、政府购买服务、担保贴息、以奖代补、民办公助、风险补偿等措施，引导和撬动更多金融资本和社会资本投向农村，支持农村农业实体经济发展。名山区加强涉农资金的统筹管理，建立涉农资金统筹使用长效机制。名山区设立区县乡村振兴专项发展基金，多渠道积极筹措资金，把符合规定的财政资金、对口扶持资金、捐赠资金等各类资金注入乡村振兴基金，实行统筹安排、集中使用、专款专用，并制定乡村振兴专项发展基金使用管理办法，严格资金使用管理，提高资金使用效率。名山区拓展农村筹资融资渠道，完善农村金融服务体系，大力发展农村普惠金融，鼓励探索利用移动支付、互联网金融等延伸金融网点和终端，填补农村基础金融服务空白。名山区通过定向降准、信贷担保、产业引导基金等各种方式，引导金融机构向农业农村倾斜，填补乡村振兴的资金缺口。名山区完善农业保险政策，根据农业结构调整需要，重点开发名山茶叶产业相关的多层次、高保障农业保险产品与服务；提高农业政策保险赔付水平，探索开展价格保险，实现对农民收入的保障。名山区探索农业项目 PPP 模式，引导资本下乡；通过完善乡村基础设施建设投资政策，鼓励国有资本、金融资本、民营资本和境外资本参与乡村建设发展。名山区加快农村金融产品和服务方式创新，支持发展农户小额贷款、新型农业经营主体贷款等，拓展农村可抵押物范围，推行农村承包土地经营权、集体经营性建设用地使用权抵押贷款试点，探索以集体经营性建设用地使用权、农民住房财产权为抵押物的融资方式。

专栏 3-6　乡村振兴金融支持计划

·完善农村金融服务体系：推进农村金融服务网络建设，增加乡村网点功能，提高农村地区金融服务便利度，鼓励建立基层信用互助模式，完善涉农融资担保体系。

·电子银行推广计划：加快手机银行等电子渠道建设，丰富存、贷、汇、中间业务等服务内容，推进农村移动支付便民服务项目，推广银联二维码、微信、支付宝等多码合一的银标码业务，推动扫码收单等移动支付的普及和应用。

·建立乡村振兴专项发展基金：设立乡村振兴专项发展基金，把不同渠道的上级专项拨款、对口扶持资助注入乡村振兴专项发展基金，并以乡村振兴专项发展基金的名义接受各种渠道的社会资金注入。

9.6 强化乡村振兴考评激励

名山区成立规划实施考评小组，明确小组分工，收集指标年度数据，计算乡村振兴年度绩效评价值，对镇村乡村振兴战略规划实施过程进行跟踪考核以及绩效评价。名山区制订规划实施考评方案，以产业兴旺、生态宜居、乡村文明、治理有效、生活富裕为考核内容，设计二级考核指标，以年度计划指标为依据，对乡村振兴战略规划实施情况进行年度考核。名山区分析规划实施考评结果，根据计算结果，分析各镇村发展目标完成情况，特别注意对完成比例比较低的地区和完成情况比较好的地区分别分析情况，考察、询问地区相关负责人，提交总结报告，总结归纳经验教训，形成借鉴和参考。名山区建立考评结果激励机制，健全考核评价奖惩机制，把乡村振兴战略规划实施情况作为各级党委、政府及相关部门年度绩效考评的重要内容，并作为各级党政干部选拔任用的重要参考，确保各项目标任务的完成落实。

第四章　眉山市彭山区
乡村振兴战略规划案例

第一节　规划编制背景与基础

在四川省加快构建"一干多支、五区协同"区域发展新格局背景下，成都平原经济区作为四川省转型发展的排头兵、创新发展的发动机、跨越发展的压舱石，农业生产条件优越、交通运输便捷，是四川省由农业大省向农业强省跨越的先行先导区。眉山市彭山区地处成都平原经济区西南部、眉山市北部，既是天府新区的重要组成部分，又是四川省四大全国农村改革试验区之一。彭山区是眉山市主动融入成都经济圈发展的桥头堡。

彭山区乡村振兴战略规划是对国家、四川省、眉山市乡村振兴战略的具体落实，是结合彭山区客观实际，按照产业兴旺、生态宜居、乡风文明、治理有效、生活富裕的总要求，对彭山区实施乡村振兴战略做出的总体设计和阶段谋划。眉山市彭山区乡村振兴战略规划的基期为 2017 年，规划期限为 2018—2022 年，规划展望到 2027 年。眉山市彭山区乡村振兴战略规划是彭山区各部门编制专项规划以及乡（镇）乡村振兴战略规划的重要依据，是指导彭山区乡村全面发展的战略性、全局性、基础性规划，是未来开展乡村振兴工作的重要依据。

第二节　规划报告编写目录

规划报告编写目录如表 4-1 所示。

表4-1　规划报告编写目录

1　规划背景	6.3　实施农村生活污水治理工程
1.1　重要意义	6.4　加强农业面源污染防治
1.2　规划意义	6.5　实施村容村貌提升工程
1.3　规划依据	7　构建新型乡村治理体系,打造"有秩序"的新乡村
1.4　规划范围	7.1　加强基层党组织建设
1.5　规划期限	7.2　构建现代乡村自治体系
1.6　规划理念	7.3　推进乡村法治建设
2　现状分析	7.4　创新乡村德治建设
2.1　区域基本情况	8　推动乡村文化振兴,打造"有活力"的新乡村
2.2　振兴基础分析	8.1　强化乡村思想政治引领
2.3　面临的问题	8.2　深入实施文化惠民行动
3　总体要求	8.3　传承发展优秀传统文化
3.1　指导思想	8.4　加快培育新时代文明风尚
3.2　基本原则	8.5　强化乡村文化人才支撑
3.3　目标定位	9　探索共同富裕新道路,打造"有保障"的新乡村
4　优化城乡空间结构,构建乡村振兴新格局	9.1　着力促进农民增收致富
4.1　统筹城乡发展空间	9.2　推动农村基础设施提档升级
4.2　优化乡村发展布局	9.3　统筹城乡公共服务体系建设
4.3　落实振兴示范布局	10　推进体制机制创新,打造"有制度"的新乡村
5　推进农业供给侧改革,打造"有产业"的新乡村	10.1　构建城乡融合发展体制机制
5.1　建设现代农业产业体系	10.2　统筹城乡生产要素配置
5.2　建设现代农业经营体系	10.3　健全工作推进机制
5.3　建设现代农业生产体系	10.4　健全资金保障机制
5.4　促进一二三产业融合发展	10.5　强化考核评估体系

表4-1(续)

6	加快特色美丽乡村建设, 打造"有颜值"的新乡村	
6.1	深入推进农村"厕所革命"	
6.2	推进农村生活垃圾治理	

第三节 规划案例精选章节

2 现状分析

2.1 区域基本情况

2.1.1 区位交通条件

彭山区地处成都平原西南部、岷江中游、眉山市域北端, 北接成都市双流区、新津县, 南连眉山市东坡区, 东邻眉山市仁寿县, 西靠成都市蒲江县、邛崃市。彭山区地处东经103°40′43″~103°59′21″、北纬30°7′36″~30°21′57″, 境内东西长28.7千米, 南北宽25.9千米。彭山区有成绵乐城际高铁以及成雅高速、成乐高速、S103线公路、彭双快速通道、成眉快速通道等主要道路; 距成都市区50千米, 距双流国际机场30千米, 距乐山市大件码头75千米。彭山区位于成都平原半小时经济圈和"天府之国"的核心区, 是眉山市主动融入成都市的桥头堡。得天独厚的区位优势为彭山区国民经济和社会发展奠定了基础。

2.1.2 自然地理条件

彭山区地处四川盆地与川西北丘状高原山地过渡地带前缘, 地势北高南低, 中部为岷江冲积平原, 东部和西部为丘陵、台地和低山, 东西两侧为低山丘陵, 区域海拔在430~650米。彭山区属亚热带湿润气候区, 年平均总降雨量为1 003.8毫米, 多年平均气温16.7 ℃, 全年日平均气温≥0 ℃, 总积温均在5 900 ℃以上, 累计年平均日照时数为1 244.4小时。彭山区河流属岷江水系, 府河、南河自北向南汇于下江口, 流入岷江, 径流量135亿立方米。彭山区现有耕地30.29万亩, 园地面积5.8万亩, 林地面积12.65万亩, 水域及水利设施用地面积4.82万亩。土壤以水稻土、黄壤土、紫潮土和紫色土四种土类为主, 其中水稻土分布最广, 占农耕地总面积的72.7%。

2.1.3 社会经济条件

彭山区下辖 2 个街道、8 个镇、3 个乡、91 个行政村（社区），全区农户数共 82 012 户，户籍总人口为 25.58 万人，劳动力数量为 16.16 万人。近年来，彭山区持续快速发展经济，是四川省委、省政府命名的"全省县域经济发展 20 强县"。2017 年，彭山区地区生产总值（GDP）实现 149.24 亿元，人均地区生产总值为 46 697 元，地方一般公共预算收入实现 15.67 亿元，全社会固定资产投资完成 230.10 亿元，社会消费品零售总额实现 53.93 亿元。彭山区经济结构不断优化升级，2017 年，三次产业对经济增长的贡献率分别为 6.8%、37.3%、55.9%，三次产业产值结构比为 10.2∶52.6∶37.2，农业经济所占比重不断下降，工业经济转型升级加快，以服务业为主导地位的区域经济逐渐明晰。彭山区城镇居民人均可支配收入为 31 939 元，农村居民人均可支配收入为 16 848 元，城乡居民收入比为 1.90∶1，低于眉山市 2.05∶1 的平均收入水平。

2.1.4 资源环境情况

2.1.4.1 土地资源

彭山区土地总面积为 46 493 公顷，其中耕地面积为 14 913 公顷，占土地总面积的 32.08%；园林面积为 4 174.3 公顷，占土地总面积的 8.98%；林地面积为 5 483.03 公顷，占土地总面积的 11.79%；居民及工矿用地面积为 6 581.98 公顷，占土地总面积的 14.16%；交通用地面积为 591.87 公顷，占土地总面积的 1.27%；水域面积为 3 679.6 公顷，占土地总面积的 7.91%；未利用地面积为 3 937.90公顷，占土地总面积的 8.47%。

2.1.4.2 水文资源

彭山区河流属岷江水系，主要有岷江及其支流府河，还有龙溪河、王店河、毛河等，并且拥有丰富的地下水资源。2017 年，彭山区总供水量为 1.996 亿立方米。农业、工业、城镇公共服务、居民生活、生态环境用水量分别为 1.292 亿立方米、0.331 亿立方米、0.095 亿立方米、0.158 5 亿立方米、0.119 5 亿立方米，供水量基本满足社会用水需求。

2.1.4.3 生物资源

彭山区属亚热带气候区，植物资源十分丰富，具有种类多、分布广、产量大的特点。粮食作物有水稻、玉米、小麦、红苕、黄豆、绿豆、胡豆、豌豆等，近年来品种进行了更新，产量保持稳定增长。林木发展变化较快的是果树，主产区的果树收入已成为农村经济的重要组成部分，如柑橘、核桃、红提葡萄、柚、猕猴桃、丰水梨等，已经形成了特色化规模种植。饲养动物在种类上近年来未发生大的变化，主要是对大宗饲养的猪、鸡、兔等进行了品种改良。

2.1.4.4 文旅资源

彭山区是中国老年学会命名的"中国长寿之乡"，也是流传千古的《陈情表》"孝"文化的发祥地，素以"忠孝之邦""长寿之乡"著称。彭山区有国家AA级旅游景区彭祖山、国家级重点文物保护单位江口汉崖墓、省级历史文化名镇江口古镇、千年古刹象耳寺、仙女湖等众多旅游景点。旅游节庆活动有三月三朝山节、观音葡萄节、黄丰橘花节、九九重阳登山节和彭祖祭祀大典等。从资源类型与空间部分看，人文资源主要分布在彭祖山、李密故里、牧马；自然资源多为山地和水域风光，主要分布在西山片区；农业景观全域遍布，尤其以中部岷江现代农业示范园、东南黄丰柑橘种植、西南义和猕猴桃种植和西部谢家传统农业为主体。

2.2 振兴基础分析

2.2.1 发展方式切实转变，农业发展活力不断增强

彭山区作为农村改革先行区，持续创新土地流转模式，推进多种形式的适度规模经营，探索了"三级土地预推→平台公开交易→资质审查前置→风险应急处置"的土地流转四步机制，构建了农民流转有收益、业主投资得效益、政府服务保权益三方受益的格局，相关改革经验入选全国首批农村改革案例。2017年，彭山区实现集中流转土地面积15万亩，土地规模流转率达68.9%，100～500亩的适度规模流转占彭山区流转的50%以上，形成了精品葡萄、优质柑橘、红心猕猴桃等六大优势产业集群，无公害及绿色农产品种植面积比重达63.46%。彭山区围绕柑橘、葡萄等优势特色产业，引进或培育龙头企业，采取"公司+基地+农户""公司+合作社+农户"等农业产业化经营模式，集中连片建设产业基地，稳步推进农业产业化发展。2017年，彭山区发展产业化企业101家，带动农户3.8万户，户均增收1 300多元，促进了粮油产业、柑橘产业、生猪产业和家禽产业的稳步发展。

2.2.2 产业融合势头强劲，农业价值链全方位延伸

彭山区依托旅游资源，优化乡村旅游布局，推进重大项目落地，培育乡村旅游新业态，实现乡村旅游不断向"规范化、特色化"方向发展。彭山区建成岷

江现代农业主题公园、眉山农业嘉年华、凤鸣花谷、寿星谷养生度假区等特色景区（点），培育农家乐、特色旅游业态经营点42家，成功创建四川省新产业新业态示范县（区），农村创新创业和投资兴业蔚然成风。2017年，彭山区休闲农业与乡村旅游业年接待游客达652万人次，实现休闲农业与乡村旅游业年收入52亿元。彭山区积极发展葡萄、红心柚、柑橘育苗，农产品冷链库、初加工、包装、物流等产业，深度发掘农产品附加值。2017年，彭山区已建成农产品冷链规模基地3个、育苗基地4个、农产品初加工企业9个、农产品集散中心1个。彭山区以"东坡味道"为统揽，农业品牌影响力提升，建成了覆盖彭山区的农产品质量溯源体系，创建区域品牌3个、企业品牌34个，获得农产品行业金奖13项，拥有国家地理标识认证产品1种，认证无公害农产品11种、绿色食品4种。彭山区鼓励引进电商企业，与京东、淘宝、苏宁、当当网等知名电商合作，农村电商已覆盖40个行政村，实现电商销售收入9亿元，荣获"四川省县域电子商务十佳县"称号。

　　2.2.3 农村生活条件改善，农民获得感日益提升

　　彭山区不断加大对农村生活环境的整治力度，强化农村基础设施建设投入，乡村生活水平显著提升。彭山区全面实施"河长"治水、"点长"治气、"田长"治土，打响水、大气、土污染防治"三大战役"，农村生态环境不断优化，城乡绿化覆盖率达到50.5%，森林覆盖率达到36.8%。彭山区落实"一控两减三基本"措施，化肥、农药使用量分别下降5.02%、5.4%。农村基础设施建设不断加强，水、电、路、气、房和信息化建设全面提速，建成幸福美丽新村88个、省级"四好新村"36个。彭山区加快节水型社会和全域安全饮水工程建设，发展高效节水灌溉面积1.2万亩，解决5.45万农村居民安全饮水问题。农村交通设施建设不断提档升级，村村通、组组通公路建设已完成。

　　2.2.4 城乡统筹成效显著，农村公共服务持续优化

　　彭山区坚定不移贯彻新型城镇化战略，以人为核心的新型城镇化水平稳步提升，通过"四种模式""四个转变"，促进13万农民转变为城镇居民、产业工人、第三产业经营者和从业者、现代农业业主。2017年年末，彭山区常住人口为32.01万人，其中城镇人口为17.12万人，城镇化率达53.48%。在城乡公共服务统筹方面，彭山区开展户籍制度改革，扩大养老保险、医疗保险、教育资源覆盖范围，统一缴费标准、统一报销范围和标准、统一入学条件与政策资助标

准，使城乡居民在教育、医疗、参保方面不受户籍限制，人人公平享有社会服务和保障待遇。2017年，城乡居民养老保险和医疗保险的参保人数分别达28.79万人和46.10万人，新型农村合作医疗制度参合率达到100%；建成基层医疗机构14个，村卫生站（室）178个。彭山区通过构筑农村"十里文化圈"，完善文化基础设施建设，保障人民群众基本文化权益。2017年，彭山区全部乡镇均配有图书馆（室）、文化站、体育场馆、公园和休闲健身广场。

2.2.5 农村改革深入推进，涉农政策红利持续释放

彭山区全面深化农村改革创新，农业和农村改革形成了"彭山模式""彭山经验"并在全国推广，农业农村发展动能有力释放。彭山区全面落实农村承包地"三权"分置改革，稳妥推进农村土地承包经营权确权登记工作，农村承包土地确权登记24万亩，覆盖率达100%。彭山区大力推进农村金融制度改革，探索构建了农村"两权"抵押贷款五大体系，成功实现了金融下乡，破解了农业农村融资难题，形成了"彭山模式"，推出农村"两权"抵押产品16个，发放农村"两权"抵押贷款937笔、4.09亿元。彭山区大力推进集体产权制度改革，通过三种模式助推"三变"，在35个村实施了股份合作制改革，探索建立起了符合市场经济要求的集体经济运营新机制，88个村集体经营性收入平均增长30%，全面消除"空壳村"。彭山区创新探索以"红色先锋引领绿色产业"为主题的新型党组织工作机制，通过在领域建党委、产业建总支、新型农业经营主体建支部，实现在新的产业结构和新型社会阶层中党组织的全覆盖，有效打破了传统农村组织功能瓶颈。

2.3 面临的问题

彭山区位于成都平原经济圈核心层，毗邻成都，是成渝城市群规划的组成部分、天府新区的重要组成部分。长期以来，彭山区认真全面贯彻落实中央、四川省和眉山市有关乡村建设、振兴与发展的决策部署，认真践行新发展理念，扎实推进幸福美丽新村建设，农业农村发展取得了可喜成绩，为推行乡村振兴战略奠定了坚实基础。然而，当前彭山区正处于产业体系重组、城乡形态重塑、治理体系重构的加速时期，对于实现乡村振兴"二十字"总要求，依然面临一定的问题与挑战。

2.3.1 农业产业结构不优，抵御市场风险能力不足

彭山区已形成精品葡萄、优质柑橘、红心猕猴桃等六大优势产业集群，其中

柑橘种植所占面积最大，达到了 75%。近年来，四川省柑橘种植面积快速扩张，价格拐点提前出现，多个产区遭遇滞销、价格呈断崖式下跌，部分产区甚至出现果树销毁现象。彭山区一些农户在当期柑橘种植收益的激励下，未能及时调整种植结构，反而把林地盲目变成经济果木林。近年来，除黄丰有近 5 万亩柑橘以外，江口、锦江、谢家、义和、保胜等地还陆续发展近 6 万亩。彭山区柑橘产业的前端命脉，如育苗育种、产品研发等还是空白，产业的后端，如销售与附加值提升还较为落后，产业基本上以鲜食、鲜销为主，种植收益直接受市场价格波动影响，风险抵御能力较差。伴随四川省内柑橘种植陆续进入盛果期，柑橘供给在短期内可能远超市场需求，导致价格下降，对柑橘产业造成严重打击，这成为彭山区农业产业发展中的潜在风险。

2.3.2 生产经营转型滞后，新型经营主体培育不足

从纵向看，彭山区农业农村发展的总体质效不高，生产绿色化、标准化和优质化特点不足，农产品品牌特色不够鲜明、外向度不高。从横向看，农业生产示范点建设与眉山其他区（县）存在一定的差距。例如，东坡区是全国现代农业产业园创建单位；丹棱县打造了 3 个国家地理标志产品，产品销售覆盖全国；洪雅县第一产业和第三产业融合、新产业新业态发展全国知名；青神县将竹产业上升到了文化层面；仁寿县电子商务、品牌建设均走在全国行列。彭山区新型农业经营主体数量虽然多，但整体实力较弱，且经营形式单一，以土地流转为主，利益联结不足，难以实现小农生产要素的资产化、股份化，对农业生产转型所做贡献有限。特别是缺少针对精品葡萄、优质柑橘、红心猕猴桃等优势产业开展精深加工的龙头企业，导致彭山区优势产业的价值链延伸不足，抵抗市场风险的能力较差。

2.3.3 产业业态亟待创新，产业主体带动能力偏弱

彭山区乡村三次产业耦合度整体偏低，产业融合停留在表面，现有乡村产业融合成果多存在产业链较短、农产品附加值较低、农业产业集群集聚效应不强、农业经济效益难以有效提升等问题。2017 年，彭山区农副产品深加工业实现产值高达 112 亿元，是推动全区经济发展的重要支柱，但多数加工品的原材料来源地不在当地，未对彭山农业发展、农民增收产生与产值相对应的带动效应，产业融合机制亟待完善。农旅融合的业态设计较为传统，未能突出长寿文化等文化优势，缺乏游客消费场景，休闲农业和乡村旅游的收入来源单一，未能将客流有效

转化为商流，很难激发农旅融合的内生动力。特别是政府重点支持的农旅融合项目虽然完成了项目形态建设，部分走在了四川省前列，但由于特色打造不突出，产品存在同质化问题，人工田园景观多简单、粗放，缺乏焦点资源，高端旅游产品及衍生品较少，缺乏面向细分客群的旅游体验，景点错位竞争优势不凸显，导致多数项目收入来源仍停留在门票销售，线上评价不尽如人意，项目投入与收益尚无法匹配，对农民增收的带动能力较为有限。

2.3.4　村庄发展缺乏规划，农村公共服务仍待加强

彭山区个别农村忽视当地实际的功能定位、产业现状、生态环境等因素，缺乏切合实际操作的发展规划，建筑风貌也未进行统一设计，农民建房随意性较强，住宅布局分散且不合理，乱搭乱建现象频发，既增加了农村公共服务配套成本，也不利于乡村传统风貌的展示，严重影响了幸福美丽新村的建设步伐。个别农村的农村垃圾和污水处理仍处于初级阶段，基础设施建设水平不高，处理方式落后、处理时效性差，特别是对农业产业垃圾（如秸秆、葡萄枝条、猕猴桃枝条等）资源化利用亟待加强。个别农村的公共服务设施数量多、质量低，文体设施尤其缺乏。乡村内部区域交通格局初步形成，但规格与质量显然已跟不上当前乡村发展的需要。农村水利设施投入大量财政资金，但具体建设与现代农业发展和农民生活存在一定的需求错位问题。

2.3.5　农村缺乏专业人才，基层治理建设后劲不足

彭山区一些农村缺乏有效的激励机制，导致农村既留不住本地人才，也吸引不了外来人才。一方面，农村干部队伍中有思想、有能力的人不愿意在农村继续工作，而有意愿在农村工作的人又没有足够的能力；另一方面，农业产业价值洼地不显著，外来人才难以引进，本地人才又需要长期培育，乡村各项事业均存在人才缺位问题。特别是随着农民对乡愁记忆的逐渐淡化，农村对本地人才的吸引力越来越弱。农民分化、村庄分化现象较为明晰，乡村基层组织动员能力逐渐趋于弱化，致使部分地区的农村社会事业发展难以为继。农民集体意识存在弱化态势，集体归属感不强，农村基层党组织软弱涣散现象有所蔓延。村委会的自治组织能力有待提升，农村重建设、轻管理问题依然较为突出，乡风文明、农耕文化传承、社会管理等问题难以得到有效解决。

3　总体要求

彭山区深入贯彻落实习近平总书记关于"三农"问题的重要论述，牢牢把

握中央关于实施乡村振兴战略的意见精神，锁定"六有"新乡村的发展目标，全面深化农业农村改革，把高质量发展要求贯穿乡村振兴全过程，探索"空间优化、差序发展、项目支撑、集成示范"的特色振兴路径，全力打造乡村振兴的彭山样板。

3.1 指导思想

彭山区始终坚持以习近平新时代中国特色社会主义思想为根本遵循，全面落实党的十九大、中央农村工作会议及四川省、眉山市决策部署，深入贯彻习近平总书记系列重要讲话精神，大力实施乡村振兴战略。彭山区加强党对"三农"工作的领导，牢固树立新发展理念，落实高质量发展要求，坚持农业农村优先发展，按照产业兴旺、生态宜居、乡风文明、治理有效、生活富裕的总要求，以乡村振兴示范点为引擎，按照"一园三片十点"的发展思路，锁定"六有"新乡村的发展目标，优化空间功能布局，通过"抓点、带线、促面"，推进乡村差序发展，强化项目支撑，形成乡村振兴集成示范，探索"空间优化、差序发展、项目支撑、集成示范"的彭山特色振兴路径，让农业产业发展有载体、有抓手、有亮点，实现城乡居民基本权益均等化、公共服务供给均配化、居民可支配收入均衡化、生产要素配置合理化和产业发展融合化，加快实现农业农村现代化，书写好新时代彭山"三农"发展新篇章。

3.2 基本原则

3.2.1 坚持政府统筹、农民主体

彭山区充分发挥政府在规划引领、组织发动、政策支持、要素投入、强化服务等方面的作用，确保乡村振兴持续深入推进。彭山区把维护农民群众的根本利益、促进农民共同富裕作为出发点和落脚点，充分发挥农民主体作用，真正让农民成为乡村振兴的建设者和受益者。

3.2.2 坚持优先发展、城乡融合

彭山区切实把农业农村摆在优先发展位置，在干部配备上优先考虑，在要素配置上优先满足，在资金投入上优先保障，在公共服务上优先安排。彭山区坚持城市和乡村整体统筹谋划，促进城乡要素均衡配置、自由流动，加快形成城乡融合发展要素双向合理流动的体制机制和城乡互补、共同繁荣的新型城乡关系。

3.2.3 坚持绿色发展、和谐共生

彭山区以绿色发展引领乡村振兴，实现经济效益、生态效益、社会效益有机

统一。彭山区统筹山水林田湖草系统治理,严守生态保护红线,营造山清水秀的自然生态,构建人与自然和谐共生的乡村发展新格局。

3.2.4 坚持改革创新、示范引路

彭山区坚决破除体制机制弊端,使市场在资源配置中起决定性作用,更好发挥政府作用,激活主体、激活要素、激活市场。彭山区树立推动乡村振兴先进典型,加大宣传推广力度,以典型示范、重点突破,带动乡村振兴全面深入推进。

3.2.5 坚持因地制宜、循序渐进

彭山区注重规划先行、分类指导、精准施策,彰显地方特色和乡村特点,遵循乡村发展规律,既尽力而为,又量力而行,不搞层层加码,不搞"齐步走",不搞"一刀切",不搞形式主义,久久为功,扎实推进。

3.3 目标定位

3.3.1 总体定位

3.3.1.1 发展定位

彭山区以四川省、眉山市关于乡村振兴的决策部署为契机,借助成都平原经济圈的强劲市场拉动力,立足独特的自然人文生态本底,顺势而上、奋发而为。彭山区以"五大振兴"为抓手,培育壮大"六次产业",全面探索"农创+""旅创+""文创+"等特色产业融合发展模式,培育壮大绿色高端产业,打造有产业、有颜值、有底蕴、有秩序、有保障、有活力的"六有"新乡村,促进实现生产空间的集约高效、生活空间的文明宜居、生态空间的资源永续,打造成为中国西部城市近郊乡村振兴示范区、农村综合改革集成示范区、城乡融合发展样板区、现代农业综合开发样板区、"新六次"产业融合发展样板区。

3.3.1.2 形象定位

彭山区形象定位为"拜寿彭祖山·十里瓜果香""寻宝沉银畔·颐养长寿乡""悠悠岷江·古韵彭山"。

3.3.2 发展目标

2020年,彭山区乡村振兴取得重要进展,制度框架和政策体系基本形成。农业综合生产能力稳步提升,农村一二三产业融合发展能力进一步提升;城乡居民生活水平差距持续缩小,农村居民人均可支配收入达 21 000 元以上,在四川省率先全面建成小康社会示范区;农村基础设施建设明显改善,创建四川省"四好农村公路"示范区县;城乡融合发展体制机制初步建立,城乡基本公共服务均

等化水平进一步提高，城乡教育、医疗卫生、社会保障水平的差距不断缩小；农村人居环境得到进一步提升，幸福美丽新村升级取得显著成效；农村发展环境进一步优化，农村对人才吸引力逐步增强；乡村优秀传统文化得到传承发展，以党组织为核心的农村基层组织建设进一步加强，乡村治理体系进一步完善，党的农村工作领导体制机制进一步健全。

到 2022 年，彭山区乡村振兴的制度框架和政策体系将得到完善，主要农产品供给质量和保障能力显著提升，现代农业体系初步构建，农村一二三产业融合发展格局全面形成，农业对外合作能力持续增强，农村居民人均可支配收入达 27 000 元以上，脱贫攻坚成果进一步巩固。社会文明程度全面提升，乡村优秀传统文化得以传承和发展。基层党组织建设强化，乡村法治、德治、自治相结合的治理体系基本形成，乡村社会和谐、充满活力、运行有序。乡村振兴取得阶段性成果，人民群众获得感不断增强。

彭山区乡村振兴战略规划主要指标如表 4-2 所示。

表 4-2　彭山区乡村振兴战略规划主要指标

分类	序号	主要指标	单位	2017 年基期值	2020 年目标值	2022 年目标值	属性
产业兴旺	1	粮食综合生产能力	万吨	15.3	≥9.1	≥9.1	约束性
	2	农业科技进步贡献率	%	63	70	75	预期性
	3	"三品一标"农产品数量	个	16	24	25	预期性
	4	农业劳动生产率	万元/人	4	5	5.8	预期性
	5	农产品加工产值与农业总产值之比	%	2.3	3	4	预期性
	6	农村网络零售额	亿元	2.1	3.6	5.2	预期性
	7	乡村旅游收入	亿元	8.25	11	13.3	预期性
	8	休闲农业和乡村旅游接待人次	万人次	144.71	192.6	233	预期性

表4-2(续)

分类	序号	主要指标	单位	2017年基期值	2020年目标值	2022年目标值	属性
生态宜居	9	森林覆盖率	%	36.8	≥40	≥40	预期性
	10	对生活垃圾进行处理的村占比	%	80	95	100	预期性
	11	对生活污水进行处理的村占比	%	30	95	≥95	预期性
	12	畜禽粪污综合利用率	%	75	95	≥95	约束性
	13	农村卫生厕所普及率	%	40	95	≥95	预期性
	14	村庄绿化覆盖率	%	50.5	≥55	≥55	预期性
	15	农村信息基础设施普及率	%	60	90	100	预期性
乡风文明	16	村综合性文化服务中心覆盖率	%	70	100	100	预期性
	17	县级及以上文明村和乡镇占比	%	40	60	65	预期性
	18	农村义务教育专任教师本科及以上学历占比	%	40	45	50	预期性
	19	农村居民教育文化娱乐支出占比	%	6.7	7.1	7.5	预期性
	20	有体育健身场所的村占比	%	60	100	100	预期性
治理有效	21	有村规民约的村占比	%	80	100	100	预期性
	22	村庄规划编制覆盖率	%	2.5	80	95	预期性
	23	建有综合服务站的村占比	%	70	80	90	预期性
	24	一村一法律顾问的村占比	%	100	100	100	预期性

表4-2(续)

分类	序号	主要指标	单位	2017年基期值	2020年目标值	2022年目标值	属性
生活富裕	25	农村居民恩格尔系数	%	40	36.5	36	预期性
	26	农村居民人均可支配收入	元	16 848	21 819	25 923	预期性
	27	城乡居民人均可支配收入比	—	1.90	1.80	1.73	预期性
	28	农村基本医疗保险参保率	%	95	100	100	预期性
	29	农村自来水普及率	%	83.39	100	100	预期性
	30	具备条件的建制村通硬化路比例	%	100	100	100	约束性

到2027年,在全面建成小康社会的基础上,彭山区乡村振兴将取得决定性进展,农业农村现代化基本实现,农产品市场竞争力强、科技创新水平高、农业质量效益好、三次产业融合深、服务体系建设优、农村生态环境美、乡村善治文化兴、经营主体队伍强的农业强区基本建成。城乡基本公共服务均等化基本实现,乡村治理建成自治、法治、德治相结合的完善体系。

4 优化城乡空间结构,构建乡村振兴新格局

彭山区综合考虑农业生产基础、产业功能区、历史文化资源、交通线路、特色镇分布等因素,突出区域特色与优势,统筹城乡发展空间,推动以城带乡、城乡融合发展,构建彭山区乡村振兴发展的新格局。

4.1 统筹城乡发展空间

4.1.1 强化空间用途管制

彭山区强化国土空间规划对各专项规划的指导约束作用,统筹自然资源开发利用、保护和修复,按照生态主体功能区定位,开展资源环境承载能力和国土空间开发适宜性评价,科学划定生态、农业、城镇等空间和生态保护红线、永久基本农田、城镇开发边界,推动主体功能区战略格局精准落地,健全不同主体功能区差异化协同发展长效机制,实现山水林田湖草整体保护、系统修复、综合治理。

4.1.2 构建特色城镇体系

彭山区加快推进特色集镇建设,完善城镇综合服务功能,推动农业转移人口

就地就近城镇化。彭山区以城乡融合发展为重点，坚持生态保护优先，强化分区发展管控，着力发挥城镇联结城市、带动乡村的作用。彭山区按照提高质量、节约用地、体现特色的要求，因地制宜发展特色鲜明、产城融合的特色镇，实现以镇带村、以村促镇、镇村联动发展。彭山区强化城镇的产业支撑，因地制宜地发展商贸物流、农村电商、农产品加工、乡村旅游等特色产业，着力打造一批设施完善、产业兴旺、特色鲜明、人口集聚、环境优美的中心镇，打造一批综合强镇和商贸重镇、旅游名镇、产业重镇。

彭山区规划建设特色镇功能定位如表4-3所示。

表4-3 彭山区规划建设特色镇功能定位

城镇分类	城镇名称	城镇特色
综合强镇	凤鸣街道	成都同城示范区、岷江现代农业示范园
	彭溪街道	成都同城示范区、岷江现代农业示范园
	青龙镇	成都同城示范区、眉山物流运转中心
产业重镇	谢家镇	以新能源、新材料为主的产业型城镇
商贸重镇	黄丰镇	水果种植产业为主的商贸型城镇
	义和乡	水果种植产业为主的商贸型城镇
旅游名镇	锦江乡	以休闲度假、农业观光等为主的生态宜居型乡镇
	武阳镇	以寻根文化、观光农业为主的旅游型乡镇
	牧马镇	以旅游服务、高端休闲为主的旅游型城镇
	公义镇	以农业观光、红色文化为主的第一产业和第三产业相融发展乡镇
	江口镇	依托彭祖山-江口古镇开发，建设美丽宜居江口、旅游品质独特小镇
	观音镇	以三产互动、产城一体为主的特色城镇
	保胜乡	以孝文化、观光农业为主的田园生态旅游特色小镇

4.1.3 统筹城乡发展格局

彭山区坚持"一带三城、协同共兴"，高标准建设以天府新区青龙区域及协调管控区为北部核心的"环天府新区产业带"，实现与天府新区的互联互通、互融互建。彭祖新城、水郡未来城和华夏幸福产业城为南部核心的"三城"，完成绿地留存、产业发展等专项规划，构建产业兴旺、功能齐备、宜居宜业的城乡空间布局。彭山区坚持人口与资源环境承载能力相匹配、经济社会与生态环境保护相统一，通盘考虑城镇和乡村发展，统筹谋划产业发展、基础设施、公共服务、资源能源、生态环境保护等主要布局，形成田园乡村与现代城镇各具特色、交相辉映的城乡发展形态。彭山区积极对接市域城镇体系，坚持以人为本，有序推进本地人口城镇化和外来人口市民化，形成梯队推进的全域城镇化格局，促进人产城有机融合。彭山区严控城乡建设用地规模，引导人口向城市、特色镇和新型社区集聚。

4.2 优化乡村发展布局

4.2.1 科学布局农业生产空间

彭山区优化乡村农业产业布局，构建"一园两翼"的近郊型都市现代农业发展新格局，实现"一园引领、两翼齐飞"的发展态势，促进生产要素在空间和产业上的优化配置，加快形成区域特色突出、产业分工合理、产业体系完备的乡村农业产业发展新格局。

4.2.1.1 "智慧岷江"都市现代农业产业融合示范区

"智慧岷江"都市现代农业产业融合示范区包括彭溪街道、凤鸣街道、观音镇、牧马镇、武阳镇、公义镇、谢家镇、青龙镇以及义和乡的平坝区域，定位为城乡融合发展样板区、精品农业生产示范区、产业融合发展示范区。"智慧岷江"都市现代农业产业融合示范区按照"全域景区化、全域产业化、全域生态化"要求，以眉山市岷江现代农业示范园为载体，打好嘉年华国家4A级旅游景区牌，通过标准化农业产业基地、农业生态公园和农业科技园区的建设及基础设施、农业景观的配套，积极开展田园综合体建设。"智慧岷江"都市现代农业产业融合示范区重点发展高新技术农业，联合科研院所及农业研发团队，围绕葡萄等特色优势产业，建立产业技术创新联盟，打造农业科技创新和综合服务两大平台，开展绿色农产品新技术、新品种、新模式和新装备的引进、示范与推广，促进农业产业技术升级。

4.2.1.2 "康养东山"都市现代农业生态休闲体验区

"康养东山"都市现代农业生态休闲体验区包括黄丰镇、锦江乡、江口镇，定位为彭山区高端休闲观光农业重点区和优势特色农产品发展区，依托彭祖山、将军湖、仙女湖等旅游资源，鼓励景点周边区域的农户发展民宿经济；依托中法农业科技园彭山园区，开展农业高科技展示、科普教育和田园观光；依托黄丰镇休闲农业景区，发展观光、养生、休闲、旅游农业；引进试种优良品种，加强经营机制创新，强化营销平台建设，探索、应用先进的生产技术，提升现有柑橘产业发展水平。

4.2.1.3 "乐活西山" 都市现代农业生态庄园发展区

"乐活西山" 都市现代农业生态庄园发展区包括保胜乡、义和乡、谢家镇、公义镇（部分地区），地形以浅丘为主，定位为生态高效种养循环农业发展区，是 "十三五" 期间农业产业建设主战场之一。"乐活西山" 都市现代农业生态庄园发展区着力探索创新现代农业经营机制，通过土地流转，依托家庭农场、农民专业合作社等现代农业新型经营主体，采取适度规模经营的方式，推进农业跨越式发展；采用 "标准规模化养殖场＋种植基地" 捆绑的模式，规范养殖业发展。"乐活西山" 都市现代农业生态庄园发展区抓住区域内产业新城 PPP 项目建设带来的发展机遇，在发挥农业生产功能的基础上，拓展农业功能，融入生态、休闲、体验和文化内涵，采用种养结合型生态循环模式，建设都市现代农业生态庄园，发展集约型、节约型、生态型和功能拓展型农业，促进产城一体、城乡融合发展；结合区域内的水库、林地、"孝善" 文化资源以及农业生态庄园（农场）的建设，打造彭山 "望得见山水、记得住乡愁" 的农业庄园集群，积极发展观光休闲农业。

4.2.2 优化布局农业生活空间

彭山区坚持节约集约用地，遵循乡村传统肌理和格局，划定空间管控边界，明确用地规模和管控要求，确定基础设施用地位置、规模和建设标准，着力完善供水、供电、通信、污水和污水配套管网、公共服务等配套设施，增加旅游、休闲等服务设施，建立健全长效管护机制，引导生活空间尺度适宜、布局协调、功能齐全。彭山区规划建设农村社区党群服务中心、文体活动广场、村级办公场所、公园、停车场等村落公共生活空间，配套完善乡村菜市场、快餐店、配送站等大众化服务网点，加快乡村电子商务服务体系建设。彭山区充分维护原生态村居风貌，保留乡村景观特色，保护自然和人文环境，注重融入时代感、现代性，强化空间利用的人性化、多样化，着力构建便捷的生活圈、完善的服务圈、繁荣的商业圈，充分满足农民休闲、娱乐、消费等多方面需求。彭山区以整洁为基本要求，推进农村人居环境整治；以生态为持久优势，推进乡村生态保护修复；以宜居为竞争力，推进农村公共服务改善，打造美丽宜居乡村样板。

4.2.3 严格保护农业生态空间

农业生态空间是具有自然属性、以提供生态产品或生态服务为主体功能的国土空间。彭山区积极树立山水林田湖草是一个生命共同体的理念，加强对自然生态空间的整体保护，修复和改善乡村生态环境，提升生态功能和服务价值。彭山区因地制宜开展生态村创建活动，以此作为生态示范创建的细胞工程，开展村庄环境综合整治，发展生态经济，提高乡村生态文明水平。彭山区全面实施产业准入负面清单制度，推动各地因地制宜制定禁止和限制发展产业目录，明确产业发展方向和开发强度，强化准入管理和底线约束。彭山区坚持农业生产方式向环境友好和资源节约型生产方式转变，提高资源利用效率，打好农业面源污染治理的攻坚战。彭山区建设了一批农业主题公园，夯实森林生态屏障，促进产区变景区、田园变公园、产品变礼品，实现农业生态环境质量总体提升和改善。

4.3 落实振兴示范布局

彭山区按照"一园三片十点"发展思路，通过"抓点、带线、促面"，实现辐射带动周边村社发展，让农业产业发展有载体、有抓手、有亮点，为彭山区全面实施乡村振兴战略提供示范引领。

4.3.1 明确一个园区建设

彭山区设立彭山区农业园区管委会，将"康养东山"都市现代农业生态休闲体验区和"乐活西山"都市现代农业生态庄园发展区全域发展空间纳入园区范畴，统筹协调推动彭山区农业产业提升、生态修复、文化繁荣、人才振兴、乡村治理等工作，全域分类推进乡村振兴。

4.3.2 分类推进三大示范片建设

彭山区按照高起点、高标准、适度超前的原则，分类推进三大示范片建设。一是建设"康养东山"示范片，以黄丰镇、江口、武阳为核心，发展循环生态农业，将该示范片打造成为彭山区东部乡村休闲、体验、观光、康养的乐土。二是建设"智慧岷江"示范片，以凤鸣、彭溪、观音、公义为核心，围绕岷江现代农业示范园和农业嘉年华，发展智慧农业、休闲农业、体验农业和精品乡村酒店、民宿。三是建设"乐活西山"示范片，以义和、谢家、公义西部、保胜为核心，承接岷江现代农业示范园辐射工作，建设彭山区四翼生态田园区。

4.3.3 抓好十个示范点建设

彭山区以串联"康养东山""智慧岷江""乐活西山"三大示范片发展为核心，确定公义镇新桥村等10个示范点，将其作为农业园区观光带上的节点、亮点和"引爆点"。

一是彭溪街道兴崇村。兴崇村以川西林盘为基调，打造特色民宿聚集区，利用已有的家庭农场、农家乐、道路等组成漫步观光环线，发展"新鲜采摘+田园观光+特色民宿"农业新业态。

二是江口镇双合村。双合村重点推进农旅融合发展，进行无公害、有机农产品认证，打造特色农产品，力争成为成都市民乡村体验游基地。

三是保胜乡胜利村。胜利村依托现有池塘，打造集休闲、散步、观光于一体的生态湿地公园，开展人居环境整治，丰富孝文化元素，建成孝文化展示的特色小镇。

四是黄丰镇团结村。团结村依托柑橘产业优势，重点打造"橘颂园"，完善区域道路建设，构建农旅融合环线，改造提升一批果园，建成旅游观光节点。

五是谢家镇石山村。石山村重点推进观光旅游特色村建设，打造农产业体验观光及亲子乐园、体验餐厅、乡村客栈修建等农旅融合载体。

六是观音镇果园村。果园村依托葡萄产业优势，大力发展绿色生态种植、农产品深加工，培育区域公共品牌，推进农旅融合，发展都市近郊农业观光旅游产业。

七是武阳镇泥湾村。泥湾村依托"湖广填川"的寻根文化，以刘家大院为核心，加快融入黄龙溪、彭祖山、水郡未来城旅游链，打造成集文化展示、怀古寻根、休闲体验于一体的特色示范村。

八是公义镇新桥村。新桥村重点发展第一产业和第三产业融合、农旅结合的特色乡村振兴示范村，推进无公害、有机农产品认证，打造特色农产品，力争成为成都平原经济区乡村体验节点，以国家4A级旅游景区为核心，打造集观光、休闲、娱乐、创意、研发、康养等多功能为一体的田园综合体。

九是义和乡悦园村。悦园村依托猕猴桃产业优势，延长农业产业链和价值链，实施标准化生产，打造区域公共品牌，围绕猕猴桃打造主题旅游观光园区。

十是凤鸣街道江渔村。江渔村重点发展生态农业和康养旅游，建设多功能产业服务中心、生态广场和文化长廊，打造独具川西民居特色的高端花香果丘民宿。

5. 推进农业供给侧改革，打造"有产业"的新乡村

彭山区以农业供给侧结构性改革为主线，坚持质量兴农、效益优先，以发展都市现代绿色农业为抓手，激发优势产业专业化集聚效应，做大区域品牌、做强产业融合，努力构建现代农业产业体系、经营体系，走产出高效、产品安全、资源节约、环境友好的农业绿色发展道路。

5.1 建设现代农业产业体系

5.1.1 优化农业产业结构

5.1.1.1 优势特色种植业

（1）优质晚熟柑橘。彭山区根据本地资源禀赋情况，以打造"四川省晚熟柑橘优势区"为目标，加强新品种引进与选育，改善品种结构和品质；推广应用密改稀、高改矮、水肥一体化、地膜覆盖、有机肥改土、留树保鲜等适用技术，推广种养循环模式；采取新种、高位嫁接等方式，对低产低效柑橘园进行改造提升。到2022年，彭山区将种植柑橘110 000亩，其中重点在保胜、江口、公义等乡镇发展晚熟柑橘30 000亩，在柑橘老产区实施柑橘基地品种改良25 000亩。

（2）精品葡萄。彭山区稳定葡萄种植面积，重点在提高品质上下功夫，强化和完善基础设施配套，坚持以品牌建设为重点，推进葡萄标准化生产，培育葡萄产业品牌，实现提质增效。到2022年，葡萄种植基地面积将稳定在35 000亩，重点布局在中部平坝区域的观音、武阳、公义等乡镇，品种改良、基地水平提升达15 000亩。

（3）优质猕猴桃。彭山区按照"稳基地、提质量、树品牌、增效益"的要求，采取土地流转、土地入股等形式，培育专业合作社、家庭农场等新型主体，推进猕猴桃适度规模化发展。彭山区在猕猴桃种植基地配套杀虫灯、防虫网、色板等绿色防控设施设备，探索应用无人植保机等现代植保机械，开展统防统治；加强生产技术培训，推进标准化生产，提升果品质量。到2022年，彭山区猕猴桃将主要布局在义和乡，面积稳定在7 000亩，规模化比重达80%。

（4）粮油、蔬菜与中药材。彭山区积极选育高产优质粮油新品种，提高粮食作物良种普及率，改进耕作方式，推行高产栽培技术和模式，推进粮食生产全程机械化、专业化和标准化，将提高粮食单产和降低粮食生产成本作为主攻方向。彭山区推进水稻制种产业基地、标准化粮田建设；采用"稻+菜（药）轮作"

的粮经复合发展模式。到 2022 年，粮食播种面积将稳定在 14 万亩，粮食综合生产能力将达到 9.1 万吨，粮食良种化率将达到 98%，机械化率将达到 78%；采用"稻+菜（药）轮作"的方式发展蔬菜种植面积 1 万亩、中药材种植面积 3 万亩。

专栏 4-1　彭山区重点打造的农业产业基地

·优质晚熟柑橘基地建设。

优质杂柑基地建设项目：通过土地流转，以适度规模经营的方式，在保胜乡、义和乡、谢家镇、公义镇，通过土地整治，配套完善机耕道、灌溉渠系等设施，建设优质杂柑基地 30 000 亩，以不知火、沃柑、春见、爱媛 38 号等品种为主。杂柑基地围绕优良品种、产地环境、农业投入品、生产过程控制、产品市场准入进行标准化综合管理，实现柑橘标准化生产和全程质量监控，保证柑橘品质。

低产园改造提升项目：在黄丰镇、江口镇以及锦江乡等柑橘老产区，针对老劣品种、树势老化、树势早衰以及产量下降的橘园，通过高位换种、靠接换砧、树冠更新、根系更新等措施实施低产橘园改造 25 000 亩，以不知火、沃柑、春见、爱媛 38 号等品种为主，创造标准果园，提高效益，提升产业。

·精品葡萄产业基地建设。

葡萄种植基地提升项目：通过培育新型经营主体，创新农业经营方式，推进彭山葡萄规模化种植、集约化生产、产业化经营，在观音镇、公义镇，实施品种改良、基地水平提升 15 000 亩，配套完善道路、农田水利。基地推广应用避雨棚技术、反光膜技术、滴灌技术、绿色防控等技术；鼓励种植基地业主开展绿色、有机认证，提升葡萄品质。

葡萄科技创新示范基地建设项目：在公义镇建设 1 个葡萄科技示范基地，占地 250 亩，展示紫甜、紫脆、夏黑等葡萄新品种，展示水肥一体化、根域限制栽培以及控产提质等新技术，提高果农规范建园、标准化生产水平，示范带动全区水果产业上档升级、提质增效。

·粮经复合生产基地。

提升现代粮食生产示范功能区建设项目：培育和鼓励种粮大户、家庭农场、农民专业合作社、粮食产业化龙头企业等新型粮食生产经营主体，采用土地流转、适度规模经营的方式，在谢家镇、公义镇、义和乡、凤鸣街道的平坝地区建设 50 000 亩水稻高产示范基地；以武阳镇、保胜乡为核心，建设油菜高产示范基地 10 000 亩；以锦江乡为核心，建设秋香马铃薯生产基地 5 000 亩。

生态型绿色中药材生产基地建设项目：在义和乡、谢家镇、凤鸣街道，采用"中药材+时令鲜蔬+杂交水稻制种"轮作模式，发展川芎、泽泻和蔬菜种植，集中成片建设生态型绿色中药材生产基地 30 000 亩；采用订单农业模式，以保证农户的种植效益。

保障型蔬菜基地建设项目：以武阳镇、锦江乡、凤鸣街道、彭溪街道为重点，发展 10 000 亩优质鲜销蔬菜，以空心菜、芹菜、辣椒、茄子、番茄等鲜销品种为主，辅以猕猴桃、迷你番茄等其他品种，增加观赏性；完善滴灌、喷灌等节水灌溉设施，配套杀虫灯盏、黄板等绿色防控设施，建成安全高效优质的蔬菜基地。

5.1.1.2 生态畜牧业

彭山区坚持科学养殖、生态循环、农牧融合、产业互动，探索新路、转型发展的理念，采用"标准规模化养殖场+种植基地"捆绑的模式，适度发展生猪，优化发展小家禽，积极发展林下养殖。彭山区优化区域布局，培育优势畜产品生产基地。到 2022 年，彭山区出栏生猪将稳定在 20 万头、小家禽 200 万只、肉兔 200 万只；畜禽规模养殖比重达 80%，畜禽规模化养殖场（小区）粪污治理 100%达标。

5.1.1.3 现代林业

彭山区转变林业发展方式，以彭山的东西两翼为重点，以培育现代林业产业基地为载体，发展森林旅游休闲业，构建现代林业产业体系。到 2022 年，彭山区将以江口镇、谢家镇、公义镇为重点，积极培育优质、高档绿化和彩叶苗木；以锦江乡、江口镇、保胜乡、黄丰镇为重点，积极培育木本花卉基地；以谢家镇和公义镇为重点，着力打造以银杏、楠木等为主的珍稀树种林木种苗基地。

5.1.2 培育农产品区域品牌

5.1.2.1 加快推进农业标准化生产

彭山区按照国家行业、农户实践、市场反馈三项指标，制定产业的生产标准，按标准建设一批示范教学基地，推进农业标准化生产。彭山区制定激励政策，积极鼓励申报无公害、绿色、有机等农产品品质认证，积极推行产品加工认证和管理，发展绿色农业和有机农业。到 2022 年，彭山区将围绕柑橘、猕猴桃、葡萄、中药材等开展"三品一标"申报认证，新发展无公害认证 10 个以上，新发展绿色食品认证 5 个、农产品地理标志产品 2 种。

5.1.2.2 加强农产品质量安全监管

彭山区健全以"区质检中心（质监站）-乡镇质检点-村（田间）速测点"为基础的产品质量安全检测体系，扩建区质检中心，完善乡（镇）农残速测设备配套，在人员、经费、设备等方面给予保障。彭山区开展农产品质量安全追溯，建立完善区和乡镇两级农产品质量安全追溯平台和企业追溯信息终端。到 2022 年，彭山区将使追溯产品基本覆盖全区主要农产品，生产经营主体追溯范围扩大到 60%以上。

5.1.2.3 培育农产品区域公共品牌

彭山区以农产品区域公共品牌建设为抓手，围绕柑橘、葡萄、猕猴桃等优势特色农产品，加快"三品一标"认证，加强家庭农场联盟维护，统一打造"彭山田野·礼"区域品牌，提升黄丰柑橘、彭山葡萄产品品牌的影响力。彭山区坚持"品牌化引领标准化、推动产业化"的思路，强化经营主体标准化生产；坚持"区域+企业"的模式，发挥新型经营主体在农产品品牌建设中的主体作用，提高品牌化发展意识，扩大品牌农产品生产规模，率先实行标准化生产和质量安全认证。到 2022 年，彭山区将新增中国驰名商标 1 个、四川省著名商标 3 个，"三品一标"数达 25 个。

5.1.2.4 加大农产品品牌推广力度

彭山区结合"互联网+农业"，积极对接各大电商平台，建立彭山寿乡原味农业主题馆；开展土地预流转主题推介会，引进高端、优质农业项目；继续办好"中国·彭山彭祖长寿养生文化节"等节庆活动；结合长寿文化举办创意农业品牌大赛，组织农业农村摄影大赛，展示农业农村建设的新成果；加大对彭山特色农产品的宣传力度，签约知名媒体进行品牌推广。彭山区结合目标市场的选择，在高速公路沿线、重要景观通道、风景名胜区等设立宣传牌，利用微博、微信、网络直播等新媒体营销推介，推广彭山特色农产品。

5.1.3 构建农业对外开放新格局

5.1.3.1 完善招商引资环境

彭山区建立健全亲商、安商、富商服务体系，设置服务企业专线电话、电子邮箱，为企业提供热心、耐心、细心、贴心的优质服务；搭建企业情况反馈平台和政企沟通平台，为区域内企业打造互通信息、资源共享、共同发展的平台；建立企业信息档案，完善服务机制，建立服务企业联络员制度，定期对新注册企业、重点企业、困难企业进行走访和寻问需求，帮助企业解决实际问题。

5.1.3.2 创新招商引资方式

彭山区围绕现代农业建设重点领域和关键环节，加大国内外先进技术、经营模式、管理方式和现代服务的引进力度，力争在高效种养技术、农产品精深加工、农产品交易、动植物遗传育种、动植物疫病防控等方面实现新突破。彭山区充分利用国际开发性金融资本，引进节水农业、设施农业、农村新能源等方面的先进技术和装备，以中法农业科技园项目为蓝本辐射全区，坚持征用、租用、退出、流转、入股、联营等多种方式组合供地，吸引外商直接投资建设集种植、养殖、加工、销售、物流和休闲观光为一体的现代农业园区，发挥示范带动作用。

5.1.3.3 加强中外合作项目建设

彭山区建立区级农业招商项目库，储备发布一批科技含量高、社会效益好、生态保育功能强的农业重点项目，吸引外资参与彭山现代农业建设；着重做好已意向签约企业和项目等的落地建设工作；以加快建设中法农业科技转化实验室、中法农业科技孵化基地以及产业化示范基地为切入点，链式推进农业科技成果转化及各类重大项目落地。彭山区加强与法国著名"鲜花小镇"贝凯姆小镇、"最美小镇"艾吉斯镇、"艺术小镇"圣波尔德旺斯镇等友好小镇合作，争取更多优质的农旅文创项目入驻彭山区。

5.1.3.4 建设国际标准农产品生产基地

彭山区抢抓"一带一路"建设机遇，实施高附加值农产品出口提升行动，重点围绕精品葡萄、优质柑橘、红心猕猴桃等六大优势农产品，建设一批建设结构合理、管理规范、示范作用明显的国际标准农产品生产示范基地。彭山区鼓励各类农业企业参与建设国际标准农产品生产示范基地，参加海外知名展会和国内知名外向型展会，开展形式多样的主题推介活动，努力扩大优质、优势农产品出口，带动外向型出口农产品生产。

5.2 建设现代农业经营体系

5.2.1 推进土地适度规模经营

5.2.1.1 健全土地流转管理体系

彭山区稳定农村土地承包关系，完善土地所有权、承包权、经营权三权分置办法，引导农户依法采取转包、出租、互换、转让、入股等方式流转承包地。彭山区构建信息通畅、运转高效、管理严格、服务规范的区、乡（镇）、村三级土地流转平台，优化完善彭山区土地流转管理体系；继续推行"三级土地预推→平台公开交易→资质审查前置→风险应急处理"的土地流转四步机制，畅通流转渠道，化解流转风险，真正形成"农民流转有收益、业主投资得效益、政府服务更公益"的三方受益格局。到 2022 年，彭山区将建立并完善农村产权交易市场，农村土地规模流转面积达 15 万亩，土地规模流转率达 70%。

5.2.1.2 建立土地使用管理机制

彭山区加强部门协作和监测评价，加大执法力度，及时纠正、查处土地流转违规违法行为；建立违规使用农村土地通报制度，对租赁农户土地的失信企业通过企业信用信息公示系统向社会披露，失信企业不得享受相关政策及项目支持，不得在彭山区范围内继续流转土地开展经营活动。

5.2.1.3 推进承包地有偿退出试点

彭山区坚持农村土地集体所有，充分尊重农民意愿，谨慎稳妥开展农户承包地有偿退出试点工作，引导有稳定非农就业收入、长期在城镇居住生活的农户自愿放弃土地承包经营权，盘活闲置农村土地资源，扶持多种形式农业适度规模经营，让有退地意愿的农民、新型经营主体和村集体得以实现多赢。

5.2.2 培育新型农业经营主体

5.2.2.1 积极培育新型职业农民

彭山区按照"种养加一体、粮经饲统筹"的总体思路，强化适用技术培训，培养农村实用人才，深入开展新型职业农民培育工程，着力培养一大批有文化、懂技术、会经营的新型职业农民，为农业现代化提供强有力的人力保障和智力支撑。彭山区以实训基地为平台，坚持"政府主导，基地牵头、各方配合，突出技能、系统培育，注重实效"的工作机制，围绕晚熟柑橘、葡萄、猕猴桃等产业，着力培育一批适应现代农业发展要求、掌握农业生产技术的新型职业农民，促进农业专业化、标准化和规模化经营，提高农产品产出率和商品化率。彭山区对乡村产业（种植大户、养殖能手等）领军人才申报专业技术职称适当放宽评审条件，不以文凭及论文等来束缚专业技术人员。

5.2.2.2 支持家庭农场发展

彭山区完善家庭农场的扶持奖励办法，引导具有家庭农场雏形和特质的种养大户设立家庭农场，探索各类农业经营主体的联合模式，建立联结紧密、多元互动、风险共担、利益共享的共同体，促进家庭农场发展壮大。彭山区加强家庭农场档案信息管理，以乡镇为单位对家庭农场规模、经营范围、经营状况进行调查，建立家庭农场档案信息管理制度，做好农场发展情况监测、分析和评估工作。

5.2.2.3 规范农民专业合作社经营

彭山区坚持"管理民主化、经营规模化、生产标准化、产品安全化和营销品牌化"的要求，引导农民专业合作社深入开展规范化建设，开展"示范合作社""达标合作社"的评选和认定，清理和淘汰"空壳社"，探索梯次推进合作社规范、有序和健康发展。彭山区坚持促进合作社转型升级，创新经营机制，积极引入承包制、成本核算制、职业经理人等制度，打造一批名社、强社、特色社；建立考核考评激励机制，开展示范社评选、创建活动，对带动能力强、内部管理规范、生产经营效益好的合作社进行表彰奖励。

5.2.2.4 加大扶持龙头企业力度

彭山区积极引导工商资本发展现代种养业和农业产业化示范基地，促进农业企业集群、集聚发展，增强农业企业对农民增收的辐射和带动作用。彭山区鼓励龙头企业采取订单农业、设立风险资金、进行利润返还、为农户承贷承还和信贷担保等多种形式，建立与农户、合作社间的利益共享、风险共担机制。彭山区引导龙头企业创办或领办各类专业合作组织，实现龙头企业与农民专业合作社深度融合；支持龙头企业为生产基地农户提供农资供应、农机作业、技术指导、疫病防治等各类服务。

5.2.3 创新农业生产经营模式

彭山区探索创新龙头企业与农户、家庭农场、农民专业合作社等主体紧密联结的组织模式和利益机制，推进"龙头企业+合作社+基地（家庭农场）""大园区+小业主"等经营模式，建立"入股分红+保底分红+利润分红""多次返利"等分配机制，发展与农民利益联结紧密、带动能力强的新型农业经营主体。彭山区强化政策扶持引导，强化龙头企业联农带农激励机制，探索将新型农业经营主体带动农户数量和成效作为安排财政支农资金的重要依据。彭山区鼓励农民以土地承包经营权入股农民专业合作社、龙头企业，实现风险共担、利益共享。

5.2.4 加强农业社会化服务

5.2.4.1 健全农业社会化服务体系

彭山区结合农业适度规模水平快速提升、农业经营主体发生变化的实际情况，加快构建公益性服务与经营性服务相结合、专项服务与综合服务相协调的农业社会化服务体系，采取财政扶持、税费优惠、贷款支持等措施，支持新型农业经营主体开展社会化服务，推行合作式、订单式、托管式等服务，切实提供低成本、便利化服务。彭山区通过政府购买方式，支持从事农业公益性服务，鼓励搭建区域性服务综合平台，探索建立"农村科技服务超市+合作社+农户""专业服务公司+合作社+农户""涉农企业+专家+农户"等模式，在农村开展技术咨询、劳务、农机、农资配送等各类服务，加强农民教育培训，大力培育有文化、懂技术、会经营的新型农民；稳定农业公共服务机构，健全经费保障、绩效考核激励机制。

5.2.4.2 提升农资供应服务水平

彭山区完善"区级采购配送中心-乡镇配送站-村配送点"三级农资连锁经营网络，推动区域化农资统一供应和配送，提高农资商品配送率，保障农资市场供应充足、价格平稳、质量可靠，促进产业标准化建设。彭山区创新服务方式，推动农资经营单位从单一经销商向综合服务转型；创新农资流通直销新模式，通过电商采购、团购等形式，开展直接供应配送服务，减少流通环节。

5.3 建设现代农业生产体系

5.3.1 强化农业科技支撑

5.3.1.1 产学研结合机制创新

彭山区依托中国农业科学院柑橘研究所、四川省农业科学院、四川省自然科学研究院和四川农业大学等科研单位和高等院校，通过"院地共建"，针对各主要产品聘请1~3名专家作为技术负责人，围绕产业需求组建专家大院、创新基地、示范基地、实习基地。彭山区采用"专家+龙头企业+农民""专家+农技推广机构+农民""专家+农村专业协会+农民"等运作模式，开展农业科技成果的中试示范、推广转化、技术培训、中介服务和产业带动，创新产学研结合新机制。

5.3.1.2 强化农业技术推广

彭山区建设了四个公益性农技服务片区中心，健全"区农技中心-乡镇农业技术服务中心-村农技员"为主体的三级农技推广体系，开展农技推广机构硬件设施建设，配备完善乡镇农技推广机构办公室、培训室、档案资料室、农作物病虫害诊断室等办公场所。彭山区建立科技人员直接服务到户、良种良法直接服务到田、技术要领直接服务到人的农技服务快速通道；发展各类社会化农技推广组织，通过"政府买服务"的形式，支持农业科研单位、涉农企业、专业合作组织等参与农技推广服务，推行合作式、订单式、托管式等服务模式，加快成果应用转化。彭山区实行低职高聘，即初级可聘任到中级，中级可聘任到高级，促进专业技术人才资源资的优化配置和有效利用，充分调动专业技术人员的积极性。到2022年，彭山区力争推广农业新技术20项、新产品50种，集成转化新成果20项以上，农业科技贡献率提升到65%以上。

5.3.1.3 推进良种良繁工程建设

彭山区强化与中国农业科学院柑橘研究所等科研机构的合作，打造柑橘产学研平台，规划在黄丰镇建设无病毒良种苗木试验试繁基地30亩，包括无病毒良种母本园、砧木种子园、新品种试种园、采穗圃、苗木繁殖圃，完善基础设施和防护隔离设施；负责柑橘优良新品种的引进、鉴定、脱毒、保存与无病毒苗木的繁育，向柑橘种植户、家庭农场等提供无病毒良种接穗。

5.3.2 推进智慧农业建设

5.3.2.1 推进智慧农业示范园区（点）建设

彭山区围绕柑橘、葡萄、猕猴桃等优势特色产业，组织家庭农产联盟、农业物联网科研机构、大型电子商务服务企业共同搭建彭山区智慧农业示范园区（点）。彭山区集成应用物联网技术、无线通信与网络技术、自动控制与辅助决策支持技术等，获取动植物生长发育状态，病虫害、水肥状况以及相应生态环境的实时信息，并通过对农业生产过程的动态模拟和对生长环境因子的智能化科学调控，达到合理使用农业资源、降低成本、提高农产品产量和质量、实现农产品产出可溯源、提升产品附加值等目的。

5.3.2.2 推进智慧监管服务体系建设

彭山区以建设智慧农业综合服务平台为载体，强化与省、市智慧农业系统对接；采用现代信息技术和装备对农产品生产监测基地，实施智能化升级改造，提升农业资源环境监测、灾害预警、应急生产、溯源管理、政策性保险、产前产中产后服务以及产销对接等领域的智慧应用水平，实现实时监控、全程监测、在线监管、远程指挥、辅助决策等，构建统一的智慧农业监管网络体系，提高安全风险评估水平和预警服务能力。

5.3.3 夯实农业基础设施建设

5.3.3.1 加快推进高标准农田建设

彭山区扎实推进高标准农田建设，严守耕地红线，完善永久基本农田保护制度；实施藏粮于地、藏粮于技战略，以提高发展质量和效益为中心，鼓励粮油规模化经营，推进新增千亿斤粮食生产能力建设，高起点、全方位、大规模开展高标准农田建设。彭山区以岷江现代农业示范园向东西两翼辐射，到 2022 年，彭山区力争累计新增高标准农田 4 万亩，高标准农田占基本农田比重达 70% 以上；建成集中连片、旱涝保收的高标准农田 6 万亩。

5.3.3.2 完善农田水利建设

彭山区全面实施渠系改造工程，着力解决农业灌溉"最后一公里"问题。东部丘陵片区重点针对分散的旱片死角，建设小微型农田水利工程，加强灌区的渠系配套改造及田间工程整治；中部平坝片区以水资源综合开发、利用和保护为重点，加强排水灌溉渠系改造；西部丘陵片区加强柏杨沟水库灌区渠系配套改造以及田间工程的整治，加强小微型农田水利工程建设。到 2022 年，彭山区将整治水库 2 座 [保胜乡莲花塘水库，规模为小（二）型；公义镇石板滩水库，规模为小（二）型]，扩建水库 1 座 [锦江乡天生堰水库，规模为小（一）型]，整治山坪塘 1 399 座，整治石河堰 57 座；新建蓄水池 2 846 座，整治提灌站 42 座；新建和整治灌溉渠道 892 千米、排水沟 151 千米；围绕柑橘、葡萄、猕猴桃等特色优势产业推广微灌、滴灌、喷灌等节水灌溉 30 000 亩。

5.3.3.3 落实耕地质量提升

彭山区开展耕地质量保护与提升行动，以地力培肥、土壤改良、养分平衡、质量修复为主要内容，推广农机深松、测土配方施肥、农作物秸秆还田、水肥一体化、耕地污染防治等技术。到 2022 年，彭山区有机肥综合利用年均推广将达到 20 万亩次，秸秆还田将达到 5 万亩，测土配方施肥达到 20 万亩次，中低产田培肥改良将达到 1 万亩，耕地土壤有机质将提高 0.5 个百分点以上。

5.3.4 提升农机装备水平

5.3.4.1 提高农机装备和作业水平

彭山区以增加农机装备总量为重点，继续落实农民购机补贴项目、农业机械现代装备项目等政策，重点补贴农业主导产业发展急需的农业机械，开展农机新机具的引进、示范和推广应用，加快农机具装备更新改造和升级换代。彭山区加快发展设施农业、畜牧水产养殖、病虫防治等机械设备，推进作物品种、栽培技术和机械装备集成配套，开展农业生产全程机械化试点示范；加快普及高性能、低成本、易操作的栽培设施和信息系统装备，提高农业生产精细化、自动化、智能化水平，促进设施装备升级和农机农艺融合。到 2022 年，彭山区农机总动力将达到 30.5 万千瓦以上，耕、种、收综合机械化水平将提高到 78%，农业机械化全面推进。

5.3.4.2 培育农机社会化服务组织

彭山区将农机专业合作社、农机作业服务队等专业服务组织和农机大户作为农业机械化发展的重要载体，建设 14 个农机专业合作社、1 个粮食烘干中心、1 个农机具租赁中心、3 个区域农机维修中心，加强农机教育培训基地和安全监理装备建设，提升农机公共服务能力。彭山区指导农机专业合作社依法经营、规范运作，引导不同区域之间农业机械化服务组织的专业分工、协同作业，提升农机使用效率。

5.3.5 加强农业防灾防控

彭山区强化农业灾害监测预警，做到主动避灾、防抗结合、科技减灾，科学应对干旱、洪涝、低温冻害等自然灾害；加强农业病虫害防控设施设备建设，乡镇建立农业有害生物监测预警站，配备相应设施设备；推行绿色防控，提倡生物防治、物理防治，减少化学农药防治。彭山区围绕产业布局，实施施药机械更新换代与杀虫灯推广，培育发展植保专业合作社 5~10 家，积极推行病虫专业化统防统治；推进病虫专业化统防统治，逐步实现整区域联防联控，专业化统防统治达 80%，绿色防控覆盖率达 80% 以上，主要农作物病虫害损失控制在 4% 以下；建立健全动物重大疫病防控预警和应急体系，推行规模养殖场程序化免疫、农户分散饲养集中免疫与补免制度。

5.4 促进一二三产业融合发展

5.4.1 高品质推进农旅文融合发展

5.4.1.1 构建农旅文融合发展新格局

彭山区充分利用和挖掘良好的自然资源、独特的文化资源和丰富的农业资源，结合彭山产业新城、中法农业科技园彭山园区、农业嘉年华等重大项目分布，按照"农业成景观、农居成景点、农村成景区"的理念，以休闲农业景区、农业生态公园、休闲农庄、精品民宿为载体，从"点（休闲农业景点）-线（休闲观光环线）-面（农业景观环境）"三个层面，构建"一带"（岷江水上旅游景观带）、"两环"（东山休闲农业观光环线和西山休闲农业观光环线）、"三区"（彭祖文化养生度假区、都市现代农业休闲旅游区、西山乡村休闲旅游区）的空间布局，打造旅游环线，塑造农业景观，推进休闲农业提档升级。

5.4.1.2 创新农旅文融合新业态

彭山区依托田园风光、农耕生活、乡间美食、古朴建筑等优势资源，把"慢文化"的氛围渗透到美丽乡村的建设中，通过多样的乡土风情活动吸引旅游者，创造满足旅游者精神需求的旅游产品，实现旅游产品升级和游客体验增值，让旅游者放慢脚步，主动了解彭山文化，融入乡村生活，拓展游客慢生活的体验空间，带动旅游者在旅游过程中充分消费，推动乡村旅游的可持续发展。彭山区加强乡村旅游的消费场景建设，在做优乡村吃、住、行的旅游配套服务基础上，深入挖掘长寿文化等，着力在游、购、娱等环节创新消费产品设计，实现客流变商流，切实增加乡村旅游收入。

5.4.1.3 调动农民积极参与农旅文融合

彭山区通过相应的宣传引导及教育培训，增强农民的主人翁意识，促进其转变观念，积极主动参与乡村旅游的规划、建设以及农旅文融合开发，充分发挥自身的主观能动性。彭山区充分利用创新创业的各项政策措施，鼓励以农村居民为主体，通过开办农家乐、组织特色农产品及工艺品的生产加工等方式，为农旅文融合提供更丰富的旅游产品。彭山区鼓励农户开发新产品、新业态，拓宽服务范围，充分利用互联网技术，进入微商、电商、直播行业，增强当地旅游形象的网络宣传，拓展彭山区农旅文融合产品的销售途径。

专栏 4-2　彭山区农旅融合建设工程

·休闲农业景区建设项目：以柏杨湖为中心，借助周边农业资源，通过招商引资，重点打造集康体休闲、会议展示、亲水观赏、游船垂钓等功能于一体的静养山水湾·柏杨湖康体休闲区；在保胜乡龙安村建设孝文化旅游专业村，打造孝善之地·李密故里文化旅游区；在义和乡喻沟村建设以健康长寿为主题，集旅游、养老、农业开发、休闲等功能于一体的养生福地·双凤湖休闲养老度假区；依托江口镇的仙女湖、彭祖山、将军湖及周边森林生态环境，打造森林运动公园，建设林海氧吧·仙女湖森林运动公园，开展企业拓展训练基地、森林运动馆，开展攀岩、野外生存、丛林枪战等户外运动。

·休闲农业主题公园建设项目：在公义镇马林新村建设农业嘉年华主题园区，包括乐活创意体验区、乐享农艺风情区、乐动奇幻趣味区和乐农丰收田园区四大功能区；依托观音镇葡萄基地，建设集动漫主题游乐、葡萄主题游乐、特色乡村度假、农耕文化展示和体验等于一体观音七彩葡萄主题公园；结合义和乡自然生态、猕猴桃产业优势，以高标准猕猴桃质量安全示范区建设为载体，打造集猕猴桃共享主题园、乡村酒店度假、现代农庄经营、会节活动等为主的义和猕猴桃主题公园；依托黄丰镇万亩柑橘基地，打造橙意黄丰农业主题公园，建设柑橘博物馆、柑橘文化长廊、柑橘培植采摘体验区、景观区、休闲等，开展观赏、品尝、参观、考察、学习等多样化活动；依托锦江乡的中法农业科技园彭山园区开展高科技农业园区观光、科普教育、田园意象展示，打造国家级农业公园。

·休闲农业生态庄园：通过对外招商引资、对内培育新型经营主体，依托花卉、苗木等特色种植基地，以休闲观光、农耕文化体验、健康养生为主题的休闲农业生态庄园；规划在谢家镇建设中药养生庄园，开展"四季花香，四季药香、四季养生"休闲养生观光体验；在凤鸣街道建设面积达 1 000 亩的明都花卉庄园，开展花卉观光；在谢家镇建设面积达 600 亩的花卉养生庄园，开展集农业科普观光、四季花海展示、果蔬采摘体验、乡村特色美食、田园会议住宿、户外培训拓展、运动娱乐健身、婚纱摄影及婚庆文化活动举办为一体的生态休闲旅游度假活动。

·精品民宿建设项目：沿 G245、S103 等干道以及彭里路、江黄路等旅游通道，彭祖山、李密故里景区和休闲农业景区周边，依托农家庭院、特色农产品及田园风光、自然景观等资源，高标准建设精品民宿 15 家，培育江口镇、黄丰镇、锦江乡 3 个民宿集聚乡镇，在彭祖山风景区及周边区域注重高端特色民宿培养。

专栏4-2(续)

·东、西山休闲农业观光环线和节点增绿添彩项目：沿彭山滨江大道、彭祖山旅游线黄丰至彭山城区段、彭祖山旅游线江口至黄丰段、彭山经济区环线牧马至黄丰段、青黄快速通道和滨江大道一线打造东山休闲农业观光环线；沿滨江大道、彭谢大道、成雅高速谢家连接线、成雅高速保胜连接线、青黄快速通到彭山滨江大道一线打造西山休闲农业观光环线；对环线道路实行农业景观塑造，通过"亮田、塑林、织景"三大举措，营创"田林相融、四季有景"的主干道路景观，根据季节变化，构建出彩林、花海等点状景观，结合四季更迭的田野风貌，编织出色彩斑斓的大地景观；在江口镇远景、永利等4个村实施"东山彩林"项目，对该区域的林中空地、道路沟渠两侧，通过种植银杏、红枫、红叶杨等，打造彩林景观带。

5.4.2 加快推进农产品加工与流通

5.4.2.1 大力发展农产品加工业

彭山区依托眉山市"东坡味道"工程，发展具有特色的农副产品加工企业，形成"彭山味道"特色产业，丰富终端产品，实现农产品错峰销售、均衡上市，扩大农产品增值空间。彭山区积极引进一批科技含量高、产业链长、关联度大的项目，促进农产品向精深加工方向发展，提升农业产业化水平；支持优质粮油产品就地加工转化增值，促进低效用地再开发，大力发展高麦芽糖浆、葡萄糖粉、食用大米蛋白、米糠油、粮油化妆品、粮油医疗产品等精深加工产品，提升粮油生产效益。彭山区鼓励龙头企业、专业合作组织等新型经营主体建设贮藏、烘干、保鲜等初加工设施，支持柑橘、葡萄等农产品向精深加工方向发展，延伸产业链。

5.4.2.2 推进农产品加工园区建设

彭山区规划配套农产品加工业发展建设用地，引导农产品加工和农产品初加工、农产品冷链营销基地化、就地化、就近化，梯度发展农产品初加工、农产品加工、农产品精深加工，构建农产品加工"集中发展区+加工发展点+生产基地"一体化发展新格局。彭山区推动"园区+基地+农户"发展，构建现代农业产业链，建立完善利益深度联结机制，积极发展订单农业，推进农业产业化联合体发展，带动小农户发展适度规模生产经营和实施精细化管理，促进农民增收致富。

5.4.2.3 建设农产品流通基础设施

彭山区建成集农产品批发、展示、冷链、仓储、检测等多功能为一体的彭山区农产品产地集配中心等初加工、冷藏保鲜设施，引导各类投资主体投资改造（新建）农产品集配中心（站点）、社区菜店、生鲜超市、流动售菜车等鲜活农产品零售网点。彭山区完善产地预冷、预选分级、加工配送、冷藏冷冻、冷链运输、包装仓储、检验检测、电子结算和安全监控等现代流通设施，探索建立彭山区农产品网上交易平台，定期发布农产品供求信息，引导农产品电子商务发展，鼓励农产品网上交易，加快农产品流通科技研发和推广应用。

5.4.2.4 创新农产品流通方式

彭山区创新农产品流通模式和业态，针对柑橘、葡萄、猕猴桃等特色优势农产品，着重探索"基地+城市社区"直配模式和"批发市场+宅配"模式，鼓励产销双方订立长期稳定的产销合同。彭山区建设农产品溯源平台，建立农产品生产、经营记录制度，实现对农产品生产、销售、流通和服务全程监控管理。彭山区利用微博、微信、网络直播等新媒体营销渠道，推广彭山区特色农产品以及休闲农业与乡村旅游节庆活动。

5.4.3 大力推动农村电商发展

5.4.3.1 构建农村电商服务体系

彭山区建立健全覆盖区、镇、村三级电子商务公共服务体系，抓好农产品上行、人才培训、示范引领等方面工作，培育农村电子商务生态圈，加快县域经济互联网化转型。彭山区通过政府统办、能人自建等多种方式，推进农村电商服务站的建设，在2022年前将完成农村电商服务站的全覆盖。服务站工作人员负责整合当地好的产品，把产品进行相应的品牌包装后，与农村淘宝、村邮乐购等涉农电子商务平台合作，探索实施"商务平台+服务站+农户"的O2O的农产品新零售模式。到2022年，彭山区农产品电商业务覆盖80%以上的行政村，通过互联网销售的特色农产品比重将达到35%以上。

5.4.3.2 打造农村电商服务示范点

彭山区以乡镇农村电商服务中心为重点，着力在2020年前建成3~5个集农产品展示及加工体验、现代化农业模拟展示及科普教育、农副产品及旅游产品展示销售于一体的融合线上线下双重体验的示范点，开启线上交易及线下展销中心同步发展新模式，拓宽优质农产品销售渠道。

5.4.3.3 打造特色农产品电商项目

彭山区加大对苏宁易购中华特色馆彭山馆的宣传推广，增加入馆的地方优质特色农产品数量，加大电商农产品开发及包装的投入；强化与淘宝、京东等大型综合电商平台合作，创建农产品电子商务示范镇（村）、家庭农场（合作社、园区）和网店 30 个，培训电商人才 300 名。

5.4.3.4 提高经营主体电子商务应用能力

彭山区组织专业大户、家庭农场、农民专业合作社等新型农业经营主体和农业企业负责人，联合有关教育培训机构、电子商务企业，开展电子商务平台使用、农产品和农业生产资料网上经营策略和技巧培训，有计划地培养一批有理论基础和实践能力的农业电子商务人才。

6. 加快特色美丽乡村建设，打造"有颜值"的新乡村

彭山区牢固树立和践行"绿水青山就是金山银山"的理念，加强农村环境综合整治，促进乡村风貌整体提升，实现乡村舒适宜人，建设人与自然和谐共生的美丽宜居乡村。

6.1 深入推进农村"厕所革命"

6.1.1 统筹农村公共厕所建设

彭山区按照"布局科学、数量达标、标准统一、管理规范、服务优质、群众满意"的原则，推动新村聚居点公共厕所配套建设，重点完善"1+6"村级服务中心、学校、园区等公共厕所配套建设。彭山区结合各乡镇实际，建立厕所粪污贮存、收集、运输、处理体系，将厕所粪污无害化处理并进行资源化利用，大力推行粪肥还田。

6.1.2 推进农村户用卫生厕所改造

彭山区根据"单户分散不直排、集中处理做肥料"的模式，在每个村定期收集转运，促进粪污无害化处理、资源化利用，通过转化农家肥，发展绿色循环农业。彭山区按照群众接受、经济适用、维护方便、不污染公共水体的要求，采用合理改厕模式，加快推进农村户用卫生厕所建设和改造，普及不同水平的卫生厕所。彭山区结合幸福美丽新村建设、易地扶贫搬迁、地质灾害避险和危房改造等项目，全面推进农村户用卫生厕所配套，推动农村户用卫生厕所改造与生活污水治理有效衔接。

6.2 推进农村生活垃圾治理

6.2.1 建成覆盖全域的垃圾收储运系统

彭山区围绕农村生活垃圾"户分类、村收集、乡（镇、街道）运输、区处理"的模式，进一步加快农村生活垃圾收集转运设备设施的升级改造，建成覆盖全域的农村生活垃圾收储运系统。彭山区全面建成"翻桶垃圾车+塑料分类垃圾

桶"村收集系统、"勾臂垃圾车+勾臂式垃圾箱"镇集中系统和"垃圾地库+摆臂车"区转运系统，垃圾收集转运率达到95%以上。彭山区完成农村垃圾分类收集系统升级改造项目，完成垃圾地库升级改造，建成东山片区、岷江农业园区易腐垃圾有机肥生产站项目。到2022年，彭山区力争全区所有行政村建成3个以上有机垃圾腐熟池、1个以上大件垃圾拆分点、1个以上有毒有害垃圾存贮点。

6.2.2 推进农村垃圾分类和资源化利用

彭山区结合垃圾分类"百村示范活动"，按照就地分类、源头减量、资源化利用原则，分梯次推广石山村垃圾"六类三分法"，确保湿垃圾、干垃圾、大件垃圾、建筑垃圾得到分类处理和资源化利用，垃圾减量30%以上。彭山区完善财政补贴和农户付费合理分担机制，探索建立垃圾处理农户付费制度，合理确定缴费标准。到2022年，彭山区将完成所有村庄的生活垃圾就地分类和资源化利用工作。

6.2.3 开展存量垃圾治理

彭山区继续组织对村庄内外、道路两侧、河塘沟渠及周边积存垃圾进行彻底清理，消除卫生死角；坚持因类施策、分类整治的原则，持续开展非正规垃圾堆放点排查整治工作。到2022年，彭山区力争全区每个乡镇建成1个以上建筑垃圾临时堆放场，资源化利用建筑垃圾。彭山区禁止城市垃圾、工业垃圾、医疗废物、污水处理厂污泥和外来垃圾向农村转移堆弃，禁止在村庄周边形成新的垃圾污染。彭山区巩固清理成果，建立村庄环境卫生日常维护机制，保持村庄干净整洁，无垃圾乱倒、焚烧、随意填埋和柴草乱堆乱放等现象。

6.2.4 完善废旧物品回收网络体系

彭山区依托村级综合服务站建设，按照"方便服务、节约成本"的原则，推广构建"环境整治+服务网点+服务社区"的废旧物品回收网络体系模式，分类收购村民的可再生资源，实现生态效益、经济效益、社会效益共赢。彭山区与电子商务网上便民服务中心试点相结合，把再生资源回收利用网络体系建设与新农村流通信息服务体系建设试点同步推进，建设集电子商务物流配送废旧回收代理服务信息发布于一体的农村信息化服务平台。彭山区广泛开展地方政府部门与再生资源公司的合作，以资本和资源为纽带，大力发展再生资源回收分拣加工产业。

6.3 实施农村生活污水治理工程

6.3.1 开展农村水环境治理

彭山区将农村水环境治理纳入河长制、湖长制管理，采取综合措施恢复水生态；加快实施幸福美丽新村水库和塘堰"清水工程"、水土保持工程、水利风景区建设；加快生态河塘、生态渠道、生态河道治理，以房前屋后、河塘沟渠为重点，实施清淤疏浚。彭山区开展水库水产养殖污染治理，取缔水库肥水和人工投饵养殖，指导各乡镇根据自身实际情况，制定"一库一策一方案"；加强农家乐、民宿等经营主体的污水治理，规范隔油池建设，逐步消除农村黑臭水体；以创建"水美新村"为载体，围绕"水安全有保障、水资源有保证、水生态有保护、水文化有底蕴、水景观有特色"的建设目标，推进农村水环境治理。

6.3.2 分类推进农村生活污水治理

彭山区优先在环境敏感区、污染严重区实施污水治理，做到农村生活污水"应收尽收，应治尽治"。乡镇集镇区域逐步实现污水处理设施全覆盖。靠近城镇且满足城镇污水收集管网接入要求的农村区域污水纳入城镇污水处理厂（站）处理。人口聚集程度较高、经济条件较好的农村区域污水采用一体化污水处理设施技术进行集中处理。居住较为分散、地形地貌复杂的偏远农村区域污水就近采用净化槽或人工湿地处理技术分散处理。彭山区完善财政补贴和农户付费合理分担机制，探索建立污水处理农户付费制度，合理确定缴费标准。到 2022 年，彭山区 80%以上的行政村将具备污水处理能力。

6.4 加强农业面源污染防治

6.4.1 实施农村面源污染减量工程

彭山区大力实施化肥和农药施用量减量增效、减量控害行动，严格化肥、农药经营台账和限用农药管理，实行农资经营负责制，建立绿色农资经营评价体系，探索建立农业固体废弃物回收处置办法。彭山区创建农业面源污染治理化肥农药减量示范点，示范推广水肥一体化技术、有机肥替代化肥技术、绿色防控和秸秆还田技术。彭山区实行农膜经营台账管理，推广使用国标农用地膜，实现农膜使用和农田残膜回收利用"减量化、资源化、无害化"。到 2022 年，彭山区力争化肥使用量和农药使用量实现零增长，废旧农膜回收利用率达到 85%以上，农药包装废弃物回收处置率达到 80%以上。

6.4.2 大力推进秸秆综合利用

彭山区建立秸秆综合利用示范基地，依托中联重科自主研发的谷物联合收割机、拖拉机、秸秆打捆机、生物制料机等智能化农业装备，实现秸秆收获、打捆、运输、储藏、利用等环节的全程机械化作业。彭山区充分发挥农机购置补贴政策驱动作用，将秸秆综合利用的机具作为重点支持，鼓励和引导农民购买先进适用的秸秆综合利用机具。彭山区探索建立秸秆离田利用补贴政策，加快形成完整秸秆离田利用的产业链。到 2022 年，彭山区力争秸秆综合利用率达到 95% 以上，创建四川省秸秆全域综合利用试点示范县。

6.4.3 深入推进畜禽粪污资源化利用

彭山区大力发展种养循环农业，推广农牧结合生态治理模式，引导畜禽规模养殖场配套完善雨污分流、干湿分离、异位发酵、粪污贮存输送利用设施设备。彭山区推行以种定养、种养结合、就地消纳、循环利用，引导和支持养殖场（户）与种植基地有机结合，加快建设种养循环示范基地（产业园）。彭山区科学规划、合理布局各类沼气工程，推进畜禽养殖沼气工程建设，不断提高养殖场沼气工程配套率，推进畜禽粪污沼气转化利用。彭山区大力实施化肥零增长和有机肥替代行动，支持发展以畜禽粪便为原料的商品有机肥生产，鼓励现有有机肥企业扩大生产规模，提高畜禽粪污深度加工和利用水平。

6.5 实施村容村貌提升工程

6.5.1 实施旧村改造行动

彭山区坚持把旧村风貌改造与环境整治相结合，统筹推进农村美化、绿化、硬化、亮化、净化；进一步优化村落布局，加强乡村建筑风貌管控力度，大力提升乡村建筑和庭院的外观设计水平和环境品质。彭山区整治村庄公共空间和庭院环境，鼓励利用乡村闲置空间新建健身设施和活动广场；集中清理私搭乱建、乱堆乱放、通信和电气线路私拉乱接等现象；持续开展农村危房、土坯房改造工作，拆除废弃不用且濒临坍塌的杂物房、牛栏猪圈及残墙断壁等，引导农户整齐堆放生产工具、生活用品、农用物资等物品，促进庭院内外整洁有序、室内卫生舒适。彭山区按照村庄规划和基本条件，分批推进乡村公共空间和道路照明亮化，推广使用节能灯具和新能源照明。彭山区对村庄原有房屋屋顶、外墙面、门、窗、梁柱外部节点、道路等进行体现当地特色和文化的风貌改造；大力提升农村建筑风貌和田园环境品质，加大川西民居风貌塑造和管控力度，提高乡村建筑设计水平。

6.5.2 大力改善农村生态环境

彭山区推广"绿色基地+绿色村庄+绿色庭院"的建设模式，结合"四好新村"创建，积极开展植树建园，保护和修复湿地，提升村旁、宅旁、路旁、水旁等"四旁"绿化和农田防护林绿化水平，改善农村生产生活环境。彭山区注重乡村绿化与产业基地、瓜果庭院相结合，采用田园风光型、庭院林果型、旅游观光型和城郊园林型等手法绿化村民居所，促进村容村貌的改变，形成道路与河岸景观林、房前屋后经果林、村庄周围护村林的近自然新村绿化格局。彭山区突出乡土树种培育，传承乡村自然生态景观风貌；注重建设村镇公园和村镇成片森林，拓展乡村民俗旅游空间，积极建设森林小镇、森林村庄、森林人家。彭山区大力推广电力、天然气、沼气、太阳能等清洁能源，优化乡村能源结构；广泛开展卫生和健康村镇创建和卫生庭院、文明卫生户评选等工作，建立政府以奖代补激励机制。

6.5.3 保护利用乡村历史文化建筑与环境

彭山区加强古村落、古民居、古树名木的保护利用，加大对江口古镇、龙安村、金岗村、刘家大院、公义古堰新桥等传统古镇、古村落和乡村历史文化建筑的保护力度，传承乡村建筑历史文化，力争培育创建2个省级传统村落。彭山区加大对竹琴、莲萧、草龙、板凳龙、幺妹灯等特色民俗文化的保护与传承力度。彭山区通过编写村歌村号、村荣村史、乡镇志、申报非物质文化遗产等方式，将农村老地名、老传统、老文化、老作风等"乡愁"因子记录、传承下来。

6.5.4 开展环境卫生整治行动

彭山区全面实施生活垃圾袋（桶）装化，健全生活垃圾袋（桶）装化的长效管理机制，做到村庄内无暴露垃圾、无卫生死角，镇、村公共场地和人流密集的路段设置必需的果壳箱等卫生设施。彭山区整治交通沿线环境卫生，彻底清理辖区内铁路、公路等交通沿线的垃圾，达到视野范围内无裸露生活垃圾、建筑垃圾、白色垃圾，无乱堆柴草，无乱涂乱画的标准。彭山区广泛开展卫生和健康村镇创建以及卫生庭院、文明卫生户评选等工作，建立政府以奖代补激励机制。到2022年，彭山区力争新创建省级卫生乡镇1个、省级卫生村19个，省级卫生乡镇、卫生村覆盖率分别达到75%、85%以上。

6.5.5 完善环境治理长效机制

彭山区结合实际，逐步建立有制度、有标准、有队伍、有经费、有督查的长效管护机制，大力推行城乡垃圾污水处理统一规划、统一建设、统一运行、统一管理，建立行政村常态化保洁制度。彭山区普及卫生健康教育，引导群众改变不良生活习惯，讲卫生、树新风、除陋习，摒弃乱扔、乱吐、乱贴等不文明行为。

7. 构建新型乡村治理体系，打造"有秩序"的新乡村

彭山区秉持"以人为本"的核心理念，尊重乡村社会发展规律，构建以党组织为核心，以自治为基础、法治为根本、德治为支撑的"一核三治、共建共享"新型乡村治理体系，提升乡村综合治理能力，促使乡村社会充满活力、和谐有序。

7.1 加强基层党组织建设

7.1.1 建立"一园两翼"农业园区组织体系

彭山区构建彭山现代农业园区和产业片区党组织体系，覆盖东西两翼农业产业区域；强化园区机构保障和干部支撑，健全园区统筹指导、乡镇属地管理相结合的运行机制，以"红色先锋引领绿色发展"为主题加强产业链党建工作，引领农业大园区发展。

7.1.2 健全"一核多元"乡村组织领导体系

彭山区赋予乡镇更多的发展自主权、人事管理权和财政管理权，发挥党委的"龙头"带动作用，健全以村党组织为核心、村民自治和村务监督组织为基础、集体经济组织和农民合作组织为纽带、各种经济社会组织为补充的农村组织体系。彭山区在保证基层组织精干高效运转的同时，进一步增强基层党组织凝聚力和战斗力，加快推进村（居）书记、主任"一肩挑"。

7.1.3 优化"联建共建"乡村组织设置体系

彭山区根据乡村振兴需要优化调整农村党组织设置，在乡村振兴重点村建立5个以上村党委或党总支、2个以上联合党委，全面开展农村聚居区服务型党组织建设，持续开展城乡党建结对共建，持续推进党组织标准化、智慧化建设，提高农村党建质量。

专栏 4-3 彭山区"党建引领"行动

· 实施"战斗堡垒"工程,加强乡村党组织建设:全面贯彻"党是领导一切的"根本原则,实施政治领导力提升、思想引领力提升、群众组织力提升、社会号召力提升"四大行动",进一步健全基层组织、优化组织设置、理顺隶属关系、创新活动方式,扩大党在农村的组织覆盖和工作覆盖,持续开展"三分类三升级"和后进村党组织整顿转化,持续开展党组织"标准化"和"智慧化"建设,把农村基层党组织建成坚强的战斗堡垒。

· 实施"新时代先锋"工程,发挥党员干部队伍作用:实施"好书记培养引领"计划和村级后备干部培育工程,吸引一批高校毕业生、机关企事业单位优秀党员、外出务工返乡党员等到村任职,"选优书记、配强班子";推动党组织负责人、班子成员和党组织推荐人选通过法定程序担任村级各类组织负责人;加强政治激励、生活保障和工作培训,切实提高乡村干部岗位吸引力;加强农村党员队伍建设,提高党员质量,推行党员分类定标、奉献积分、星级评定,建设党员责任区、示范岗、服务队,使广大党员在农村改革发展和社会治理中"当先锋、走在前"。

· 实施"寿乡优才"计划,强化乡村治理人才支撑:开展乡村专业人才和实用人才培育行动,回引一批外出务工优秀人才,培育一批乡土实用工匠、田园明星、道德模范,组织引导乡村老干部、老先进、老模范等"新乡贤"参与乡村治理,造就一支懂农业、爱农村、爱农民的"三农"工作队伍;"党建带群建",加强农村各类组织建设,切实加强村级自治组织、村务监督组织、集体经济组织建设,探索组建村民议事会、村庄理事会等协商组织,大力培育专业协会、公益慈善、公共服务等社会组织,积极发展民事调解、文化娱乐、红白喜事理事会和孝老爱亲评议会等公益组织,鼓励引导乡村各类组织参与社会治理。

7.2 构建现代乡村自治体系

7.2.1 加强村级自治组织建设

彭山区开展软弱涣散村专项整治行动,强化村"两委"班子履职能力;健全完善农村综合服务平台功能,确保每个行政村都拥有面积达标、功能完备的村级综合服务平台;探索建立以社区为平台、社会组织为载体、社会工作专业人才为支撑的"三社联动"机制。彭山区推进基层老年协会组织网络实现全覆盖,强化农村老年人自我服务、自我教育、自我管理、自我维权的意识和习惯。彭山区建设社会组织孵化基地,着力建设一批公益慈善类、社区服务类、行业协会商会类社会组织,强化村级自治载体建设。到 2022 年,彭山区力争实现每个村平均拥有不少于 3 个社区社会组织,社会工作专业人才占比达 0.1%,注册志愿者人数占比达 13%。

7.2.2 完善村民自治机制

彭山区健全村民会议和村民代表会议制度,有序扩大参与渠道,抓好传统优秀家风家训的宣传和传承,大力提倡推行村规民约和社区公约,实现各村(社区)全覆盖,解决诸多法律边界以外的民事问题,形成良好乡风。彭山区探索推行村规民约,消除奢侈浪费、盲目攀比、私搭滥建、污水横流、散葬成风等方面的陋习；完善社区公约，建立稳固的业主委员会、矛盾纠纷调处小组等组织，解决农村新型社区、安置区、聚集区面临的管理混乱、费用难收、纠纷难处等难题。

7.2.3 健全村级民主监督机制

彭山区建立完善在村党组织领导下的村民民主议事协商制度，落实彭山区村级事务财务"三委会审"办法，完善村级民主决策、管理、监督工作机制，规范基层权力运行，预防基层微腐败。彭山区全面开展村规民约集中清理、修订工作，进一步丰富内容，把法律规定与良序新风结合起来，加快形成依法立约、以约治理、民主管理的基层治理良序。彭山区深化村务公开"亮栏"行动，规范村务公开内容更新程序，加强村务公开日常管理，开展村务公开专项检查，实现村务公开内容、形式和程序规范化。

7.3 推进乡村法治建设

7.3.1 强化法治宣传教育

彭山区深入开展以案释法活动，利用"国家宪法日"等"10+1"主题法治宣传日开展集中"送法下乡"；推进乡村普法"六个一"工程，配齐配强普法巡回宣讲团，开展菜单式巡回宣法；开设农村"法治夜校"，创新普法载体，充分利用各类网络媒体作为法治宣传新平台；打造村级普法宣传阵地和"法律进乡村"示范点，实现全区96个村（社区）法治宣传全覆盖；率先以公义镇新桥村、江口镇双合村等为试点，进行民主法治示范治理。

7.3.2 构建乡村综合治理体系

彭山区构建镇、村、网格三级矛盾纠纷调解工作网络，建立完善村（社区）网格管理员履职尽责"1+10"工作体系，每年特殊人群走访及治安隐患排查完成比例达到100%。彭山区建立健全农村立体化治安防控体系，深入开展"大排查、大整治、大巡防"活动，按辖区实有人口总数2%的比例组建"红袖标"巡逻队伍，参与巡逻守护、报告治安情况等工作，每年开展不少于150次治安巡逻。彭山区全面完成区、乡镇（街道）、村（社区）三级综治中心规范化建设和运行，推动视联网工程整合运用，建设大数据下人防、物防、技防综合管理网，实现社会治理职能化、精准化。

7.3.3 推进农村综合执法

彭山区探索建立跨部门联合监管执法协调合作机制，推进城管、环保、交通、文化、安全、卫生、食品药品、工商、质监等重点领域的农村综合行政执法，推动各部门信息数据互通互享、线上线下一体化监管，构建大监管格局。彭山区率先在公义镇新桥村、江口镇双合村推行农村环保、安全、工商等综合执法，为农村经济发展、农民增收、农业增效营造良好的法治环境。

7.3.4 加强农民合法权益保护

彭山区建立公共法律服务体系，落实"一村（社区）一法律顾问"制度，加快建设公共法律服务中心、工作站以及工作室，确保法律服务工作站实现区域行政村全覆盖。彭山区加大农村弱势群体法律援助力度，对援助案件实行跟踪、回访制度；扎实开展扫黑除恶专项斗争，依托"互联网+"全方位开展宣传，建立健全线索摸排、定期研判、协调联动等机制。彭山区深化"平安彭山"建设，完善立体化社会治安防控体系，抓好"七五普法"，落实重大事项社会稳定风险评估制度，强化基层信访工作，完善矛盾纠纷多元化化解机制。

7.4 创新乡村德治建设

7.4.1 党建引领乡村德治发展

彭山区充分发挥各基层党支部和党员的带头作用，强化基层党支部建设，发挥党员在村内德治方面的作用，调动乡村有威望的老干部、老党员，组建以新型农村社区党组织为核心，以议事会决策、管委会执行、监委会监督（以下简称"三会"）为治理主体，以其他社会组织和各方力量为补充的"1+3+N"新型社区管理服务架构。彭山区确立农村基层党组织对农村社区社会治理的政治引领和服务发展核心，畅通多元主体参与新型农村社区建设渠道，着力提高新型农村社区民主决策、民主管理和民主监督的治理水平。

7.4.2 推进农村道德委员会建设

彭山区加快推进农村道德委员会建设，在村"两委"领导下，按照为人正直、办事公道、威信较高、说理能力强的要求，重点吸纳老党员、老教师、老干部、老军人、新乡贤和各类道德模范参加。彭山区围绕移风易俗、勤俭节约、孝老爱亲、敬贤护幼、诚实守信、邻里互助和严控婚丧事大操大办等内容，制定道德委员会议事章程；定期开展道德评议会，依据道德委员会议事章程，实施以评弘德，发动群众对陈规陋习和不文明、不道德行为进行评议，整顿婚丧事大操大办、人情债、攀比斗富的不良风气，用民间舆论的力量引导农民群众，促进农村形成崇德向善之风、勤俭节约之风、文明健康之风。

8. 推动乡村文化振兴，打造"有活力"的新乡村

彭山区坚持以社会主义核心价值观为引领，传承乡村优秀传统民风民俗，充分挖掘长寿文化等本土特色文化资源，保留和传承非物质文化遗产，全面加强村民思想道德建设，大力塑造文明乡风、良好家风、淳朴民风。

8.1 强化乡村思想政治引领

8.1.1 加强思想政治宣传

彭山区深入开展面向乡村的理论学习和宣传普及，让习近平新时代中国特色社会主义思想家喻户晓，提振乡村的精气神，引导干部群众心往一处想、劲往一处使，齐心协力创造幸福生活。彭山区深入开展"百姓宣讲"活动，贴近农民群众生活实际，采取群众喜闻乐见的形式，运用群众听得懂、听得进的语言，增进群众对习近平新时代中国特色社会主义思想的政治认同、思想认同、情感认同。

8.1.2 推进社科理论普及

彭山区加强政策宣传、知识传授、价值传播，提高农村群众人文素养；开展"社科普及周"基层延伸行动，面向农村举办系列讲座、志愿服务、展览、知识竞赛等社科普及主题活动；发挥新时代村居讲堂、道德讲堂等各类阵地作用，推动乡村党的理论和社科知识普及；开发中小学乡土特色校本课程，培养学生热爱家乡、建设家乡的情怀。

8.1.3 开展涉农政策宣讲

彭山区紧紧围绕党的理论创新成果、中央的决策部署和省委的政策要求，运用各类新闻媒体和宣传文化阵地，推动民生政策宣讲，深入宣传解读党的"三农"政策和强农惠农富农举措，把政策措施讲透彻、讲明白，让党和政府的政策深入人心。彭山区注重吸纳农民宣讲员进入宣讲队伍，用亲身经历现身说法宣讲党的十九大精神，增强村级党组织凝聚力和向心力。

8.2 深入实施文化惠民行动

8.2.1 强化基层公共文化服务阵地建设

彭山区加强投入保障、政策保障和机制保障，坚持一院多能、一室多用，整合基层宣传文化、党员教育、科学普及、体育健身等设施，统筹建设各类活动场所。彭山区完善乡镇（街道）综合性文化服务中心，使房屋建筑功能达到"四室一场"的标准[图书阅览室、电子阅览室（文化信息资源共享工程）、广播

室、多功能活动室以及配套建设文化广场]，面积、功能达到相应标准。彭山区全面提升村文化室功能，完善和提升集书报阅览、应急广播、文化活动、科技推广、事务公开等多功能于一体的村级综合性文化服务中心，达到"四个一"建设标准，即设有一间多功能文化活动室、一个文化广场、一套简易音响设备、一套应急广播系统。文化广场面积不低于200平方米，配备阅报栏、身边好人榜、公益广告牌、灯光音响设备和简易室外舞台等。彭山区推进区图书馆分馆制和数字化图书馆建设，加快构建以区图书馆为总馆、乡镇综合性文化服务中心为分馆、村文化室为服务点的总分馆体系，建成覆盖全区的数字化图书馆。

8.2.2 开展丰富多彩的群众性文化活动

彭山区加强资源整合，综合用好文化科技卫生"三下乡"、文化惠民消费季、文艺汇演展演、农村公益电影免费送戏工程等平台载体，把更多优秀的电影、戏曲、图书、期刊、科普活动、文艺演出、全民健身活动送到农民中间去，丰富农民文化生活。彭山区经常性组织开展农民艺术活动，每年举办一次农民艺术节，开展全区农村集中性文化活动。彭山区通过校地共建，依托四川大学锦江学院创作以农村文化为主题的文艺作品，开展高质量的文化下乡活动。彭山区提升文化下乡层次，依托区文化馆、幸福长寿艺术团组织常态化的文化下乡演出活动，运用政府与社会资本合作、公益创投、公益众筹等多种模式，鼓励和引导各类企业、社会组织和个人等社会力量资助文化下乡活动，向基层提供无偿公共文化产品和服务。

8.2.3 提高公共文化服务供给质量

彭山区深入开展服务基层、服务农民活动，推动文化资源向基层农村倾斜；实施阅读能力提升计划，深入开展以农民为主体的阅读工程，完善农家书屋出版物补充更新工作，村（社区）图书室可借阅的实用图书不少于1 600册，报纸期刊不少于30种，电子音像制品不少于100种。彭山区对特殊群体开展文化服务，加强对农村留守老人和儿童阅读辅导、艺术培训、科学普及、文化活动等方面的文化服务；在基层综合性文化服务中心配备文化养老服务设施和儿童娱乐设施，增加老年读物和儿童课外读物；支持公益性文化机构针对农村"五保户"、孤寡老人等开展送文化活动，提高面向农村残疾人的无障碍公共文化服务水平。

8.2.4 增强乡村文化旅游发展活力

彭山区大力开展乡村旅游基础和配套设施建设，实现旅游富民；组织开展群众乐于参与、便于参与的节日民俗活动和形式多样的群众性文化活动，引导广场文化活动健康、规范、有序开展。彭山区积极开发具有民族传统和地域特色的文化项目，培育文化名镇、名村、名人、名品。彭山区加快构建"一乡一品"的发展格局，基本实现每个行政村至少建立一支人员比较稳定、经常开展活动的群众文艺团队。彭山区深入开展志愿服务活动，依托区文化馆、图书馆、博物馆等公共文化设施成立文化志愿服务组织，整合现有文化志愿队伍，组建由专家学者、艺术家、青年学生、专业技术人才、退休人员和社会各界人士组成的为农村地区提供服务的文化志愿队伍，扎实推进文化志愿服务项目，丰富农村精神文化生活，提高农村文化建设水平。彭山区切实加强乡村文物保护，开展重点文物保护单位的合理利用和《中华人民共和国文物保护法》的宣传及文物知识的普及，提高基层群众对文物重要性的认知度和鉴赏水平。彭山区建设了具有一定专业水准的义务文物保管员队伍，在看护文物的同时实施对文物的一般性保护，提高文物的安全度。彭山区切实加强旅游基础设施建设，在确定的示范区域建设文旅小镇、文创基地、旅游景区、博物馆等旅游基础设施。

8.3 传承发展优秀传统文化

8.3.1 深入挖掘乡村传统文化

彭山区深入挖掘优秀传统农耕文化蕴含的思想观念、人文精神、道德规范，特别是具有彭山特色的长寿养生文化、忠孝文化等，结合时代要求进行创新，强化道德教化作用，引导农民群众爱党爱国、向上向善、孝老爱亲、重义守信、勤俭持家。彭山区以基层群众喜闻乐见的形式，推动公义、江口等有条件的乡镇综合文化站、农村（社区）文化室设立寿乡讲堂，推动彭山地方特色文化进乡村，创作推出一批符合农村群众需求的传统文化通俗读物。彭山区开展"我们的节日"主题活动，利用传统节日组织开展花会、灯会、庙会等民俗活动，打造节会品牌。彭山区梳理挖掘地域文化、乡土文化，指导乡镇组织开展节事活动，打造乡村文化名片。

8.3.2 繁荣农村题材文艺创作

彭山区加大农村题材文艺创作的规划和扶持力度，组织动员作家、艺术家开展农村题材文艺作品创作，推出一批具有浓郁乡村特色、充满正能量、深受农民欢迎的农村题材文艺作品。彭山区组织作家、艺术家开展采访采风活动，筛选一批重点优秀作品，在出版、展示、推介等方面给予资金扶持。彭山区鼓励专业和业余创作人员深入生活，创作具有地方特色的文艺作品；积极组织乡村文化创作、表演评奖和集中展示，推动乡村文化的发展；鼓励乡镇、村社开展"乡村春晚"和与外区的农村文化艺术联谊，促进农村文化交流和基层文艺创作。

8.4 加快培育新时代文明风尚

8.4.1 加大乡村文明建设力度

彭山区结合农村特点，广泛开展社会主义核心价值观系列教育活动，使社会主义核心价值观融入村规民约，推动社会主义核心价值观落地生根、入脑入心。彭山区广泛开展"讲文明、树新风"和社会主义核心价值观公益宣传活动，采用户外墙体、文化长廊、宣传栏、液晶显示屏等多种形式，把社会主义核心价值观的宣传教育融入农村环境、民间文化、地方戏曲、乡间小调、农村广场文化，使广大农民在耳濡目染中内化于心、外化于行。

8.4.2 实施文明创建提升行动

彭山区开展"星级文明户"创评活动，引导村民从自身做起、从家庭做起，积极营造爱国爱家、相亲相爱、向上向善、共建共享的社会主义家庭文明新风。彭山区开展"养成好习惯、形成好风气"脱贫奔康文明新风示范村（户）创建活动，深入推进"文明家庭""新乡贤"等"十评七进"寻找最美彭山人系列推荐评选活动，推动形成文明健康、感恩自强、遵纪守法、友善和谐的良好社会风气。彭山区以农村环境建设、习惯养成、风尚培育为重点，大力推进文明村镇创建活动，不断提升文明村镇创建的质量。到 2022 年，彭山区力争实现区级以上文明村镇覆盖率达到 80% 以上，打造"星级文明户"示范村（社区）20 个以上，评选 1 000 户"星级文明户"，成功创建"文明新风示范村"50 个以上，"文明新风示范户"800 户以上，文明村镇"一堂（道德讲堂）一站（志愿服务站）一广告（公益广告）"示范点建设，实现乡镇全覆盖。

8.4.3 推动乡风文明建设项目

彭山区大力开展道德讲堂实践活动，鼓励村民走上讲台讲文明道德事，运用身边道德模范、身边好人等先进模范事迹影响人、感化人，形成尊道德、重道德，争做道德模范的好风尚。彭山区大力开展婚丧整治、农村殡葬改革行动，引导群众远离高额彩礼、低俗婚闹、厚葬薄养、大操大办、盲目攀比等陈规陋习和不良风气；传承弘扬优秀传统美德、家风家训，倡导向善向上，真正将农村的新风正气树起来；集中开展农村移风易俗工作，建立健全村规民约、村民议事会、道德评议会、禁赌禁毒会、红白理事会、文化理事会等"一约五会"组织，充分发挥群众组织在村民自治、德治、法治方面的积极作用。

8.4.4 积极培育新乡贤文化

彭山区深化研究阐释，厘清新乡贤文化发展脉络，明确新乡贤文化建设思路，推动建设一批乡贤馆、农耕文化展馆，弘扬传播新乡贤文化。彭山区开展新乡贤选树活动，通过举乡贤、颂乡贤、学乡贤、礼乡贤，把一批群众公认、品德高尚、处事公道、热心公益、积极参与地方管理、起到模范带头作用、真正为群众服务、推动家乡经济发展的人士选出来、评出来。彭山区开展新乡贤文化进中心、进家庭、进校园活动，通过"讲、评、帮、乐、庆"等多种形式，讲好新乡贤故事，彰显新乡贤道德精神。彭山区把新乡贤文化与家庭家教家风主题教育活动结合起来，推动乡镇村志编修，挖掘、整理、编写弘扬传统美德、体现时代要求、贴近生活实际的家规家训，引导人们继承传统美德、树立家国情怀。彭山区把新乡贤文化与学校教育、青少年思想道德建设有机结合，深化新礼仪、新礼节培育行动，涵育文明校风。

8.5 强化乡村文化人才支撑

8.5.1 加强基层公共文化队伍建设

彭山区按照《四川省基本公共文化服务保障标准（2015—2020年)》的要求，在现有编制总量内，确保乡镇综合文化站编制配备不少于1名，规模较大的乡镇适当增加，文化专业干部的编制不得被挤占、挪用，文化专业干部专职专用，不得安排其从事与文化无关的工作。彭山区鼓励大学毕业生、大学生村官、西部志愿者等专职或兼职从事村文化室管理服务工作。彭山区定期开展培训工作，按照公开招募、自愿报名、组织选拔、集中派遣的形式，探索在村文化室设置由政府购买的公益文化岗位。

8.5.2 加强文化艺术知识普及和培训力度

彭山区每年对全区基层文化站、村社文化管理人员进行不少于3次业务培训，对现有文化志愿者每年采取理论和实际技能双向培训不少于4次。彭山区组织专家、学者和文化专业人员面向基层文化骨干开展文化专业知识讲座，提高广大基层文化管理人员和文化骨干的专业能力，在基层群众中普及现代文化知识。

8.5.3 大力培育乡土文化人才

彭山区重视发现和培养扎根基层的乡土文化能人、非物质文化遗产项目传承人，大力营造有利于乡土人才成长的环境。彭山区通过实施文化人才支持计划，搭建交流平台、加强培训辅导等方式，鼓励和扶持乡土人才开展农村文化艺术、民族民间文化及文物等乡土文化技能培训与传承、普及与推广，发挥其在传统文化传承、手工技艺培训等方面的积极作用。

8.5.4 深入推进"非遗"传承工作

彭山区切实做好"非遗"传承队伍建设，利用现有传承人队伍对省、市、区级"非遗"项目进行传承推广。彭山区建设梯级传承模式，在学校特别是小学开展"非遗"项目的知识普及和技艺传授，培养"非遗"项目的爱好者和传承人。彭山区深入宣传保护"非遗"的重要作用和意义，不断增强农村群众的"非遗"保护意识。彭山区利用群众文艺创作和表演队伍，对"非遗"项目进行整理和艺术再创作，使"非遗"在不断创新发展中得到保护。

9. 探索共同富裕新道路，打造"有保障"的新乡村

彭山区建立全民覆盖、普惠共享、城乡一体的公共服务体系，推动城镇公共服务向农村延伸，着力缩小城乡公共服务差距，让农民群众共享改革发展成果，创造有利条件促进乡村创业就业，实现农村群众生活富裕。

9.1 着力促进农民增收致富

9.1.1 持续拓宽农民增收渠道

彭山区实施乡村就业促进行动，发展壮大县域经济，大力发展乡村特色产业，创办环境友好型和劳动密集型企业，振兴传统工艺，培育一批家庭工场、手工作坊、乡村车间，推进乡村经济多元化，增强经济发展创造就业岗位的能力，拓宽农民就业空间。彭山区大力推行农村公共基础设施村民自建，就近吸纳农村劳动力务工就业；结合新型城镇化建设合理引导产业梯度转移，推进农村劳动力转移就业示范基地建设，创造更多适合农村劳动力转移就业的机会。彭山区加强劳务协作，完善职业培训、就业服务、劳动维权"三位一体"工作机制，积极开展有组织的劳务输出。

9.1.2 强化乡村就业创业服务

彭山区健全覆盖城乡的公共就业创业服务体系，提供全方位公共就业创业服务。彭山区在农村地区全面落实就业政策法规咨询、信息发布、职业指导和职业介绍等公共就业服务制度，组织开展就业服务专项活动；从企业家、职业经理人、电商辅导员、科技特派员、返乡创业带头人中选拔一批就业创业导师，组成

就业创业指导专家服务团队，为农民提供就业创业辅导；选择一批知名农业企业、农民合作社、小康村、农产品加工和物流园区等作为基地，为农民就业创业提供必要的实习和实训服务。彭山区大力开展创业就业"万千百行动"，把符合法定劳动年龄进城务工和落户的农民纳入技能培训的范围，开展"订单式培训""委托式培训"等各项技能培训，从技能培训、岗位介绍、政策扶持等方面支持进城农民创业、就业。彭山区实施农村"双创"带头人培育计划，加强农村"双创"人员和"双创"导师培育，创建一批具有区域特色的农村"双创"示范园区（基地）。

9.1.3 完善就业创业支持政策

彭山区全面落实企业对招用农民工的工资支付责任，督促各类企业依法与招用的农民工签订劳动合同并严格履行，建设工程树立务工人员维权告示牌和工资发放信息公示牌；规定各类企业委托银行代发农民工工资，全面实行实名制、工资银行代发、专户管理，实现"月结月清、工资基本无拖欠"。彭山区做好劳动用工备案、就业失业登记、社会保险登记等工作，加强对企业用工的动态管理服务；建立创业风险防范机制，鼓励开发相关保险产品，按规定将返乡创业人员纳入就业援助、社会保险和救助体系，使返乡创业有后盾、能致富。

9.1.4 发展壮大农村集体经济

彭山区在做好农村集体经济组织产权制度改革清产核资工作的基础上，推进集体资产股份合作制改革，准确界定集体经济组织成员、稳妥推进股份量化资产，组建独立核算、自主经营、自负盈亏、资源共享、风险公担的具有独立法人资格的新型集体经济实体，完善法人治理体系，通过股份合作、培育产业、物业管理、有偿服务、异地开发、招商合作等模式发展集体经济。彭山区推进村集体经济发展试点项目，选择5个带动能力强的村级组织，围绕柑橘、葡萄等优势产业，通过成立农民专业合作社或农业投资公司，采用"公司+村集体+农户"或"专业合作社+农户"的形式，高标准建设产业基地，推进第一产业和第三产业互动，开展产业带动的村集体经济发展试点。到2022年，彭山区力争打造一支发展农村集体经济的新队伍；全面消除集体经济"空壳村"，使集体经济收入100万元以上的村占比达到10%，集体经济收入50万元以上的村占比达到30%以上。

9.2 推动农村基础设施提档升级

9.2.1 推进道路交通设施建设

彭山区全力推进"四好农村路"建设，实现建、管、养、运协调发展。彭山区以"通"为纲做规划，布好"循环网状图"，落实与国道和省道干线道路规划、新农村建设、产业培育、客货运输、农村发展的"五结合"。到2022年，彭山区力争确保全区村庄主要道路硬化率达到100%，村民入户道路硬化率达到100%，农村危（病）桥、道路破损边沟改造率达到100%。彭山区大力开展"最美乡村公路"建设，全面整治路域环境，深挖乡村公路的景观功能，着力打造公路风景节点，沿线建设一批宜居、宜业、宜游的特色小镇和美丽乡村。彭山区加强农村道路管养工作，鼓励乡镇（街道）通过设置公益性岗位或采取个人、家庭分段承包等方式对乡道、村道进行日常管养。彭山区以西山休闲农业观光环线为基础，做好西山片区的交通大动脉规划布局，加快补齐交通基础设施短板，分阶段、分批次推进通乡（镇）公路的提档升级。

9.2.2 保障安全饮水供给

彭山区统筹规划农村安全饮水供给，加快推进农村安全饮水工程建设。为保证工程建后持续发挥效益，彭山区制定《彭山区农村饮水安全工程管理办法》，通过乡镇、村社进行管理，采取引进社会资本投资承建并接收管理等多种措施，确保饮水供给保证率和工程安全运行。彭山区落实水源地及净化消毒设施的安全巡查长效管理制度，实时掌握水量及水质情况，就存在的问题进行及时处理，确保过滤消毒设施安全正常运行，保障农民生活用水安全。彭山区通过电视、报纸、网络、微信等方式，强化节水指导宣传，增强居民的节水意识，切实提高用水效率。

9.2.3 加快通信基础设施建设

彭山区充分利用互联网技术，加快全区乡镇网络建设，引导各基础电信运营企业推动互联网向农村延伸，落实运营企业主体责任。彭山区有序推进农村第五代移动通信技术（5G）网络建设试点工作，做好专项资金保障，力争在农村5G规模试验和示范应用方面走在全国前列。彭山区鼓励各基础电信运营企业推进农村宽带网络基础设施及无线局域网络建设，确保"光纤到村""光纤到户"，重点道路沿线无线网络实现全覆盖，不断提高农村地区互联网接入能力，确保广大农村居民"用得上、用得起、用得好"信息通信服务。

9.3 统筹城乡公共服务体系建设

9.3.1 优先发展农村教育事业

彭山区统筹城乡义务教育学校设点布局，把寄宿制学校、乡村小规模学校（含教学点）、边远地区教学点纳入整体规划，优化教育资源配置。彭山区完善城乡统一的义务教育经费保障机制，逐步提高生均公用经费标准，扩大农村家庭经济困难学生生活费补助范围。彭山区全面落实农村教师正常待遇，完善教师岗位激励机制，确保每年将不低于50%的中小学教师专业技术高级教师职务申报指标分配给乡村教师，并对乡村教师进行单独评审。彭山区统筹城乡教师资源配置，逐步建立义务教育学段教师农村学校服务期制度，使城乡之间、学校之间教师交流轮岗制度化。彭山区根据乡村教师教学实际，设置培训项目，探索推行短期集中面授、网络跟班研修和课堂现场实践相结合的混合式培训模式。彭山区创新城乡义务教育办学模式，全面推进集团化办学、名校办分校、对口支援、委托管理等办学模式改革，加大对乡村学校的办学扶持力度。到2022年，彭山区力争确保全区义务教育与城镇化发展基本协调，城乡学校布局更加合理，城镇大班额问题基本消除，乡村教育质量明显提升。

9.3.2 提高农村卫生服务水平

彭山区健全农村三级医疗卫生服务体系，完善农村卫生室布局，加强乡镇卫生院和村卫生室标准化建设，推进城乡基本公共卫生服务均等化；加强乡村医生岗位培训，结合工作实际需求，制订针对性强、实用性高的乡村医生培训计划，依托彭山区人民医院、中医院、妇幼保健院等机构，开展乡村医生岗位培训。彭山区通过选派具有执业医师或执业助理医师资格的优秀乡村医生，到三级甲等综合医院接受轮岗培训。彭山区推进医疗卫生信息化建设，推进县、乡、村三级医疗机构远程门诊全覆盖，加强远程医疗能力，促进优质医疗资源向农村延伸，确保"小病不出村、一般疾病不出镇、大病不出县"。彭山区深入开展健康教育活动、爱国卫生运动和健康村镇建设。

9.3.3 健全农村社会保障制度

彭山区准确把握政府职能定位，不断完善农村居民基本养老保险制度，全面落实被征地农民社会保障资金，实行"先保后征"政策。彭山区突出村社居家养老，重点推进医养结合，全面建成以居家为基础、村社为依托、机构为补充、医养相结合的养老服务体系。彭山区整合利用农民闲置房屋资源，鼓励多种方式建设幸福院、日间照料中心等互助养老服务设施，新建、改建乡镇敬老院，打造农村区域性养老服务中心。彭山区完善医疗救助和临时救助制度，确保农村群众突发性、紧迫性、临时性基本生活困难得到及时救助，基本生活得到有效保障。彭山区健全农村留守儿童和妇女、老年人以及困境儿童关爱服务体系。

9.3.4 健全农村生活服务体系

彭山区利用农村现有服务资源、服务设施，建设便民生活服务站，提供理发、维修、代收代缴、农产品销售、传真打印、网购等综合服务。彭山区依托供销合作社连锁店，开展种子、农药、化肥、农具等农资产品的销售，规范商品供销渠道；依托农村电商服务站，通过团购式、体验式、上门式、配送式等多种形式，与农村生活服务企业开展合作，丰富农村生活服务供给内容。彭山区引导和鼓励社会资本参与投资、运营农村生活服务企业，鼓励农民入股经营，分享发展收益。

10. 推进体制机制创新，打造"有制度"的新乡村

彭山区坚持农村改革创新，以产权制度改革为突破，完善产权制度和要素市场化配置，广泛开展农村金融创新，推动城乡要素双向流动，健全乡村振兴保障机制，为乡村振兴持续注入新活动。

10.1 构建城乡融合发展体制机制

彭山区推动城乡资本、技术、人才等要素双向流动，促进城乡公共服务均等化、要素配置合理化、产业发展融合化，提升乡村"内在气质"和"外在颜值"，强健乡村发展的"骨骼"和"血肉"，加快形成工农互惠、城乡融合的新型工农城乡关系。

10.1.1 促进城乡要素合理流动

彭山区以破除城乡要素流动体制机制障碍为重点，加快推动城乡生产要素的自由流动，促进城乡要素市场一体化。彭山区优化配置城乡公共服务资源，畅通人口双向流动通道，既让农民进城，又促进城市居民下乡。彭山区建立城乡统一、主体平等、产权明晰、合理有序的建设用地市场，充分发挥市场机制对土地价格形成的重要作用，切实保障农民公平分享土地增值收益。彭山区落实城乡统一就业政策的具体办法和措施，消除对进城务工人员就业的限制性、不平等性规定和做法。

10.1.2 加快农业转移人口市民化

彭山区开展户籍制度改革，扩大养老保险、医疗保险、教育资源覆盖范围，统一缴费标准、统一报销范围和标准、统一入学条件与政策资助标准，使城乡居民在教育、医疗、参保方面不受户籍限制，人人公平享有社会服务和保障待遇。农民进城购头住房，符合规定条件的可以享受税收和费用减免等优惠政策。彭山区突出"三转一不变"精准施策，引导农业转移人口转身份、转居所、转就业，保障其在原集体经济组织享有的权益不变。彭山区切实维护进城落户农民土地承包经营权、宅基地使用权以及集体收益分配权，把农民在农村的资产以"产权"和"股权"的形式固定下来，支持引导其依法自愿有偿转让，加快户口变动与农村"三权"脱钩，不得用退出"三权"作为农民进城落户的条件，实现农民的财产装得进口袋、带得进城市。彭山区大力开展创业就业"万千百行动"，把符合法定劳动年龄内进城务工和落户的农民纳入技能培训的范围内，开展订单式培训、委托式培训等各项技能培训，从技能培训、岗位介绍、政策扶持等方面支持进城农民创业、就业。

10.1.3 以特色小镇建设促进城乡融合发展

特色小镇具有明确的产业定位、文化内涵、旅游功能和社区特征，是乡村振兴、城乡融合的重要着力点。彭山区摒弃传统的行政建制镇发展理念，突出业态和模式创新，加快建设特而强、聚而合、精而美、新而活的特色小镇，大力发展中小企业，带动乡村特色产业，促进单向城市化到城乡融合的转变。彭山区以文化旅游、休闲度假、健康医疗、养生养老为特色主导产业，瞄准大都市区目标客户群，构建文化旅游养生产业带，加快片区内特色小镇规划建设，坚持文化特色、产业特色、生态特色融合发展。

10.2 统筹城乡生产要素配置

10.2.1 确保乡村人才要素支撑

彭山区推进乡村人口在空间上的相对集聚和优化分布，打造有"人气"的乡村。彭山区抓好农村人口向城市转移，以产权为前提，以产业为载体，以就业为核心，以社会保障为抓手，把农民在农村的资产固定下来，确保农民的财产装得进口袋、带得进城市。彭山区让农村转移人群进城在住房、就业、收入、保障等方面实现"无障碍""低成本"，确保农民到城镇居民身份的顺畅切换，实现就地城镇化。彭山区抓好城市人口向农村转移，着力培育农村工作队伍、新型职业农民队伍、农业科技人员队伍、现代农业企业经营管理人才队伍和新乡贤队伍等"五支队伍"，强化乡村振兴的人才队伍支撑。彭山区着力推进乡村振兴的人才队伍培优工程，强化乡村振兴干部人才支撑。彭山区建立健全育才、引才、用才体制机制，制定完善吸引城市大中专院校毕业生、教师、医生、科技人员、企业经营者等各类人才流向农村的政策措施，支持本地成长的企业家、农民工、退伍军人等返乡创业，鼓励其带资金、带项目、带技术投身乡村建设，让各类人才安心扎根乡村、埋头苦干创造一番事业。

专栏 4-4　乡村振兴的人才队伍培优工程

· 壮大乡镇骨干力量：加大乡镇年轻干部选拔培养力度，为每个乡镇选拔储备优秀专业化年轻干部 5 人以上；建立专业化干部资源共享机制，推行区级部门专业化干部分片联系乡镇；建立"校地共建""双向挂职"等干部培养机制，有计划地从区级部门、地方高校选派优秀干部到农村挂职乡村振兴专职副书记。

· 配强村级班子队伍：实施"好书记培育计划"，结合"两委"换届、组织联建等，重点从农村致富能手、外出返乡能人、回乡创业人才、产业协会负责人等群体中选优配强村级党组织书记，"一好双强"型书记达到 80% 以上；有针对性地为集体经济薄弱村、乡村振兴重点村选派第一书记，配备专职副书记。

· 发掘本土实用人才：建立返乡农民工、种养殖能手、农村工匠、回乡毕业生等人才信息库，定向培养、重点扶持；每年评选"寿乡名匠""田园明星"等"寿乡才俊" 10 名；制定新型职业农民职称评定标准和激励政策，形成扶持各类人才进入新型职业农民队伍的制度安排，每年培育新型职业农民不少于 150 名。

· 引进外来高端人才：面向海内外企业家、创业者、金融投资业者、专家学者等各类人才招募"乡村振兴合伙人"，每个重点村引进 3~5 名，授予其"新村民"称号；以项目合作、短期挂职等方式探索建立高端人才租赁制度，建立高端人才聘任制度，破解体制外人才难以向体制内流动的难题。

· 培育乡村紧缺人才：建设乡村振兴专家服务站，对接高校、科研院所，设立涉农研发基地、成果转化平台等；引进培育 5 名以上乡村规划师、10 名以上乡村建造师；通过特设专业技术岗位或柔性引进方式，每年引进 5 名以上经营管理、文化创意等急需紧缺人才；建立农业职业经理人培育使用管理激励机制，培育 10 名以上重点村职业经理人。

· 汇聚各类专业人才：通过校地合作，每个乡镇每年落实 2 个岗位用于高校毕业生服务基层成长计划；实施农技推广服务特聘计划，建立学习培训、经费保障、服务管理、考核评价等制度；实施优秀年轻专业技术人才培养计划，每年开办 2 期提能增效班；加大力度招聘乡镇事业单位专业技术人员。

10.2.2 强化乡村土地要素保障

彭山区有序推进农村承包土地、集体建设用地、农村宅基地"三块地"高效利用，推动土地收益更多惠及乡村、惠及农民，破解"农村的地自己用不上、用不好"的困局。彭山区用活农村承包土地，完善和落实以放活土地经营权为重点的三权分置，坚持"现代农业+小农经济"模式，发展土地流转、托管、股份合作等多种形式的适度规模经营。彭山区用活集体建设用地，鼓励农村集体经济组织利用存量集体建设用地或通过村庄整治后节约的集体建设用地指标，自主开发兴办服务性、经营性产业，或者通过出租、入股、联营等方式，吸引社会工商资本进入农村发展乡村休闲旅游养老等产业和建设农村"三产"融合项目。彭山区用活农村宅基地，紧紧抓住全国宅基地三权分置试点契机，探索建立有偿使用制度和自愿有偿退出机制，鼓励利用宅基地采取租赁、入股的形式，放活经营权，形成"宅基地+民宿+X"的乡村旅游用地模式。

10.2.3 加大乡村资金要素供给

彭山区健全投入保障机制，加快形成财政优先保障、金融重点倾斜、社会积极参与的多元投入格局，确保"多个龙头进水、一个龙头出水"，解决好"钱从哪里来"的问题。彭山区用好"财政的钱"，设立乡村振兴发展引导基金，每年区本级投入不少于2亿元，重点向乡村基础设施建设、示范点建设、公共服务投入等方面倾斜，财政投入保持持续稳定的增长。彭山区坚持把农业农村作为财政支出优先保障领域，同时探索建立涉农资金统筹整合长效机制，土地增值收益更多用于"三农"。彭山区用好"社会的钱"，充分利用农村资产、资源优势，采取与社会资本入股、联营等方式，吸引社会资本投入，拓宽资金筹集渠道，探索项目收益与融资平衡的地方政府专项债券试点，撬动社会资本更多投向乡村振兴。彭山区用好"银行的钱"，提高金融服务水平，建立完善农村金融体系。银行、保险等金融机构要做强担保体系、扩大保险范围，推动普惠金融向乡村倾斜，完善特色农业保险的赔付机制，为乡村振兴注入更多的"金融活水"，更好满足乡村振兴多元化金融需求。

10.3 健全工作推进机制

彭山区坚持党管农村工作的原则，发挥党总揽全局、协调各方的领导核心作用，明确各级党委、政府主体责任，把农业农村优先发展的要求落到实处。

10.3.1 完善领导体制机制

彭山区加强和改善党对"三农"工作的领导，健全党委统一领导、政府负责、党委农村工作综合部门统筹协调的农村工作领导体制。彭山区坚持乡村振兴重大事项、重要问题、重要工作由党组织讨论决定的机制，结合深化党政机构改革，进一步健全完善各级党委农业农村领导体制机制。彭山区成立由区委区政府主要领导任组长的彭山区乡村振兴领导小组，组织、指挥、协调彭山区乡村振兴战略实施工作。各乡镇成立本级乡村振兴领导小组。主要领导人作为第一负责人统筹全局，分管乡村振兴的领导是直接负责人，确保乡村振兴工作高效推进。彭山区充分发挥基层党组织的战斗堡垒作用和党员先锋模范作用，带领群众投身乡村振兴伟大事业。

10.3.2 强化责任担当落实

彭山区把实施乡村振兴战略摆在优先位置，强化主体责任和主要负责人第一责任，实行区委区政府负总责、乡镇抓落实的工作推进机制，把工作重点和主要精力放在抓乡村振兴战略落实上。彭山区坚持领导干部联系点制度，加强对实施乡村振兴战略的工作指导和推进。彭山区树立"多规合一"的整合理念，在乡村振兴战略规划指导下，编制专项规划，按照下级规划服从上级规划、专项规划服从总体规划、规划之间协调一致的原则，在空间配置上相互协调，在时序安排上科学有序，不断提高规划质量和实施成效。

10.3.3 实行联席会议制度

彭山区由区级分管领导担任召集人，区乡村振兴战略领导小组办公室组织，区级相关单位及乡镇（街道）负责人参加，原则上每两个月召开一次联席会议，也可以根据需要临时召开联席会议。联席会议主要负责传达贯彻上级实施乡村振兴战略工作重大决策部署；督促和指导全区实施乡村振兴战略总体工作；研究制定实施乡村振兴战略工作有关规划、文件、方案等；加强各部门之间的沟通和协调，解决全区实施乡村振兴战略工作中存在的困难和问题。

10.3.4 实行现场推进会议制度

彭山区由区委、区政府主要领导担任总召集人，区乡村振兴战略领导小组办公室组织，工作涉及区级单位、乡镇（街道）、村社负责人参加，原则上每季度召开一次现场推进会议。必要时，区委、区政府主要领导决定随时召开现场推进会议。现场推进会议主要负责现场查看项目实施进展情况，研究加快项目建设的对策和措施；总结上一季度工作情况，研究部署下一季度工作；听取有关单位工作进展情况汇报；研究解决项目工作中存在的问题。

10.3.5 建立乡村振兴专家决策咨询制度

彭山区建立乡村振兴专家决策咨询制度，推进专家决策咨询、公众有序参与、党委政府决策有机结合。涉及经济社会发展全局的重大事项、乡村振兴重大决策课题可委托专家研究，并面向社会广泛征求意见，不能以专家咨询排斥公众有序参与，也不能以专家意见完全代替党委政府决策。决策咨询应做到专家权利与义务相统一，专家有权站在客观中立的立场开展决策咨询，并承担对等的义务，任何单位和个人不得影响专家独立开展工作。

10.4 健全资金保障机制

10.4.1 项目资金申报整合

项目主管部门在向上级申报项目前，应充分考虑申报项目与区级乡村振兴建设的融合与衔接。凡申报项目，项目主管部门应积极将其纳入乡村振兴范围编报，并将项目规划和实施计划报送区乡村振兴领导小组办公室，经审核确定后，再按项目管理规定向上级报批。

10.4.2 项目资金实施整合

项目主管部门在实施项目过程中可分配（调整）的，应充分考虑项目实施方案与区级乡村振兴建设的融合与衔接。凡实施项目可纳入乡村振兴范围的应全部纳入，项目主管部门应将项目实施分配（调整）方案报送区乡村振兴领导小组办公室，经审核确定后，再按项目管理规定组织实施。

10.4.3 结余存量资金整合

区级各预算单位的各类项目结余、存量资金，由区财政局根据实施单位的使用建议和意见，按照能用于乡村振兴范围的全部纳入整合的要求，会同乡村振兴领导小组办公室审核汇总后报区政府审定。

10.4.4 项目资金拨付保障

年初预算已安排的乡村振兴项目，按预算执行管理方式申请资金划拨；由上级专项资金安排的乡村振兴项目，按项目管理方式申请资金划拨；已批复在结余存量资金中安排的乡村振兴项目，按批复方式划拨资金。对切块资金安排的乡村振兴项目，项目实施主管部门向区乡村振兴领导小组办公室提交资金使用申请，区乡村振兴领导小组办公室审核通过后，由区财政审核并按程序报送区政府审批同意后划拨资金。

10.4.5 项目资金监管保障

项目实施主管部门每年将乡村振兴项目预算执行情况报送区乡村振兴领导小组办公室。区财政局将乡村振兴项目绩效管理纳入财政预算绩效管理的重要内容，组织开展乡村振兴项目绩效评价考核，把考核结果作为乡村振兴工作奖补激励政策兑现、下一年度部门预算安排、乡村振兴实施方案调整的重要依据。彭山区严禁以任何形式、任何理由截留和挪用乡村振兴专项资金，对弄虚作假套取、截留、挪用乡村振兴专项资金的单位及有关人员按照《财政违法行为处罚处分条例》的有关规定收回乡村振兴专项资金，追究责任，对情节严重、触犯法律的，依法追究法律责任。

10.5 强化考核评估体系

10.5.1 成立规划实施考评小组

彭山区乡村振兴战略规划实施过程中，由彭山区发展和改革局牵头、各相关部门抽调人员成立彭山区乡村振兴战略规划实施考评小组，负责对乡镇（街道）、行政村乡村振兴战略规划实施过程进行跟踪考核以及绩效评价。每年考核评定实施乡村振兴战略工作先进乡镇（街道）2个、示范村（社区）7个、先进部门4个、先进个人6名。

10.5.2 制订规划实施考评方案

彭山区以产业兴旺、生态宜居、乡村文明、治理有效、生活富裕为考核内容，设计二级考核指标，以年度计划指标为依据，对各乡镇（街道）、行政村的乡村振兴战略规划实施情况进行年度考核。具体方法如下：利用层次分析法，建立考核指标体系；确定各级指标权重，将实际完成情况与计划指标进行对比，计算完成比例，赋予相应分值；根据权重和指标赋值计算评价值。

彭山区先进乡镇（街道）考评标准如表4-4所示。彭山区示范村考评标准如表4-5所示。

表4-4　彭山区先进乡镇（街道）考评标准

考评指标		考评标准	考评单位	分值
产业兴旺（30分）	主导产业收入占农民家庭经营性收入的比例	>60%	区农业农村局区统计局	2
	高标准农田占比	>60%	区农业农村局	2
	主要农作物耕种收综合机械化水平	>80%	区农业农村局	2
	有新型职业农民的村小组占比	>90%	区农业农村局	2
	农业信息化水平	>85%	区农业农村局	2
	村有农民合作社或农民联合社	有	区农业农村局	2

表4-4(续)

	考评指标	考评标准	考评单位	分值
产业兴旺 (30分)	村有农户家庭农场(牧场、林场、渔场)	有	区农业农村局	2
	"二品一标"认定及占比	全区前列	区农业农村局	1
	农产品加工流通体系	建立	区经信局	2
	挖掘、保护和培育传统特色品种	>1个	区农业农村局	1
	销售收入达到1 000万元的农业品牌	有	区市场监督管理局	2
	与高校及科研院所建立合作机制	>1家	区科技和数字经济发展局	1
	新产业新业态个数、投资总额	>5个， >2 000万元	区农业农村局	2
	建设标准化旅游公厕、停车场、标牌指示、旅游道路或民宿、乡村酒店、农家乐等旅游经营点	是	区文化广播电视和旅游局	2
	开发旅游产品或开展旅游文创活动	是	区文化广播电视和旅游局	2
	保护发展本地文化成效明显	是	区文化广播电视和旅游局	1
	新型经营主体带动小农户机制	全面建立	区农业农村局	2
生态宜居 (40分)	特色场镇建设水平	全市前列	区住建局	2
	乡镇规划及管理水平	全市前列	区自然资源和规划局	2
	生活垃圾得到有效处理的村占比	100%	区治理办	2
	村民小组保洁员配备率	100%	区治理办	2
	正常运行的污水处理厂	有	区水利局	2
	生活污水得到有效处理的村占比	>95%	区水利局	2
	农村户用卫生厕所普及率	100%	区农业农村局	2
	有独立、管理良好、干净整洁、粪污得到有效处理的农村公共厕所的村占比	95%	区住建局	2

表4-4(续)

考评指标		考评标准	考评单位	分值
生态宜居 (40分)	化肥农药用量减少幅度	>20%	区农业农村局	2
	农业废弃物资源化利用及回收处置率	>85%	区农业农村局	2
	河、湖、水塘、水库、渠道等水域的水体水质、水面清洁率、岸边整洁率	高于全市平均水平	区河长办	2
	"六网"基础设施建设水平	全市前列	区农业农村局	2
	建有村级公共服务中心的村占比	100%	区委组织部 区住建局	2
	"美丽眉山·宜居乡村"达标村(特色村落)占比	>95%	区农业农村局	2
	村容村貌	整洁优美	区农业农村局	2
	环境整治长效机制	健全	区治理办	2
	森林村庄示范村	>2个	区林业和市政园林中心局	2
	破旧危房	无	区住建局	2
	省级"四好新村"占比	>50%	区农业农村局	2
	省级卫生乡镇	是	区卫生健康局	2
乡风文明 (10分)	市级及以上文明乡镇	是	区委宣传部	1
	镇域内县级以上文明村占比	>60%	区委宣传部	1
	文明家庭、星级文明户评选活动	普遍开展	区委宣传部	1
	制定遵守体现优良传统的村规民约	是	区民政局	1
	家风、家教、家训活动	广泛开展	区纪委监委	0.5
	每年开展镇级文化行动次数	>6次	区文化广播电视和旅游局	1
	非物质文化遗产项目数量	>1项	区文化广播电视和旅游局	0.5

表4-4(续)

考评指标		考评标准	考评单位	分值
乡风文明 (10分)	乡贤协会聘任乡贤人数	>5人	区委宣传部	0.5
	乡镇综合文化站达标率	100%	区文化广播 电视和旅游局	1
	村综合性文化服务中心达标率	100%	区文化广播 电视和旅游局	1
	标准化中心学校和幼儿园	有	区教体局	0.5
	适龄儿童少年义务教育阶段入学率	100%	区教体局	1
治理有效 (10分)	乡镇党委政府职能职责	强化	区委组织部	2
	基层党组织领导核心作用	强	区委组织部	2
	农村"三留守"关爱体系	健全	区民政局	2
	矛盾调处、治安巡逻、防汛抢险等 服务制度、队伍、装备完善	是	区委政法委	1
	精神病患者等五类特殊人群帮扶、 管控体系	健全	区委政法委	1
	乡镇普法及依法治理水平	全市前列	区委政法委	1
	镇域内村民违法犯罪发生率	低于全区 平均水平	区委政法委	1
生活富裕 (10分)	农民人均可支配收入	>2.5万元	区农业农村局 区统计局	3
	安全舒适的住房	全覆盖	区住建局	2
	深入推进农村养老服务体系建设， 建设农村社区养老服务平台	服务点运行 情况好	区民政局	2
	城乡居民医疗保险、养老保险、 低保、特困人员救助	全覆盖	区人社局 区民政局	3

表 4-5　彭山区示范村考评标准

考评指标		考评标准	考评单位	分值
产业兴旺（30分）	主导产业收入占农民家庭经营性收入的比例	>65%	区农业农村局 区统计局	3
	省级以上特色产业村	是	区农业农村局	2
	高标准农田占比	>80%	区农业农村局	2
	主要农作物耕种收综合机械化水平	>85%	区农业农村局	2
	农民合作社	有	区农业农村局	2
	"三品一标"个数	>1 个	区农业农村局	2
	农产品检测合格率	>98%	区农业农村局	2
	年销售收入达 500 万元以上产品品牌	有	区市场监督管理局	2
	新产业新业态个数、投资额	2个，>1 000 万元	区农业农村局	2
	开发旅游产品或开展旅游文创活动	是	区文化广播电视和旅游局	2
	配备专业技术人员	是	区农业农村局	2
	农村电商服务站	有	区商务局	2
	组有农户家庭农场（牧场、林场、渔场）	有	区农业农村局	2
	新型经营主体带动小农户机制	建立	区农业农村局	3
生态宜居（40分）	因地制宜制定村庄规划	是	区自然资源和规划局	2
	"美丽眉山·宜居乡村"达标村(特色村落)	是	区农业农村局	2
	森林村庄示范村	是	区林业和市政园林中心局	2
	生活垃圾处理农户覆盖率	100%	区治理办	2
	生活垃圾实现分类处理	是	区治理办	2
	村民小组保洁员配备率	100%	区治理办	2
	生活污水处理农户覆盖率	>70%	区水利局	2

表4-5(续)

考评指标		考评标准	考评单位	分值
生态宜居 (40分)	全面消除黑臭水体	是	区水利局	2
	户用卫生厕所普及率	100%	区农业农村局	3
	有独立、管理良好、干净整洁、粪污得到有效处理的公共厕所	有	区住建局	2
	化肥农药用量减少幅度	>20%	区农业农村局	2
	农业废弃物资源化利用及回收处置率	>85%	区农业农村局	2
	河、湖、水塘、水库、渠道等水域的水体水质、水面清洁率、岸边整洁率	>全区平均标准	区河长办	2
	村容村貌"六化"实施水平	全区前列	区农业农村局	2
	清洁能源使用率	>95%	区农业农村局	2
	"六网"基础设施建设水平	全区前列	区农业农村局	2
	"有制度、有标准、有队伍、有经费、有督查"的农村人居环境整治长效管护机制	全面落实	区治理办	2
	省级"四好新村"	是	区农业农村局	2
	省级卫生村	是	区卫生健康局	3
乡风文明 (10分)	市级及以上文明村	是	区委宣传部	2
	村综合性文化服务中心达标	是	区文化广播电视和旅游局	1
	"家风、家教、家训"活动	广泛开展	区纪委监委	1
	乡村优秀传统文化保护利用	成效显著	区文化广播电视和旅游局	1
	每年开展文化行动次数	≥6次	区文化广播电视和旅游局	1
	乡贤协会聘任乡贤人数	>2人	区委宣传部	1
	开展文明家庭、星级文明户评选活动	开展	区委宣传部	2
	适龄儿童少年义务教育阶段入学率	100%	区教体局	1

表4-5(续)

考评指标		考评标准	考评单位	分值
治理有效(10分)	村党组织领导核心作用	强	区委组织部	1
	村"两委"班子专业化能力	强	区委组织部	1
	"一村一法律顾问"	配备	区委政法委	1
	"四议两公开一监督"工作法	严格落实	区委组织部	0.5
	村级先进阵地、便民服务中心	有	区委组织部 区住建局	1
	行业带头人、企业高管等专业人员在村"两委"中的人数	>1人	区委组织部	0.5
	培育引进乡村规划师、工匠、律师等乡村人才人数	>5人	区委组织部	0.5
	因病、上学等临时贫困人员救济	成效显著	区民政局	0.5
	矛盾调处、治安巡逻、防汛抢险等服务制度、队伍、装备	健全	区委政法委	0.5
	精神病患者等五类特殊人群帮扶、管控	成效显著	区委政法委	0.5
	制定遵守体现优良传统的村规民约	有	区民政局	0.5
	非法上访	无	区委政法委	0.5
	黄赌毒、拐卖妇女儿童等社会丑恶现象,封建迷信、邪教、"村霸"等黑恶势力	无	区委政法委	1
	稳定可靠的新型集体经济收入来源	有	区农业农村局	1
生活富裕(10分)	农民人均可支配收入	>3万元	区农业农村局区统计局	2
	农民人均可支配收入增长率	全市前列	区统计局	2
	安全舒适的住房	全覆盖	区住建局	2
	深入推进农村养老服务体系建设,重点关注农村高龄、失能、贫困、伤残等困难老人的养老服务需求	全覆盖	区民政局	2
	城乡居民医疗保险、养老保险、低保、特困人员救助	全覆盖	区民政局区人社局	2

10.5.3 分析规划实施考评结果

彭山区根据计算结果，分析各乡镇（街道）年度发展目标完成情况，特别注意对完成比例比较低的地区和完成情况比较好的地区分别分析情况，考察、询问地区相关负责人，提交总结报告，总结归纳经验教训，为未来年度乡村振兴战略规划实施提供借鉴和参考。

10.5.4 建立考评结果激励机制

彭山区加强乡村振兴战略规划实施过程动态监测，按照正确的政绩观要求，健全考核评价奖惩机制，把乡村振兴战略规划实施情况作为各级党委、政府及相关部门年度绩效考评的重要内容，并作为各级党政干部选拔任用的重要参考（见表4-6）。

表4-6　考评结果激励标准

类型	级别		
	区级	市级	省级
先进乡镇（街道）	将其作为市级先进乡镇评选对象并向上申报	安排其享受市相关奖励政策；一次性给予100万元资金补助	安排其享受省、市相关奖励政策；予以10~20分考核加分；优先提拔重用乡镇干部
示范村	将其作为市级示范村评选对象并向上申报；要求2个重点村签订争创省级示范村目标责任书；给予3 000万~5 000万元启动资金、5 000万~1亿元整合资金，一次性给予其余8个示范村100万元启动资金、1 000万元整合资金	安排其享受市相关奖励政策；一次性给予20万元资金补助；一次性给予20万元奖励，用于村组干部绩效考核；优先安排上级各类涉农资金项目	安排其享受省、市相关奖励政策；一次性给予30万元奖励，用于村组干部绩效考核；将符合条件的党组织书记纳入优秀村干部定向考录范围，在选拔乡镇领导干部时可依据相关政策优先考虑
先进部门	通报表扬；对于部门干部职工，优先评先选优和提拔重用；予以考核加分	——	——
先进个人	通报表扬；优先提拔重用		

第五章 绵阳市涪城区杨家镇
乡村振兴战略规划案例

绵阳市涪城区杨家镇党委、政府全面贯彻党的十九大精神，深入学习贯彻习近平新时代中国特色社会主义思想，认真落实四川省委十一届三次全会决策部署，为强化规划引领作用，明确杨家镇乡村振兴时间表、路线图、任务书，根据《中共中央 国务院关于实施乡村振兴战略的意见》以及《关于四川省县域乡村振兴规划编制的指导意见》，于 2018 年 10 月启动《绵阳市涪城区杨家镇乡村振兴战略规划（2018—2022 年）》编制工作。绵阳市涪城区杨家镇乡村振兴战略规划按照产业兴旺、生态宜居、乡风文明、治理有效、生活富裕的总要求，对杨家镇实施乡村振兴战略做出总体设计和阶段谋划，明确目标任务，细化实化工作重点、政策措施、推进机制，部署重大工程、重大计划、重大行动，确保乡村振兴战略扎实推进、走在前列。绵阳市涪城区杨家镇乡村振兴战略规划是杨家镇各部门编制专项规划和制订工作计划的重要依据，是有序推进乡村振兴的指导性文件。

第一节 规划编制背景与基础

党的十九大提出实施乡村振兴战略的重大历史任务，在我国"三农"发展进程中具有划时代的里程碑意义，习近平总书记来川视察重要讲话精神和对四川工作系列重要指示批示为指导治蜀兴川实践提供了强大的思想武器。面对历史机遇，绵阳市涪城区杨家镇编制实施乡村振兴战略规划，对充分发挥本土特色资源优势，在更高标准、更高层次上推进农业农村现代化建设、美丽乡村建设，传承和弘扬优秀传统文化，健全现代社会治理格局以及深度实现产业融合、城乡融合、产村融合、区域融合、人与自然融合发展，推进杨家镇成为城郊融合类乡村振兴的典范有着重要意义。

一、重要意义

（一）实施乡村振兴战略是建设现代化经济体系的重要基础

农业是国民经济的基础，农村经济是现代化经济体系的重要组成部分。实施乡村振兴战略，深化农业供给侧结构性改革，构建现代农业产业体系、生产体系、经营体系，实现农村一二三产业深度融合发展，有利于杨家镇明确发展定位、找准特色资源、发展特色产业、打通产业链条、推动农业从增产导向转向提质导向、增强创新力和竞争力、为区域经济高质量发展奠定坚实基础。

（二）实施乡村振兴战略是建设美丽乡村的关键举措

农业是生态产品的重要供给者，乡村是生态涵养的主体区，生态是乡村最大的发展优势。杨家镇位于绵阳市涪城区南部，是一座地处浅丘地带的生态小城镇，属于绵阳市南部农旅融合核心区、涪城区田园综合体试点建设区和国家农业科技园核心区。实施乡村振兴战略，统筹山水林田湖草系统治理，加快推行乡村绿色发展方式，加强农村人居环境整治，有利于杨家镇构建人与自然和谐共生的乡村发展新格局，实现百姓富、生态美的统一。

（三）实施乡村振兴战略是传承优秀传统文化的有效途径

杨家镇是涪城区"涪翁文化"的传承地，"孝德文化""和文化"等传统文化源远流长，具有悠久的历史传承和深厚的文化底蕴。实施乡村振兴战略，深入挖掘杨家镇传统文化蕴含的优秀思想观念、人文精神、道德规范，结合时代要求在保护传承的基础上创造性转化、创新性发展，有利于康养文化、丝绸文化、农耕文化等凸显"文创""旅创"和"农创"的特色，进一步丰富和发展杨家镇地域文化。

（四）实施乡村振兴战略是健全现代社会治理格局的固本之策

社会治理的基础在基层，薄弱环节在乡村。杨家镇有场镇面积 1 平方千米，辖 12 个行政村、1 个社区，各村（社区）德治、法治、自治情况有较大差距。实施乡村振兴战略，加强农村基层基础工作，健全乡村治理体系，确保广大农民安居乐业、农村社会安定有序，有利于打造共建共治共享的现代社会治理新格局。

（五）实施乡村振兴战略是实现杨家镇共同富裕的必然选择

杨家镇各村由于经济发展水平不一，因此仍存在基础设施建设及公共服务配套差距较大、利益联结机制不完善、农民增收乏力等问题。实施乡村振兴战略，引导资源合理配置，不断拓宽农民增收渠道，全面改善农村生产生活条件，促进社会公平正义，有利于增进农民福祉，提高民生保障水平，让杨家镇农民走上共同富裕的道路。

二、振兴基础

2017年，杨家镇政府在涪城区委、区政府和杨家镇党委的坚强领导下，在杨家镇人大的监督下，认真贯彻落实总体战略部署和发展布局，全镇呈现出经济健康持续发展、民生进一步改善、社会祥和安定、干群和谐有为的良好局面。

（一）镇域经济稳步提升

2017年，杨家镇累计完成全社会固定资产投资91 333万元；累计完成国内省外招商引资到位资金44 000万元；累计完成社会消费品零售总额5 662.6万元，增速12.6%；累计完成限额以上社会消费品零售总额4 907万元，增速21.9%。

（二）产业项目储备充足

新产业新业态新模式蓬勃发展，香草园、欢乐碗、和宏生态园等康养旅游项目建设运营，福翁小镇、九洲汉地等项目开工建设，乡村康养产业体系基本形成。回龙寺村200亩高标准桑园、返乡农民工凤凰李基地、芽苗菜大棚、无公害蔬菜等现代农业项目建设稳步推进。

（三）基础设施提档升级

绵中路、杨关大道和产业1号线道路交通基本建成，环状交通主干线基本形成。路网密度、道路等级以及公交覆盖率均居四川省前列，通村、通社道路硬化率达100%，城市公交村级覆盖率达100%，"二纵三横"交通骨架初步形成。杨家镇建成A标污水处理厂，日处理量最高可达2 000立方米。天然气、城市自来水入户率达100%。投资1.2亿元的110千伏高压变电站开工建设，建成后将有效满足整个杨关产业带片区发展用电需求。万和村、川主庙村、高碑垭村的农业综合开发项目竣工验收，王家桥村、柏林湾村500余亩土地整理项目全面完成，云林村节水型建设项目、柏林湾和高山寺村农业综合开发基础设施整治项目启动建设。

（四）特色资源显现，发展平台集聚

绵阳天虹丝绸有限责任公司（简称"天虹丝绸公司"）生产的涪城蚕茧被评为国家地理标志产品，杨家镇的天虹蚕桑产业园雏形基本形成。杨家镇有小（二）型水库10座、塘堰200余座。国家农业科技园、四川省级田园综合体、乡村旅游示范镇等资源平台集聚杨家镇，发展平台载体基本构建完成。

（五）农村综合改革稳步实施

杨家镇以罗汉寺村等为试点，组织农户用土地承包经营权入股专业组织，建立"农户+专业合作社"模式，不断提高产品品质和效益。农村产权交易服务平台建设初见成效，杨家镇12个村产权交易服务站挂牌成立。罗汉寺村、万和村被纳入四川省扶持村集体经济发展试点，在土地股份制改革基础上，采取"集体经济组织+合作社+农户"发展模式。两个试点村的集体经济合作社全部组建完成，试点项目全面开工建设，集体经济合作社管理机制稳步推进。

（六）民生实事推进有力

2017年，杨家镇共发放各类救助补助资金165.2万元，进一步加大困难帮扶工作的力度；全面完成居民城乡医疗保险合并工作和全镇低保年审评议，失地险、小额险参保范围逐步扩大，新型农村社会养老保险基本实现全覆盖。杨家镇新增就业134人，失业率控制在4.0%以内。杨家镇通过产业帮扶、劳动力输出、技能培训、社会及民政救助等措施，开展脱贫攻坚工作，无返贫情况出现。

三、机遇挑战

2018—2022年是实施乡村振兴战略的第一个五年，杨家镇要把握国家实施乡村振兴战略这一重大机遇，认真贯彻落实党的十九大及中央农村工作会议精神，全力部署乡村振兴工作，推动农业全面升级、农村全面进步、农民全面发展。

从新时期国家发展战略来看，实施乡村振兴战略，是党的十九大做出的重大决策部署，是全面建设社会主义现代化国家的重大历史任务，是新时代"三农"工作的总抓手。实施乡村振兴战略既是中国经济社会发展到一定阶段的客观要求，又是解决"三农"问题、促进乡村全面建设发展的内在需要。

从四川发展态势看，四川省正在深入实施"一干多支"发展战略，对内形成"一干多支、五区协同"区域发展新格局，对外积极融入"一带一路"建设、长江经济带发展和成渝地区双城经济圈建设。各区域规划对接、改革联动、创新协同、设施互通、服务共享、市场开放。"一干多支"的第一支就是环成都经济圈，杨家镇所在区域是成德绵地区经济一体化发展主轴上的重要枢纽。

从绵阳市总体规划来看，杨家镇位于绵阳市涪城区南部，属于绵阳市南部农旅融合核心区、涪城区田园综合体试点建设区和国家农业科技园核心区，是绵阳市涪城区城乡关系调整优化的主战场之一。绵阳新机场、绵遂城际铁路绵阳南站、G5高速扩容项目以及临港经济发展区、循环经济产业园区布局杨家镇周边区域，杨家镇所在区域发展的时空环境发生重大转变化。

作为绵阳市乡村振兴示范片区的核心区之一，杨家镇将享受更多的政策发展红利，同时杨家镇乡村发展仍存在一系列深层次矛盾和问题。

第一，生产要素供给趋紧。国家出台的耕地保护政策、四川省对土地高效利用的严格要求、杨家镇自身特殊地理条件和功能区限制，使乡村振兴战略的实施受到一定的土地要素制约。杨家镇存在乡村人口老龄化、村庄"空心化"等问题，农业发展中高质量的劳动力要素供给趋紧。支撑"三农"快速发展的资金不足，资本要素稀缺。

第二，生态保护与经济发展存在一定程度上的冲突，内涵式发展任重道远。党的十八大以来，党和国家把生态文明建设作为"五位一体"总体布局的重要内容，相继出台了大气、水、土壤"三大行动计划"以及一系列严格的法律法规，使正在实施的乡村振兴战略在生态环保方面面临着越来越高的要求，杨家镇在项目引进及建设、运营过程中面临着更高的环保要求和更大的现实挑战。

第三，市场竞争日益激烈。杨家镇的经济发展面临着与绵阳其他乡镇以及德阳、宜宾、自贡、雅安等同质化竞争的压力。

因此，杨家镇要认清市场形势，创新发展思路，立足自身优势资源和本土特色，培育优质产业，走独具杨家镇特色的乡村振兴之路。

第二节　规划报告编写目录

规划报告编写目录如表5-1所示。

表 5-1　规划报告编写目录

1　规划背景	6　人才振兴
1.1　重大意义	6.1　振兴思路
1.2　振兴基础	6.2　总体目标
1.3　机遇挑战	6.3　实行人才振兴工程
2　总体要求	6.4　创新人才振兴保障机制
2.1　指导思想	7　文化振兴
2.2　规划原则	7.1　振兴思路
2.3　规划依据	7.2　总体目标
2.4　规划范围与规划期限	7.3　实行文化振兴工程
3　发展现状、定位与目标	7.4　完善文化振兴保障机制
3.1　发展现状	8　生态振兴
3.2　发展定位	8.1　振兴思路
3.3　发展目标	8.2　总体目标
4　发展格局	8.3　实行生态振兴工程
4.1　基本思路	8.4　健全生态振兴体制机制
4.2　明确主体功能分区	9　组织振兴
4.3　优化生产空间布局	9.1　振兴思路
4.4　重塑镇村发展体系	9.2　总体目标
5　产业振兴	9.3　实行组织振兴工程
5.1　振兴思路	9.4　夯实组织振兴体制机制
5.2　总体目标	10　规划保障
5.3　主要任务	10.1　加强组织领导
5.4　加强产业振兴体系保障	10.2　健全投入保障
	10.3　强化考核评估体系

第三节　规划案例精选章节

2　总体要求

2.1 指导思想

杨家镇坚持以习近平新时代中国特色社会主义思想为指导，统筹推进"五位一体"总体布局，协调推进"四个全面"战略布局，按照产业兴旺、生态宜居、乡风文明、治理有效、生活富裕的总要求，立足杨家镇特色优势，大力探索"城乡融合的杨家之变"，深度实现城乡融合、产业融合、产村融合、区域融合和人与自然融合，努力在乡村产业振兴、生态振兴、文化振兴、组织振兴、人才振兴上实现新突破，勇担"走在乡村振兴最前沿"的新使命，展示中国乡村振兴的"杨家新模式"。

2.2 规划原则

2.2.1 以人为本，和谐发展

杨家镇以资源环境承载力为依据，按照有利生产、方便生活和保护生态的要求，科学研判乡村人口流动趋势及空间分布；充分尊重农民意愿，维护农民根本利益，完善利益联结机制，调动广大农民的积极性、主动性、创造性，激活乡村振兴的内生动力，持续增加农民收入；注重机会公平、保障基本民生、创新社会治理，让广大农民在乡村振兴中有更多获得感、幸福感、安全感。

2.2.2 优化格局，融合发展

杨家镇统一规划，优化空间开发格局，统筹公共资源在城乡间的均衡配置，处理好城乡统筹的关系，实现区域、产业、城乡的互动，推进集聚集约开发，提升区域发展整体竞争力。杨家镇加快形成城乡互补、全面融合、共同繁荣的新型城乡关系，以城市带动乡村，以乡村服务城市，促进城乡区域协调发展，将杨家镇打造成为绵阳市统筹城乡发展和城乡融合的样板区之一。

2.2.3 生态优先，绿色发展

杨家镇牢固树立"绿水青山就是金山银山"的理念，落实资源节约优先、生态保护优先、自然恢复为主的发展方针，统筹山水林田湖草系统治理，严守生态保护红线，保持并发挥杨家镇生态本底优势，将绿色、循环、低碳的发展理念

贯穿经济社会发展之中，建设资源节约型、环境友好型杨家镇，做到生态、生产、生活空间融合，形成人与自然和谐发展的新格局。

2.2.4 突出特色，差异发展

杨家镇科学把握乡村的差异性和发展走势分化特征，尽力而为、量力而行、循序渐进、扎实推进；尊重自然，准确把握和挖掘杨家镇地域特点、发展现状、资源优势，做好顶层设计，在规划的指导下彰显乡村特色，传承历史文化、乡风民俗、传统建筑等，展现田园风貌，塑造乡村特色风貌，充分避免与其他区域的同质化发展以及区域内部的同质化发展。

2.2.5 统筹规划，集聚发展

杨家镇抢抓机遇，调整思路，立足特色产业发展要求，对康养经济、丝绸经济、水生生态经济以及现代农业的发展目标、重点建设内容、保障措施等进行统筹规划，把握产业集聚、人口集中、开发集约的原则，形成现代农业产业体系、康养产业生态圈。杨家镇按照不同空间布局和产业发展特色有针对性地进行分类指导，以增强规划的指导性和可操作性。

2.3 规划依据

2.3.1 相关规划

(1)《乡村振兴战略规划（2018—2022 年）》。

(2)《四川省乡村振兴战略规划（2018—2022 年）》。

(3)《绵阳市国民经济和社会发展第十三个五年规划纲要》。

(4)《绵阳市涪城区国民经济和社会发展第十三个五年规划纲要》。

(5)《绵阳市涪城区交通运输"十三五"发展规划（2016—2020 年）》。

(6)《绵阳市涪城区土地利用总体规划（2006—2020 年）》。

(7)《绵阳市涪城区全域旅游总体规划（2018—2025 年）》。

(8)《涪城区农业综合开发扶持农业优势特色产业规划（2016—2018 年）》。

(9)《绵阳市涪城区杨家镇总体规划（2017—2030 年）》。

(10) 其他相关规划。

2.3.2 相关法律、法规、技术标准

(1)《中华人民共和国土地管理法》。

(2)《中华人民共和国道路交通安全法》。

(3)《中华人民共和国环境保护法》。

(4)《中华人民共和国城乡规划法》。

(5)《中华人民共和国水法》。

(6)《城市用地分类与规划建设用地标准》（GB 50137-2011）。

(7)《镇规划标准》（GB 50188-2007）。

(8)《四川省城乡规划条例》。

(9) 其他相关法律、法规、技术标准。

2.3.3 相关政策文件

(1)《中共中央 国务院关于实施乡村振兴战略的意见》。

(2)《关于四川省县域乡村振兴规划编制的指导意见》。

(3)《四川省镇总体规划编制办法》。

(4)《关于南部农旅融合区发展实施意见》。

(5)《关于涪城区田园综合体建设试点工作领导小组的通知》。

(6) 其他相关政策文件。

2.4 规划范围与规划期限

2.4.1 规划范围

规划范围包括杨家镇行政范围，面积 37 平方千米，包含罗汉寺、王家桥、高山寺、柏林湾、回龙寺、云林、万和、川主庙、朵朵树、团阳寺、高碑垭、兴隆共 12 个村、90 个村民小组和 1 个社区。

2.4.2 规划期限

规划基期为 2017 年，规划期限为 2018—2022 年，展望至 2027 年。

3 发展现状、定位与目标

3.1 发展现状

3.1.1 区位交通

杨家镇位于四川省绵阳市的西南部地区，地处东经 104°74′，北纬 31°33′；东北与绵阳市经济技术开发区、塘汛镇毗邻，西北与吴家镇接壤，南与黄鹿镇相接，东南与关帝镇相邻。杨家镇距绵阳城区 13 千米，距绵阳南郊机场 12 千米，距绵阳火车站 14 千米。杨家镇地理位置优越，区域内道路网络体系健全，以绵中路、塘杨路、丰吴路和涪环路为主的路网骨架以及村社道路交叉的镇域交通网络化格局已形成。绵阳市二环路横穿万和村，绕城高速途径团阳寺村、回龙寺村、高碑垭村、兴隆村，杨家镇设立匝道和收费站。杨家镇到达绵阳、中江、罗汉等县（市、区）的车程都在 1 小时以内。

3.1.2 社会经济发展水平

2017 年，杨家镇实现地区生产总值 44 016 万元，其中农业总产值 18 328 万元，乡村旅游收入达到 26 000 万元。杨家镇累计完成全社会固定资产投资 91 333 万元，国内省外招商引资到位资金 44 000 万元，累计完成社会消费品零售总额 5 662.6 万元，增速 12.6%；累计完成限额以上社会消费品零售总额 4 907 万元，增速 21.9%；农村居民人均可支配收入 17 605 元，增幅 9.2%，与涪城区城镇居民人均可支配收入之比缩小到 1：1.93。财税收入完成全年目标任务的 110%，达到 1 098.6 万元（含一般转移性收入）。

3.1.3 人口发展概况

2017 年，杨家镇总人口为 16 885 人、5 758 户，其中农业人口为 15 910 人、5 137 户，非农人口为 975 人、621 户。杨家镇面积和人口状况如表 5-2 所示。

表 5-2　杨家镇面积和人口状况

村名	面积/平方千米	人口/人	村名	面积/平方千米	人口/人
罗汉寺村	2.94	1 520	万和村	4.75	1 638
王家桥村	2.69	1 547	川主庙村	2.8	1 025
高山寺村	3.85	2 050	朵朵树村	2.33	789
柏林湾村	3.78	1 680	团阳寺村	3.02	1 609
回龙寺村	3.88	1 448	高碑垭村	2.34	810
云林村	3.38	1 053	兴隆村	1.3	741
社区	0.5	975			

3.1.4 村庄活力测评

规划编制工作团队在深入调研杨家镇 12 个行政村的基础上，结合调研数据和杨家镇各部门提供的基础资料，开展深入研究；通过数据整理、建立评价指标体系、权重分析、模型计算，对杨家镇村庄活力进行测评。村庄活力测评指标如表 5-3 所示。

表 5-3　村庄活力测评指标

指标	指标说明
村庄用地闲置率/%	闲置、废弃房屋用地面积/村庄用地总面积
人均村庄用地面积/平方米	村庄用地总面积/户籍人口数
户籍人均实际村庄用地面积/平方米	村庄用地总面积/常住人口数
村庄人口外出比率/%	外出人口数/户籍人口数
村庄常住人口集约度/%	常住人口数/自然村总数
村庄常住人口年龄结构比/%	非 15~65 岁人口数/常住人口数
村庄经济结构比/%	第二产业和第三产业产值增加值/村庄生产总值
职业结构比/%	第二产业和第三产业从业人口数/第一产业从业人口数
公共服务设施完善度	学校、卫生院所、养老院、商店、村民活动中心、文体场所、治安室完善情况
基础设施完善度	自来水、污水处理、垃圾处理、燃气、道路、网络覆盖情况

3.1.5 镇域资源综合评价

3.1.5.1 土地资源

杨家镇镇域内地形简单,地形地貌为浅丘较多、平坝较少,平均海拔在 450~540 米。杨家镇是一个地处浅丘地带的生态小城镇。杨家镇土地总面积为 3 700 公顷,其中农用地面积为 2 760.9 公顷,农用地中,耕地面积为 1 997.5 公顷,占土地总面积的 54%。

3.1.5.2 水文资源

杨家镇水系丰富。都江堰百里渠玉杨丰支渠贯穿境内,有阴山河等 4 条河流(渠)穿插其中,可提供足够的工农业生产和生活用水。杨家镇有塘堰 200 余口,2017 年全镇养殖水面达 3 265 亩,可塑景观空间充足。杨家镇拥有的红旗、杨柳等 10 座小(二)型水库,主要用于灌溉,兼有防洪、供水等用途。

3.1.5.3 基础设施和公共服务设施

(1)交通方面。杨家镇路网密度、道路等级以及公交覆盖率均居四川省前列,通村、通社道路硬化率达 100%,城市公交村级覆盖率达 100%,但仍存在路网结构不尽完善、农村道路"断头路"较多、农村道路等级偏低、社道和入户路覆盖面不够、道路"重建轻养"现象较为严重、骑游步道建设不完善等问题。

（2）供水排水。杨家镇现有小岛水库自来水厂，水源为小岛水库，设计日供水量为6 000吨，实际日供水量为1 600吨，镇区已全部实现自来水供应，但未形成环状管网，供水稳定性较差。现状管网仅覆盖镇区周边30%农村地区，其他区域村民用水多取自井水。镇区的街道大部分未建排水管道，污水管网覆盖面较为不足，多通过雨水边沟，采用雨污合流制集中排放，无污水处理设施，污水和废水直接排入沟渠，造成水体及环境污染。多数农村地区仍然采用传统的自建粪池方式，无害化独立卫生厕所普及率有待提高，雨污合流直接排放入附近沟渠和农田，是水质污染及区域面源污染的主要原因之一。

（3）环卫设施。杨家镇成功创建国家级卫生镇，在垃圾分类处理及收集方面走在四川省前列，场镇及周边基本完成无害化卫生厕所改造。杨家镇在场镇新建公厕2个、垃圾收集设施100余个。但是，杨家镇仍存在垃圾箱服务半径不够、公厕覆盖面不广的问题，农村地区垃圾收集、污水处理和卫生厕所不够普及，对秸秆、腐烂水果等垃圾缺乏有效回收处理措施。杨家镇未能充分考虑入驻企业和安置区的污水处理等问题，影响村容村貌及游客体验。

（4）公共服务配套。杨家镇场镇目前公建设施配套基本完善，镇区内有行政办公、教育、医疗卫生、文体科技、商贸、市场等机构，基本能满足人们日常生活、生产需要。镇区范围有待进一步扩大，现有教育机构、医疗卫生设施、商业金融设施、文化娱乐设施等难以支撑杨家镇产业定位规划、重大项目建设以及常住人口、康养旅游人口的增长变化。

（5）农业生产。杨家镇水资源丰富，但由于地形较为复杂，在引水沟渠和排洪设施建设上不够完善，科学合理的水资源配置格局尚未形成，水资源综合调控能力还不强，水资源利用效率和效益还不高；工程性缺水问题仍然较为突出，灌溉覆盖面不够；水土保持生态治理进展缓慢；农田水利基础设施不足、失修严重，已成为制约本地经济发展的重要因素之一。

3.1.5.4 产业资源

（1）第一产业持续发展。2017年，杨家镇农产品总量为58 957吨，肉产品产量为3 206吨。其中，粮食作物产量为20 505吨，品种以水稻、豆类、薯类为

主；经济作物产量为 2 217 吨，品种以花生、油菜籽为主；蔬菜水果产量为
18 004吨，品种以柑橘、西瓜、梨子、李子、葡萄、桃为主；主要畜产品为生
猪、家禽、奶牛等。

（2）第二产业发展良好。杨家镇工业企业主要有千丰酒厂、钒瑞纺织品有
限公司、万和泰峰砖厂、宇达燃具、建国漆业、丰汇环境科技公司等。

（3）第三产业发展较好，乡村旅游业快速发展。杨家镇的主要旅游资源有
和宏生态园项目、"原香·国际香草园"项目以及天香游乐场、桃园美食街、
"原香·紫海"乡村酒店、万和园（观光农业及养老产业园）、千鹤桑园（蚕桑
产业园）、山隐小镇、涪翁小镇等。

（4）各村产业发展不均衡。团阳寺村、万和村、王家桥村、柏林湾村乡村
旅游发展较为突出，重大项目落地极大地带动了基础设施建设、公共服务配套设
施建设。但高碑垭村、云林村、川主庙村、高山寺村等缺乏产业支撑，依然停留
在传统农业和传统村落风貌上。杨家镇产业发展除了具有宏观环境复杂性、调控
形成的结构性及深层次矛盾外，也受到自身资源条件、发展模式、要素瓶颈的制
约，主要存在要素保障瓶颈问题突出、产业发展特色不明显、现代服务业发展滞
后、重大项目发展带动能力不足等问题。

3.1.5.5 乡村景观和人文价值

杨家镇由丘、谷、林、田、塘等各种元素组成，元素间相呼应，形成一幅和
谐的山水画卷，拥有天然、纯朴、绿色的优越环境，展现自身的生态山丘、沟谷
的魅力，且产业以第一产业和第三产业融合发展为主，无面源污染。总体来看，
杨家镇乡村生态本底较好，但历史文化、传统文化、民族民俗风情有待挖掘和传
承推广，镇域内没有大的自然遗产，场镇上的龙王洞、万和村的火烧寺、云林村
的告封碑等文物价值有待进一步挖掘和提升，"孝德文化"（罗汉寺村）、"和文
化"（万和村）、"涪翁文化"仍处在培育期，"康养文化""丝绸文化""农耕文
化"等凸显文创、旅创和农创的特色文化有待进一步发展。城镇建设表现出品位
不高、文化底蕴彰显不足等问题。在村落建设方面，杨家镇2/3的区域仍停留在
传统村落状态，传统院落缺失文化元素，畜禽养殖停留在院落附近，垃圾未能进
行处理。

3.2 发展定位

3.2.1 总体定位

杨家镇通过对现状和发展趋势进行分析，定位为蚕桑农旅特色小镇和绵阳市乡村振兴示范镇。

（1）蚕桑农旅特色小镇。杨家镇在现代蚕桑产业发展良好、基础设施配套建设相对完善、田园社区建设成效明显的基础上，依托丘、谷、林、田、塘等优势生态资源，涪翁小镇、原香国际芳草园等文旅资源以及"15分钟康养生活圈"建设，以农旅融合为导向，以产业升级为重心，重塑产业经济地理，推进农旅融合发展，实现乡村振兴与城镇化和谐发展。

（2）绵阳市乡村振兴示范镇。杨家镇突出"五个示范"，以探索建立具有"杨家特色"的乡村振兴特色场景和路径示范为目标，围绕"五个融合"，探索"城乡融合的杨家之变"，推进杨家镇成为城郊融合类乡村振兴的典范，探索建设城乡融合改革实验区，以集体产权制度改革为突破口，联动推进土地产权、乡村治理和财政投入制度改革。

3.2.2 形象定位

3.2.2.1 涪翁针石，康养杨家

（1）核心文化：涪翁文化。

（2）主导产业：康养、旅游。

3.2.2.2 千鹤桑田，丝绸博览

（1）积极探索"旅游+"和"生态+"等模式。

（2）促进传统农业与旅游、文化、康养等产业深度融合。

3.2.2.3 五彩芳香镇，绵阳后花园

（1）芳香小镇、五彩田园、田园社区。

（2）紧密衔接城市的产业需求、民生需求、休闲需求。

3.2.3 功能定位

（1）产业培育功能。杨家镇坚持"以产立镇、以产带镇、以产兴镇"，促进从小镇资源到小镇产业，从小镇产业到小镇经济，从小镇经济到小镇发展，最终实现产镇一体、协调发展。杨家镇把培育特色产业、壮大特色经济作为发展的核心内容，聚焦康养产业，探索可持续盈利的产业模式，培养和吸引人才，提供优

质的基础设施及公共管理服务，打造完善的产业生态圈，形成核心竞争力。

（2）生态居住功能。根据《绵阳市城市规划区全域规划与一城三区发展规划》，杨家镇属于绵阳市城南新区，定位为"多元宜居城南"。在人口从大城市向小城镇或乡村迁移的郊区化和逆城市化背景下，杨家镇作为新型人居环境和新型城镇化的新空间，要以人为本，实现产城融合发展，定位为青山绿水和康养宜居的田园生活的承载地。

（3）文化传承功能。文化传统源于历史的深厚积淀，影响着人们的精神和行为模式，体现着不同地域的特殊性和差异性。建筑文化、历史建筑、文物保护单位、村落街巷空间、整体布局、村落风貌及其与地理单元融合发展形成的独特人文自然景观是最直观的文化要素，是地域文化的重要组成部分。城镇是地域文化传承创新的重要载体，杨家镇作为"涪翁文化""孝德文化"以及"和文化"等传统文化的传承地，应当努力营造特色文化氛围，将地域文化作为未来新的经济增长点，增强当地居民的文化归属感，打造文化品牌。

3.2.4 产业定位

杨家镇发挥资源经济比较优势，在挖掘地域文化、传承地域文化的基础上，以市场为导向，走差异化发展之路，依托自然生态环境发展农旅、康养、文化相结合的现代服务业。杨家镇立足"产业+生态+人文"的发展模式，筑牢本地健康基础集群产业根基，科学利用当地的生态环境和人文环境带动小镇及周边经济的发展，以特色鲜明的养老公寓产品、公共建筑和配套商业为形式，以杨集镇当地民俗文化、生活文化为内涵，以周边自然资源、生态农业等特色旅游资源综合利用为补充，以具有区域特征的养老健康产业为支柱，形成养老、旅游、民俗等文化交融且可承接规模健康产业的特色发展格局，从而激发经济效益和社会效益。

3.3 发展目标

3.3.1 总体目标

杨家镇抓住农旅融合核心区的优势和契机，深入实施乡村振兴战略，推动经济社会发展再上新台阶、实现新跨越。杨家镇打造集现代农业、旅游观光、休闲度假、康疗养生、田园体验、餐饮娱乐为一体的现代旅游风情城镇，实现产业融合、城乡融合、产村融合、区域融合和人与自然融合。杨家镇统筹推进经济、政治、文化、社会、生态文明建设，推动农业全面升级、农村全面进步、农民全面发展，成为城郊融合类乡村振兴的典范。

3.3.1.1 产业发展目标

杨家镇以农业供给侧结构性改革为主线，进行产业布局，做好产业规划，优化种养植业结构，培育龙头企业，壮大生产基地规模，聚焦康养旅游产业，加快推进农业产业转型升级，推进农村一二三产业融合发展。到 2022 年，杨家镇将基本完成以康养产业为主导，以特色农业、旅游观光、文化创意、餐饮娱乐为支撑的产业体系，产业链得到延伸和拓展，康养产业生态圈基本形成。

3.3.1.2 社会发展目标

城乡差距进一步缩小，社会就业更加充分，社会文化得到长足发展，公共服务事业完备，文明程度和现代化程度大幅提升，社会和谐、繁荣、稳定、文明，人居环境优良。

3.3.1.3 城镇建设目标

农村保障条件持续改善，"六网一中心"建设达到涪城区前列水平，农村基础设施建设和公共服务水平进一步提高。杨家镇坚持城乡统筹发展，通过路网构架与绿地景观系统规划引导，将现代化的城镇建设与宁静纯朴的乡村特色保留有机结合。到 2022 年，杨家镇将建设成具有创新体制机制，基础设施和公共服务设施配套完善，环境优美、特色鲜明、和谐宜居、生活富裕、美丽文明的文化旅游特色小镇。

3.3.2 未来五年目标任务

到 2022 年，杨家镇乡村振兴的制度框架和政策体系将得到完善，现代农业体系初步构建，农业综合生产能力显著提高，城乡统一的社会保障制度体系基本建立，农村人居环境进一步优化，乡村优秀传统文化得以传承和发展，农民精神文化生活需求基本得到满足，现代乡村治理体系基本建成，乡村振兴取得阶段性成果。杨家镇乡村振兴战略规划主要指标如表 5-4 所示。

表 5-4　杨家镇乡村振兴战略规划主要指标

指标		基期	预期		
		2017 年	2022 年	2027 年	属性
产业兴旺	县级以上现代农业示范园区/个	1	2	3	预期性
	高标准农田占比/%	78	81	81	预期性
	耕地灌溉率/%	100	100	100	预期性
	主要农作物机播占比/%	—	85	90	约束性
	有新型职业农民村民小组占比/%	—	94	98	约束性
	农业信息化率/%	—	90	92	约束性
	经营主体带动小农户机制	部分建立	全面建立	全面建立	约束性
	"三品一标"农产品数量/个	4	8	8	预期性
	旅游综合收入/万元	26 000	52 000	86 000	预期性
	粮食综合生产能力/万吨	1.408	>1.408	>1.408	约束性
生态宜居	场镇规划建设	优美	优美	优美	约束性
	农村生活垃圾处理率/%	95	100	100	约束性
	农村生活污水处理率/%	—	100	100	约束性
	村保洁员配备率/%	100	100	100	约束性
	农村卫生厕所普及率/%	80	100	100	约束性
	畜禽粪污综合利用率/%	100	100	100	约束性
	基础设施和公共服务"六网一中心"建设水平	类区前列	类区前列	类区前列	约束性
	道路"户户通"占比/%	65	85	95	预期性
	农村自来水普及率/%	—	82	85	预期性
	农村天然气入户率/%	75	80	85	预期性
	农村 100 兆宽带入户率/%	—	75	90	预期性
	山水林田湖草系统治理水平	类区前列	类区前列	类区前列	约束性
	村庄绿化覆盖率/%	—	35	42	预期性
	森林覆盖率/%	32.4	>32.4	>32.4	预期性

表5-4(续)

指标		基期	预期		
		2017年	2022年	2027年	属性
乡风文明	是否成为县级及以上文明镇	是	是	是	约束性
	农村文化传承活动	广泛开展	广泛开展	广泛开展	约束性
	农村道德模范评选活动	广泛开展	广泛开展	广泛开展	约束性
	农村文明家庭创建活动	广泛开展	广泛开展	广泛开展	约束性
	市级以上"四好新村"占比/%	—	80	85	预期性
	村综合性文化服务中心覆盖率/%	50	100	100	预期性
	劳动年龄人口平均受教育年限/年	9	11	12	预期性
治理有效	基层党组织领导核心作用	明显	明显	明显	约束性
	制定村规民约村占比/%	100	100	100	约束性
	村民违法犯罪发生率	—	低于全区平均水平	低于全区平均水平	约束性
	农村社区党群服务中心普及率/%	100	100	100	预期性
	一村一法律顾问的村占比/%	—	100	100	预期性
	"雪亮工程"建设村庄占比/%	100	100	100	预期性
生活富裕	农民人均可支配收入/万元	1.7	2.7	3.0	预期性
	义务教育入学率/%	100	100	100	约束性
	新农合、新农保、低保、"五保"覆盖情况	全覆盖	全覆盖	全覆盖	约束性
	城乡居民收入比	1.9	1.7	1.5	预期性
	农村居民恩格尔系数	—	0.29	0.26	预期性

3.3.3 发展愿景

到2027年,杨家镇乡村振兴发展将取得重要进展,城乡融合发展的体制机制全面完善,农业农村现代化、乡村治理体系和治理能力现代化基本实现,农业强、农村美、农民富的乡村振兴杨家镇样板示范效应基本形成。

4　发展格局

4.1 基本思路

空间结构优化是乡村振兴的内在要求，在一定程度上决定着经济发展方式及资源配置效率。杨家镇应坚持乡村振兴与新型城镇化双轮驱动，统筹国土空间开发格局，优化乡村生产、生活、生态空间，分类有序推进乡村发展，构建城乡融合、城乡一体化的发展格局。

杨家镇深入贯彻习近平新时代中国特色社会主义思想，深入贯彻党的十九大和十九届二中、三中全会精神，落实中共四川省委十一届三次全会精神，按照产业兴旺、生态宜居、乡风文明、治理有效、生活富裕的总体要求和农村美、农业强、农民富的最终目标，按照"以人为本，和谐发展""统筹规划，集聚发展""突出特色，差异发展""创新模式，转型发展""改革创新，高效发展"五项基本原则，遵循乡村发展规律，以主体功能区划分定位村镇职能，以"传统场镇-中心村-基层村"及特色新区建设确定村镇层级，以创建幸福美丽新村、省级"四好新村"、市级"四好新村"为发展目标，以集聚提升类村庄、城郊融合类村庄、特色保护类村庄、搬迁撤并类村庄定位村庄未来路径，打造集约高效生产空间，营造宜居适度生活空间，保护山清水秀生态空间。在统筹城乡发展背景下，杨家镇推进乡村振兴与城镇化的和谐发展，探索"城乡融合的杨家之变"。杨家镇通过"丝绸之路""特色新区""水生生态旅游环线"串联生产、生活和生态空间，深度实现产业融合、城乡融合、产村融合、区域融合和人与自然融合，逐步形成区域间融合协调发展水平明显提升、区域差异化发展格局进一步巩固、人口资源环境协调发展水平进一步提升、空间结构进一步优化的发展格局，成为城郊融合类乡村振兴的典范。

4.2 明确主体功能分区

4.2.1 国土空间规划

杨家镇依据生态保护优先、便于生产生活的总体要求以及相关法律法规的规定和规划的要求，将国土空间划分为城镇、乡村、生态三大主导空间。

4.2.1.1 城镇空间

城镇空间是指城镇用地、工矿仓储用地、交通水利用地和其他建设用地范围。杨家镇划定城镇空间517.25公顷。

4.2.1.2 乡村空间

乡村空间是指村民生活和乡村农业生产区域，包括乡村集体建设用地和耕地、园地、草地、其他农用地等用地范围。杨家镇划定乡村空间 2 273.68 公顷。乡村空间包括乡村生活空间和乡村生产空间。乡村生活空间是指村域内允许村集体进行建设的区域，即集体建设用地范围，包括农村居民点用地和集体经营性设施用地两类。杨家镇划定乡村生活空间 235.29 公顷。乡村生产空间是指适合耕作和发展农业、以农业生产为主导功能的区域，主要包括耕地、园地、草地、其他农用地（设施农用地和坑塘水面）等用地范围。杨家镇划定乡村生产空间 2 038.39公顷。

4.2.1.3 生态空间

生态空间是指生态敏感度高且应严格保护和发挥重要生态功能的区域，包括重要山体保护区、水系保护范围、地质灾害防护区、电力设施保护区、油气管道设施保护区等。杨家镇划定生态空间 933.54 公顷。

4.2.2 指标选择与测算

《全国主体功能区规划》从资源环境承载能力、现有开发密度和发展潜力三大方面为主体功能区的划分提供了重要参考和指导。为了突出功能分区的战略性、引导性、基础性和约束性，规划编制工作团队在资源承载力、环境承载力、现有开发密度和发展潜力框架下，结合杨家镇的资源禀赋条件和经济社会发展特点，选取了土地资源承载力（A1）、水资源承载力（A2）、能源及矿产资源承载力（A3）、大气环境承载力（B1）、水环境承载力（B2）、生态环境承载力（B3）、土地资源开发强度（C1）、水资源开发强度（C2）、环境压力（C3）、区位条件（D1）、发展基础（D2）、发展趋势（D3）等指标，用于功能区域划分。

杨家镇根据资源禀赋和经济社会发展条件，综合各区域相应指标的聚类分析、实地调研和专家访谈结果，在国土开发综合评价的基础上，可以划分为"四区"，在"四区"基础上，构建"一环四区三核"串联生产、生活和生态空间（见表5-5）。

"一环"，即沿绵中路、杨关大道、产业一号线和二环路构建"水生生态经济环"，涉及的行政村包括罗汉寺村、王家桥村、柏林湾村、回龙寺村、万和村、云林村、川主庙村、团阳寺村、朵朵树村。

"四区"，即蚕桑丝绸集聚区，包括回龙寺村、云林村、柏林湾村；康旅经济集聚区，包括万和村、团阳寺村、兴隆村；现代农业集聚区，包括王家桥村、高山寺村、罗汉寺村；品质农业集聚区，包括川主庙村、朵朵树村、高碑垭村。

"三核"，即场镇服务配套核心，位于兴隆村；乡村文化传承核心，位于柏林湾村；产业融合示范核心，位于万和村。

表5-5 杨家镇功能分区

功能分区	涉及的行政村
水生生态经济环	罗汉寺村、王家桥村、柏林湾村、回龙寺村、万和村、云林村、川主庙村、团阳寺村、朵朵树村
蚕桑丝绸集聚区	回龙寺村、云林村、柏林湾村
康旅经济集聚区	万和村、团阳寺村、兴隆村
现代农业集聚区	王家桥村、高山寺村、罗汉寺村
品质农业集聚区	川主庙村、朵朵树村、高碑垭村
场镇服务配套核心	兴隆村
乡村文化传承核心	柏林湾村
产业融合示范核心	万和村

4.2.3 分区发展引导

杨家镇尊重村庄发展的差异性，寻找村庄发展的共性，构建分区分类相结合的乡村发展体系，引导乡村合理发展，增强乡村振兴的针对性、可操作性。杨家镇坚持因地制宜、查找共性、分区打造，构建分区发展体系，实现乡村振兴"一村一引导"。

在主体功能划分基础上，杨家镇结合生产、生活、生态的融合发展，在城乡统筹总体定位基础上，制定各行政村具体发展指引，明确发展方向和重点，积极探索适宜性路径，形成各具特色的乡村振兴道路（见表5-6）。

表5-6 各行政村发展引导

行政村	主导产业引导	生活体系引导	生态发展引导
罗汉寺村	果蔬产业	中心村	生态经济为主
王家桥村	果蔬产业	基层村	生态经济和生态保护并重

表5-6(续)

行政村	主导产业引导	生活体系引导	生态发展引导
高山寺村	果蔬产业	基层村	生态经济和生态保护并重
柏林湾村	桑蚕产业	特色新区、中心村	生态经济为主
回龙寺村	桑蚕产业	基层村	生态经济和生态保护并重
云林村	桑蚕产业	基层村	生态经济和生态保护并重
万和村	康养旅游业	特色新区、中心村	生态经济为主
川主庙村	粮经产业	基层村	生态经济和生态保护并重
朵朵树村	粮经产业	基层村	生态经济和生态保护并重
团阳寺村	康养旅游业	传统场镇、特色新区	生态经济为主
高碑垭村	粮经产业	基层村	生态保护为主
兴隆村	康养旅游业	传统场镇	生态经济为主
场镇	康养旅游业	传统场镇	生态经济为主

4.3 优化生产空间布局

4.3.1 产业格局

杨家镇坚持市场导向与发挥区域比较优势相结合、产业调整与发展特色主导产业相结合的原则，因地制宜，形成"一环四区三核"的农业产业发展新格局。杨家镇打造"蚕桑丝绸集聚区""康旅经济集聚区""品质农业集聚区"和"现代农业集聚区"，并以"水生生态经济环"为主线，对农业产业发展进行串联，实现区域发展联动。杨家镇以"康养+"为抓手，重塑产业经济地理，着力打造康养旅游业、康养教育业、康养农业、康养渔业、康养服务业五大产业。

4.3.2 项目落位

杨家镇在充分梳理分析重点产业项目的基础上，以特色资源、传统产业、潜在资源为基础，充分考虑收入弹性基准、生产率上升基准、防止过度密集基准、丰富的生活质量基准，通过"创、建、配、补"的方式确保杨家镇产业结构合理化和高级化发展。

杨家镇重点项目分区情况如表5-7所示。

表 5-7　杨家镇重点项目分区情况

产业分区	项目名称	项目概述
蚕桑丝绸集聚区	天虹现代丝绸文化体验园	项目占地 700 余亩，主要以丝绸文化为特色，打造集丝绸文化体验、农事体验、大雪书院、杨家绣房、桑葚酒庄为一体的多功能康养园区
	青少年实践基地	以社会教育、学校教育、家庭教育、休闲娱乐为核心，打造集研学旅行、爱国主义教育、素质拓展、农耕教育、休闲度假于一体的综合性田园实践教育基地
	数字农业示范园	以蚕桑种养为建设示范点，在产业一号线上打造两个布局数字农业示范园，推进信息感知、决策智控等智能技术的应用，发挥蚕桑种养管理示范作用
	桑基鱼塘示范带	依托丰富的塘堰资源，在池塘附近种植桑树，以桑叶养蚕，以蚕沙、蚕蛹等作为鱼饵料，以塘泥作为桑树肥料，形成池埂种桑、桑叶养蚕、蚕蛹喂鱼、塘泥肥桑的生产结构或生产链条，构建高效人工生态系统
	农业机器人示范园	项目占地 30 余亩，主要引入自主劳作机器人和无人机的应用，完成蔬菜的播种、耕作、采摘、分选以及包装等工作，打造生产环节全流程展示的农业机器人应用示范点
康旅经济集聚区	涪翁文旅康养项目	项目占地 6 000 余亩，建设包含涪乐田园综合区、康养度假区、文化体验区、综合服务区，带动亲子休闲、婚庆、康体养生、品质旅居等产业发展，打造生态康养休闲区
	九洲汉地田园康养度假项目	项目占地约 950 亩，是一个集农业观光、运动休闲、养生度假、田园养老、康养结合为一体的山水田园养老国际社区
	原香国际香草园	项目占地 2 000 余亩，以芳香植物观赏区、游乐体验区、婚庆文化广场、田园康养区几个板块为主，打造芳香文化康养休闲社区
	欢乐碗水乡文化村	项目占地 140 余亩，是主要集大喇叭、欢乐碗、羌族水寨、造浪池、儿童七彩池、章鱼滑道、漂流河为一体的川西北最大的水上乐园
	农村电商服务中心	项目占地 3 亩，建设集农产品展示及加工体验、现代化农业模拟展示及科普教育、农副产品及旅游产品展示销售于一体的融合线上线下双重体验的中心
	杨家乡村民俗文化街	项目集川北作坊、川北民俗、川北小吃、川北杂耍等于一体，引进蜀绣制绣、中医针灸、布鞋制作、米粉加工、榨油体验等多项优秀传统工艺，集成展示川北民俗和乡土风情

表5-7(续)

产业分区	项目名称	项目概述
现代农业集聚区	和宏生态康养园	项目占地约700亩,是一个集生态科技农业产品研发与销售、养老休闲度假、田园旅游观光、医养结合为一体的生态田园式养老社区
	智慧农业示范基地	围绕"互联网+现代农业"主题,将农业产业链中的选种、育苗、种植、流通、销售等多个环节纳入云数据和物联网管理,并与现代企业管理、物流配送、电子商务等应用结合,以智慧农业演示科技大棚为主体,搭载农业大数据智能采集与农业可视化平台
品质农业集聚区	生态循环农业示范基地	在农林牧副渔多模块间形成整体生态链的良性循环,达到解决环境污染问题,优化产业结构,节约农业资源,提高产出效果,打造新型的多层次循环农业生态系统;推广稻虾、稻鱼、稻蟹等综合种养模式,加快构建"秸秆-基料-食用菌""秸秆-成型燃料-燃料-农户""秸秆-青贮饲料-养殖业"产业链
	朵朵有机农场	以绿色稻田为基底,建设标准农业基础设施,发展多个小型特色有机果蔬园;遵照有机农业生产标准,以科学化管理为标准、以天然绿色为理念进行水果蔬菜种植;在提高农民就业率的同时向社会提供纯天然无污染有机食品,适应社会需求变化;以膳食养生为主题,带动健康养生、有机农产品加工等产业链发展
水生生态经济环	一湾荷塘	"一湾荷塘"选址柏林湾村,项目集农耕体验、生态养殖、文化演艺、休闲娱乐等服务为一体,形成新型田园综合体
	观光小火车	沿产业一号线的丝路经济带进行建设,推进丝路观光小火车(无轨)建设,展示杨家镇蚕桑产业基地建设成果,打造区域特色旅游节点
	涪翁渔村	明朝嘉靖年间编纂的《四川总志》记载:"渔父故村,绵州东四里。"杨家镇统筹涪翁小镇项目,在柏林湾村打造"涪翁渔村",并以小火车或游览车进行串联。涪翁渔村以文化打造为主,兼有教育、观鱼、品鱼等项目
	渔家乐	按照省级示范休闲农庄、标准化垂钓点建设标准打造5个集休闲垂钓、亲子活动、餐饮住宿于一体的"渔家乐"

4.4 重塑镇村发展体系

4.4.1 人口预测

杨家镇以乡村资源环境承载能力为基础，以生活富裕为目标，科学预测乡村人口流动趋势及空间分布特征，确定乡村建设用地规模。

4.4.1.1 镇域户籍人口预测

杨家镇乡村振兴战略规划采用综合递增率法、自然增长率法对镇域人口进行预测，考虑交通、经济与产业等外部条件对人口规模的影响；考虑可持续发展水平，水资源、土地资源等对人口承载能力的影响；考虑政府宏观调控可能与市场运作的灵活性，对人口预测保留一定的弹性空间。

计算得知，2022年，杨家镇总人口规模为17 232人。

4.4.1.2 镇域外来人口的预测

2022年，杨家镇外来康养产业人口为17 763人；外来服务人口为643人；可容纳外来旅游人口20 358人；特色新区产业园居住配套可容纳人口3 673人。

综上所述，2022年，镇域外来人口预测为42 437人。

4.4.1.3 镇域人口规模

综合预测结果，结合杨家镇实际情况，镇域人口最终确定为59 669人（"镇域总人口=户籍人口+外来人口"）。

4.4.2 镇村等级结构

杨家镇以创建幸福美丽新村、省级"四好新村"、市级"四好新村"为发展目标，以集聚提升类村庄、城郊融合类村庄、特色保护类村庄、搬迁撤并类村庄定位村庄未来路径。杨家镇以场镇服务配套核心、乡村文化传承核心和产业融合示范核心等"三核"辐射和串联乡镇体系，构建"传统场镇-中心村-基层村"的村镇体系，并设立4个特色新区，形成"城市功能+乡村风貌"的城郊集镇和特色新区、"生态宜居"的中心村和基层村，优化生活空间。镇村结构一览表如表5-8所示。

表5-8 镇村结构一览表

等级结构	名称	规划人口/人	功能定位及发展方向
传统场镇	镇区	4 276	打造生活品质小镇：着力提高经济生活品质、文化生活品质、社会生活品质、环境生活品质"四大品质"。 打造杨家镇"同城化"：完善公建配套设施建设及路网体系，形成多功能于一体的同城化城镇综合功能区
特色新区	芳香小镇	4 862（产业人口）	打造绵阳"后花园"：完善特色新区服务功能，加强产业布局调整和资源合理利用。 打造特色风貌小镇：塑造中华风范、杨家风光、创新风尚的特色小镇风貌建筑，加强住宅的建筑综合功能性。 承载城市产业功能：推进产业承接和转移建设，建立特色新区产业带，着力将特色新区打造成产业转移的重要区域
	涪翁小镇	9 634（产业人口）	
	山隐小镇	4 825（产业人口）	
	丝绸小镇	2 115（产业人口）	
中心村	万和村	1 684	打造乡村"富春山居图"：相对集中安排生产用地和居住用地，做好村级道路网与交通干道的衔接；加强乡村旅游品牌建设。 凸显乡镇文化特色：重视特色设计与营造，把文化建设深度融入乡村建设和群众生活，抓好标志性建筑物和城镇整体景观、街道的规划设计，体现乡镇文化特色
	罗汉寺村	2 063	
	柏林湾村	1 728	
基层村	高山寺村	2 091	推进"三生"融合：合理布局基层村农业，推进农业和农村经济结构与农业布局调整，同时注意开发农业多种功能，构建生产、生活、生态功能为一体都市农业发展新格局。 提档升级综合服务：改善基层村基础设施条件，发展和培植农副产品加工、专业市场、中介组织等多种类型的产业化龙头，健全完善产前、产中、产后全程配套服务体系，着力推进该区域综合服务能力的提升
	王家桥村	1 591	
	回龙寺村	1 489	
	云林村	1 083	
	川主庙村	992	
	朵朵树村	811	
	高碑垭村	833	

5. 产业振兴

5.1 振兴思路

杨家镇坚持以习近平新时代中国特色社会主义思想为指导，全面贯彻党的十九大、中央农村工作会议、四川省第十一次党代会和十一届二次、三次全会精神，落实四川省乡村振兴战略规划。杨家镇加强党对"三农"工作的领导，牢固树立科学发展理念，坚持高质量发展的要求，把解决好"三农"问题作为工作重中之重，把实施乡村振兴战略作为新时代"三农"工作的总抓手。杨家镇推进乡村振兴与城镇化的和谐发展，探索"城乡融合的杨家之变"，着力打造"涪城后花园、融合示范镇"。

杨家镇深入实施"城乡融合、全域发展"战略，以消费需求为导向，加快推进农业供给侧结构性改革，着力构建现代农业产业体系、现代农业生产体系、现代农业经营体系。杨家镇坚持"一二三产业互动发展"不动摇，以现代农业为本底，主打品牌农业、景观农业、循环农业、科技农业、休闲农业和电商农业，叠加康旅经济、水生生态经济和丝绸经济，打造稳定且不断增长的客流导入节点。杨家镇创新农业产业业态和利益联结机制，将叠加经济带动的人流主动转换为商流，促成"村村有产业，家家有职业"的发展态势，成为产业融合和产村融合发展的典范。

5.2 总体目标

杨家镇围绕"涪城后花园、三创示范镇"的总体目标，2018—2022年，着力打造精致创意、精细管理、精深加工的品质农业，保护农业生态环境优良且可持续，丰富三次产业融合实现形式，保持农民收入实现较快增长，让市民走进赏心的"绿园子"，让农民鼓起开心的"钱袋子"，确保农业产业建设、产业融合发展和产村融合发展走在四川省前列。

到2022年，杨家镇乡村农业产业发展将取得重要进展，农业综合生产能力持续提升，品牌效应稳步增强，产业融合发展、叠加经济发展取得新成果，建设省级田园综合体试点取得新突破。以芳香小镇、九洲汉地康养项目为核心的绵中公路现代都市农业产业带基本建成，以涪翁小镇、天虹现代蚕业体验园区、青少年教育实践基地为支点的沿产业一号线、杨关大道新型乡村旅游产业环线初具雏形，康旅经济、丝绸经济成为镇域经济高质量发展的主要抓手，以水生生态经济建设为核心的全域化垂钓节点打造初具规模，产业融合核心区的辐射带动作用开始显现。杨家镇预期地区生产总值将到达6 400万元，农业总产值将达到2 700万元，乡村旅游收入将达到52 000万元，农村居民人均可支配收入将达到2.7万元。

5.3 主要任务

5.3.1 深入推进农业结构调整

5.3.1.1 主抓优质粮食产业

杨家镇坚持把稳定粮食生产作为推进都市现代农业建设的重要基础,以优质水稻种植为抓手,以提单产、优品种、稳总量为目标,开展土地整治、中低产田改造、农田水利设施建设,加大高标准农田建设力度,以粮食作物高产创建、推广科技增粮措施为重点,建立绵阳都市圈优质粮食产业基地与标准化、规模化粮食产业基地。杨家镇规划建设优质粮食产业基地6个,实现基地每亩平均年产量450千克以上,推动优质粮食标准化体系建设和质量提升。杨家镇努力培育1~2个农机服务专业合作社,推进粮食生产领域"机器换人"和全程机械化,并配套开展绿肥种植、秸秆还田、增施有机肥、测土配方施肥、节水栽培等农艺措施,达到粮食生产技术优质化、绿色化。

5.3.1.2 紧抓品质果蔬产业

杨家镇依据市场需求和自身果蔬产业发展优势,按照"发展有机、提高品质、土扒健康"的思路,将杨家镇果蔬产业定位为绵阳都市圈有机绿色果蔬生产基地,通过工厂化育苗、现代化栽培、集约化生产,不断加强果蔬标准化建设,优化果蔬产业结构,加大新品种以及绿色、有机果蔬的现代农业生产技术推广力度,健全果蔬监测体系,打响杨家镇有机、绿色品牌。杨家镇努力建成3个标准化、规模化的现代绿色蔬菜产业示范基地,为绵阳市绿色有机蔬菜发展提供示范。杨家镇力争蔬菜商品率达到95%以上,蔬菜产品质量安全水平达到国内外蔬菜产品质量安全标准,蔬菜生产旺季自给率稳定在90%、淡季自给率稳定在80%,"菜篮子"产品质量安全抽检合格率稳定在96%以上。杨家镇通过基地基础设施建设、品牌创建、专业合作社建设、标准化生产和设施栽培,共规划建设优质葡萄基地3个,规划面积1 800亩,实现基地每亩年均产值1万元以上;优质百花桃基地1个,规划面积300亩,实现基地每亩年均产值1万元以上。

5.3.1.3 狠抓优势蚕桑产业

杨家镇按照规模调大、档次调高、品种调优、效益调强的要求,以天虹丝绸公司为依托,加快推进蚕桑种养的规模化、标准化、集约化发展,持续优化"三新三化"反租倒包模式和"大园区小业主"现代蚕桑产业园体制机制,建立健全合理的利益联结机制,提升杨家镇蚕桑产业知名度、影响力,将蚕桑产业培育为杨家镇产业兴旺的品牌产业和促农增收的优势产业。杨家镇力争建立3个标准化蚕桑生产基地,其中柏林湾村标准化蚕桑产业基地规划面积800亩,打造杨家镇现代蚕桑种养示范区,发展为创意农业、体验农业和蚕桑文化展示等第一产业和第三产业互动示范区;回龙寺村标准化蚕桑产业基地规划面积1 000亩;云林寺村标准化蚕桑产业基地规划面积1 000亩。到2022年,杨家镇将在全镇建成高标准桑园面积4 000亩,养蚕发种和产茧量分别达2.4万张和15万吨;建成3个标准化、规模化的现代蚕桑产业示范基地,为全国精品蚕桑发展提供示范;培育年养蚕10张以上大户300户,户均茧款收入2万元以上。

5.3.2 着力发展五大农业

5.3.2.1 发展品牌农业

杨家镇以特色优质农产品为依托,以发展品质农业为方向,以开发绿色、有机农产品为重点,集中全力打造特色农产品品牌,让"杨家镇生产"成为品质农业的代名词。杨家镇推进农业标准化生产,修订、完善农业生产技术规范和操作规程、农产品分等分级、贮藏运输、包装标识标准;大力发展无公害农产品、绿色食品、有机农产品和地理标志农产品生产基地;深入实施农产品品牌战略,打造全区域、全品类、全产业链的农产品公共品牌——"品质杨家"。杨家镇鼓励各类新型经营主体通过"区域公共品牌+"形式,发展"母子品牌",形成区域特色品牌联盟,联合打造四川省知名的品牌。

5.3.2.2 发展景观农业

杨家镇突出农业田园特色,制订景观农业实施方案,明确作物种植品种,落实生产管护措施,确保农业生产持续稳定与田园景观农业融合发展。杨家镇着力打造全域田园景观农业,统筹生态建设、景观营造与产业发展,建设田园景观农业的旅游观光环线,打造"五彩田园"精品旅游路线。杨家镇科学规划生态观景路线,打造"丝路经济带"观光小火车,展示杨家镇蚕桑产业基地建设成果,带动全域旅游发展。杨家镇加大田园景观农业的扶持力度,对连片种植指定作物、开展创意农业的经营主体给予相应补贴和奖励。

5.3.2.3 发展循环农业

杨家镇全面规划,调整和优化农业结构,积极探索循环经济发展模式,以提高农业资源利用效率和改善农村生态环境为目标,合理利用自然资源和环境资源,使经济活动和谐地纳入自然生态系统的物质循环过程中,实现经济活动生态化。例如，杨家镇探索实施"桑+薯""桑+菜""桑+菇"等"桑+"生产经营模式，开展桑园复合经营、蚕业资源综合利用，实现养蚕与蚕桑资源综合利用的双赢。杨家镇大力发展桑基鱼塘建设，形成池埂种桑、桑叶养蚕、蚕蛹喂鱼、塘泥肥桑的生产结构或生产链条，构建高效人工生态系统。

5.3.2.4 发展科技农业

杨家镇依托绵阳国家农业科技园核心区，充分发挥现代农业科技孵化器和中国农科院西南创新中心两大平台载体作用，充分利用现代信息技术提升农业，为农业发展创造新动力。杨家镇打造农业机器人示范园，通过引入自主劳作机器人和无人机的应用，实现农业生产环节的自动化。杨家镇加强水稻制种基地建设，加大与科研单位合作的力度，选育高产、高抗、高品质的水稻新品种，并采取"企业+农户+基地"的模式，加快建设水稻标准化制种基地。杨家镇开展物联网应用工程，充分利用物联网技术，提升农业生产、经营、管理和服务水平，发展"种养加"现代农业新模式。

5.3.2.5 发展休闲农业

村家镇依托现代农业建设的生态本底，以特色产业基地、示范园、农业庄园建设以及山水田园风光为载体，大力培育田园风光观赏、水果采摘及垂钓、乡村休闲、文化体验等多种农业休闲观光旅游业态。杨家镇加快打造特色旅游节点，进行深度开发和精品化打造，力争在2022年创建2~3个特色突出、发展潜力大、带动能力强的乡村旅游品牌项目，承担客流导入的主体责任。杨家镇加快培育16~20个经营特色化、管理规范化的农（渔）家乐、乡村酒店等休闲农业经营示范点，努力构建2~3个以休闲农业为核心的产业融合发展聚集村，将"客流"变"客留"。

5.3.3 全力发展康旅经济

5.3.3.1 深入挖掘涪翁文化资源

杨家镇以弘扬中医针灸文化为指引，深入挖掘涪翁文化资源，以专项课题形式与各大高校、研究机构联合开展关于涪翁文化的理论研究，厘清涪翁文化的发展脉络，深入挖掘涪翁文化的内涵，以专著出版、新闻报道等形式大力宣传涪翁文化。杨家镇围绕涪翁文化进行文化产品设计，通过品牌传播的方法来塑造"针灸圣地，康养小城"的杨家镇名片形象，并以网络传播为驱动点，推动以针灸为引领的康养小镇和针灸康养产业落地。

5.3.3.2 加快推进涪翁大院建设

杨家镇以涪翁文化资源为依托，由镇政府牵头，联合成都中医药大学、绵阳市中医院，在杨家镇乡村民俗文化街内修建涪翁大院，聘用针灸师、推拿医师，以针灸康养体验为核心，开发具有涪翁文化特色的服务项目，将其打造为重要的乡村旅游节点。杨家镇大力引进四川省内的知名中医，鼓励他们采取定期或不定期形式进行坐诊，进一步提升涪翁大院的知名度。

5.3.3.3 大力发展康养培训产业

杨家镇依托重大康养项目建设落地，镇域内部对康养专业人才需求增加的契机，采取"政府+高校+企业"的合营筹建方式，成立绵阳国际康养学院，开设针灸康养、护理、康复治疗、老年服务与管理等康养服务相关专业，兼顾短期培训与学历教育，立足打造中国康养高水平教育基地，为康养产业发展培养梯级专业人才，深入开展康养产业研究，培育推广康养模式，为康养产业的加速发展提供有力的智力支持和人才保障。

5.3.3.4 按期推进康旅项目建设

杨家镇围绕九洲汉地田园康养度假项目、涪翁文旅康养项目等重大康旅签约项目，定期或不定期召开项目推进工作联席会议，协调解决项目落地过程中遇到的各种困难和问题；同时，开辟绿色通道，推行全程代办、无偿代办，联合相关职能部门，配合企业做好项目立项、开工许可、环境评估、用地手续办理等工作，确保签约项目如期落地，发挥预期的带动效应。

5.3.4 加快打造丝绸经济

5.3.4.1 建设丝绸文化交流平台

杨家镇依托天虹现代丝绸文化体验园，建设大雪丝绸文化书院、杨家绣房、丝绸特色小院（丝绸特用品）等主题院落，定期组织举办蚕桑丝绸文化节，打造集科普教育、蚕俗展示、刺绣体验、产品销售为一体的产业园区。杨家镇大力推进"天虹院士"工作站建设，引进国内知名蚕业专家和技术人员入驻园区，形成一个集专业交流、技术培训、科技示范、产业技术展览等活动于一体的交流活动中心，成为绵阳市乃至四川省的蚕业专家交流合作平台。

5.3.4.2 着力打造丝绸全产业链

杨家镇在兴建蚕桑产业基地的基础上，以天虹丝绸公司的雄蚕茧生丝为优势支撑，补齐丝绸产业链中的加工环节；加大对高级成衣研发设计制造的政策支持力度，引导丝织企业落户产业一号线，鼓励服饰设计工作室入驻天虹现代丝绸文化体验园。杨家镇大力培育本地丝绸品牌，以品牌引领来提升产业的附加值和浓郁的丝绸文化氛围。杨家镇通过建设一批坚强的核心载体，集聚一批优质企业、创业团队和人才队伍，加快推动丝绸在传承、理念、技艺、创新等方面的推陈出新。

5.3.4.3 充分利用桑蚕茧资源

杨家镇重点支持具有前期开发基础的企业扩大生产规模和实施技术升级，鼓励支持行业外大型品牌企业参与桑蚕茧资源综合开发。杨家镇采用"公司+大户+农户"模式，大力发展桑枝食用菌、桑枝生物质能源、桑枝纤维、桑枝化工、桑枝木材加工产业链；桑果饮料、桑果酒、桑果醋、桑果花青素、桑果功能食品等桑果加工产业链；桑叶茶、桑叶粉、桑叶蛋白、桑叶饲料等桑叶加工产业链；蚕蛹油、蚕蛹蛋白等高端蚕（蛹）食品、化工、饲料加工产业链；蚕沙叶绿素、果胶提取等化工产业链。

5.3.5 深度挖掘水生生态经济

5.3.5.1 改善"水生态"，巧做"水文章"

都江堰百里渠玉杨丰支渠贯穿杨家镇，阴山河等4条河流（渠）穿插其中。杨家镇有塘堰200余个，不同形式的灌溉渠和不同规模的蓄水池构成了涵养土壤和植物的水网体系。2017年，杨家镇养殖水面为3 265亩，可塑景观空间充足。杨家镇通过塘堰改造、鱼虾蟹贝养殖、莲藕等水生植物种植改善水面生态条件，开发观光旅游功能，融入园林建设理念，依托山水田林、房屋建筑，塑造独特的"川西北塘林风貌"，形成独具特色的水生生态文化。

5.3.5.2 完善垂钓基础设施建设

杨家镇沿旅游观光环线，选择基础条件好、户主配合意愿强的塘堰作为建设示范点，由镇政府统一进行垂钓点的规划设计；按照"以奖代补"的形式，对纳入示范点建设的塘堰实施标准化垂钓点改建。2022年，杨家镇将建成标准化垂钓点20~30处，年接待能力达12万人次。

5.3.5.3 大力推进渔家乐发展

杨家镇依托钓鱼运动带动的客流，通过整合社会资源，积极引导社会资本投入，按照省级示范休闲农庄、标准化垂钓点建设标准打造集休闲、餐饮、住宿于一体的"渔家乐"，确保每个垂钓点在10分钟步行时间内都有相应的"渔家乐"

进行配套服务，努力营造政府引导、企业带动、农民参与的经营格局。杨家镇突出特色鱼类餐饮服务，将渔家乐餐饮行业建设成为吸引客流的主要增长点。

5.4 加强产业振兴体系保障

5.4.1 构建现代农业基础设施体系

一是加大农田水利设施建设力度。杨家镇大力发展高效节水灌溉，大力推广先进节水技术和节水新材料，降低农业灌溉取水量，大幅度提高农业用水效率和效益。二是大力推动高标准农田建设。杨家镇整合部门项目资金，建设一批渠相通、路相连、旱能灌、涝能排、生态化的高标准农田，提高农田持续增产能力。三是提高农业生产机械化水平。杨家镇坚持以实施农机购置补贴为契机，提升农业生产关键环节的机械化水平，在继续巩固主要粮食作物耕耙机械作业成果的基础上，集中力量提升水稻育插秧、玉米播种与收获等机械化水平以及主要农作物产后处理等环节机械化水平，并由耕种收环节机械化向产前、产中、产后全过程机械化延伸。

5.4.2 构建新型农业经营体系

杨家镇大力扶持发展产业化农业龙头企业、农民专业合作社、家庭农场、专业大户等新型农业经营主体，积极引进和发展农产品加工企业，鼓励企业结合优势农产品区域布局规划，健全农产品收储、加工、物流、质量追溯等服务体系，鼓励企业兼并重组、做大做强，推动农产品加工业集群发展。杨家镇充分发挥天虹丝绸公司等龙头企业的技术优势和渠道优势，引导龙头企业就近就地创办专业合作组织，与农户建立紧密的合作关系，解决社员在生产和流通环节面临的困难。杨家镇发挥农产品专业贩销大户、农村经纪人和经纪机构、供销合作组织等有销售渠道和懂市场营销的优势，联合农民创办生产和营销有机结合的专业合作社，促进产销有机对接。到2022年，杨家镇力争建成市级龙头企业8个、专业合作社20个。杨家镇立足提升传统农民、转化返乡农民、引入新型农民，着力培养有文化、善经营、会管理的职业农民，培育一批规模经营户、科技示范户、营销专业户。

5.4.3 健全农产品质量安全体系

杨家镇推进检测中心建设，增强农业资源环境及农产品监测能力，健全农业投入品质量监测与监督管理制度，控药、控肥、控添加剂，规范农业生产过程；加强农产品质量安全监管能力建设，完善农产品检验检测仪器设备，配备村组农产品质量安全协管员、信息员。杨家镇建立健全农产品质量安全全程监管制度，指导农产品生产企业和合作社建立产地证明准出制度，推行农产品质量标识制度，强化产地准出与市场准入衔接，建立农产品质量安全追溯信息化监管体系，确保从田间到餐桌的农产品质量安全。杨家镇开展农业面源污染普查及监测，建立健全农业面源污染监测体系，强化监测手段，及时掌握农业面源污染现状和变化趋势。

5.4.4 健全农业市场体系

一是建设区域性龙头市场。杨家镇加快农产品市场体系建设，不断完善农产品市场体系架构，重点围绕优质粮食产业、品质果蔬产业和优势蚕桑产业，建设1~2个区域性龙头市场，重点支持市场农产品冷链系统、质量安全追溯系统、价格信息系统三大系统建设的专业农产品流通市场，建设市场运行监测信息化体系，构建符合市情实际的冷链体系。二是建设农产品物流园。杨家镇规划建设跨区域的集加工贸易、储存配送、产品检测于一体的大型综合性农产品物流中心园区，辐射带动丰谷镇、关帝镇、玉皇镇、石洞乡等周边乡镇。

5.4.5 建立农业防灾减灾体系

一是加强灾害监测预警能力建设。杨家镇切实提高对干旱、暴雨、冰雹等气象灾害和洪涝等次生灾害的预测、预警能力，充分发挥预警体系作用；加大设施农业建设力度，积极完善大棚、棚架等设施，创新农作制度，全面提高农业防御灾害的能力。二是健全植保服务体系。杨家镇加强农作物重大病虫害远程自动监测预报系统与其他简便易行的监测预警体系建设，突出特色产业测报新技术应用研究，提高预报的及时性和准确性，保障农产品质量安全。三是稳步推进政策性农业保险工作。杨家镇建立广覆盖、多层次、可持续的政策性农业保险体系，逐步将农业保险与农业项目扶持、农村信贷资金等结合，增强农业抗风险能力和灾后恢复生产能力。

5.4.6 构建现代农业综合服务体系

一是深化基层农技推广体系建设。杨家镇明确界定农技推广站的公益性职能，实行为农民技术推广服务的责任制，采取挂钩指导、技物结合、技术承包、全程托管等多种服务方式，推进适合杨家产业发展的农业技术推广体系建设。二是发展农业经营性服务。杨家镇培育壮大专业服务公司、专业技术协会、农民经纪人、龙头企业等各类社会化服务主体，推进种子、化肥、农药、农机等生产经营企业和实体提供配套技术服务，提升农机作业、技术培训、农资配送、产品营销等专业化服务能力，支持其开展农资购销经营、重大病虫害防治、农业机械等生产性服务，提供市场营销、技术培训、农产品加工储藏等服务。

6. 人才振兴

6.1 振兴思路

习近平总书记指出，实施乡村振兴战略，要推动乡村人才振兴，把人力资本开发放在首要位置，强化乡村振兴人才支撑，加快培育新型农业经营主体，让愿意留在乡村、建设家乡的人留得安心，让愿意上山下乡、回报乡村的人更有信心，激励各类人才在农村广阔天地大施所能、大展才华、大显身手，打造一支强大的乡村振兴人才队伍，在乡村形成人才、土地、资金、产业汇聚的良性循环。

杨家镇乡村振兴同样面临着留守老人、留守儿童、留守妇女"三留守"的问题，人才匮乏成为实施乡村振兴战略的瓶颈。突破乡村人才匮乏这个瓶颈，关键在于念好用、育、强、招、请、借"六字经"，即把能工巧匠用起来，把职业农民育起来，把乡村干部强起来，把新乡贤招回来，把城市精英请进来，把专家大脑借过来。杨家镇多措并举，推动乡村产业振兴、人才振兴、文化振兴、生态振兴、组织振兴，带动乡村走向全面振兴。

6.2 总体目标

杨家镇围绕农业强、农村美、农民富的发展目标，构建乡村人才振兴的政策框架，完善乡村人才引进、培育、评价、激励机制，培养和造就一大批符合时代要求、具有引领和带动作用的乡村人才，人才的基础性、战略性作用更加凸显。到2022年，杨家镇力争引进和培育150名以上高端领军人才、创新创业人才，2 000名以上专业技术人才、农村实用人才、新型职业农民，建成总量倍增、结构合理、素质优良，基本满足乡村振兴战略要求的高素质人才队伍。

6.3 实行人才振兴工程

6.3.1 实施能工巧匠传承行动

乡村振兴，关键在人。乡村振兴需要一批富有工匠精神，扎根农村，懂农业、爱农村、爱农民的农业农村人才队伍，敬业奉献，负重前行。乡村土专家、田秀才、种植高手、养殖能人、各种能工巧匠等"匠心农人"是乡村振兴的主力军，政府要从政策、资金以及技术倾斜等方面给予其大力扶持，支持好这些生于农村、长在农村、至今仍身居农村且手握绝活的"匠心农人"，发挥其在适度规模经营、农业供给侧结构性改革、发展农业生产性服务业方面的骨干作用，发挥其在质量兴农、绿色兴农、品牌强农等方面的引领作用，让农村处处充满工匠精神。

杨家镇应当摸底、抢救、保护、传承，把乡村能工巧匠挖掘出来，建立乡土人才信息库，并以岗位聘用、客座邀请、项目合作等多种形式引进文化人才。杨家镇应主动靠前服务，搭建适合乡土人才致力于乡村振兴的干事平台，针对乡土人才的专业技能挖掘市场潜力、找寻附加产值、建立配套产业、拉伸产业链条，使之转化为乡村振兴的文化资源和产业优势。

6.3.2 实施职业农民培育行动

杨家镇以解决好"谁来种地、怎样种地"为重点，适应现代农业规模化、集约化发展的一般规律，提升农民生产经营素质，全面建立职业农民制度，积极培育爱农业、懂技术、善经营的新型职业农民。杨家镇以新型农业经营主体带头人和现代青年农场主培养为引领，以家庭农场、农民合作社、农业企业等新型农业经营骨干为重点，分类型、分层次开展新型职业农民培育。

杨家镇全面推行教育培训、认定管理、政策扶持"三位一体"的培育模式，提升新型职业农民的职业素养和实际操作能力，加快培植现代农业经营主体。杨家镇充分运用田间课堂、农民夜校、网上教学等形式，发挥各级各类创业大学、就业培训机构、创业孵化基地、农业广播学校、农村电商基地等平台作用，预计到2022年累计培育新型职业农民1 500人。

6.3.3 实施乡村干部培养行动

乡村干部是最基层、最直接的乡村振兴组织者、指挥员、带头人，他们的素质、能力和实干精神越来越重要。政府应当根据乡村干部的实际情况，分片区、分层次、分类别，大规模组织乡村干部接受素质教育和能力培训；鼓励支持年轻乡村干部参加学历教育、学习专业知识，使之成为乡村发展的行家里手。

杨家镇实施"育苗"工程，以返乡大学生村官为重点培养对象，对村党支部书记、村委会主任和村"两委"成员等，实施递进培养，延伸发展空间，大力提高综合素质，培育一支政治素质高、干事创业能力强的基层干部队伍。

6.3.4 实施新乡贤召回行动

实施乡村振兴战略，必须重用一批"经济能人""正义好人"和"乡村领路人"等乡贤人才，要积极培育、管理好新乡贤队伍，建立农村新乡贤吸纳机制，采取激励政策，让退休干部、社会贤达、农民工和创业者等乐于"载誉还乡"，使他们的思想观念、知识和财富服务于乡村的发展。

杨家镇加强对"新乡贤"的认定和管理，以村民推荐、公开评选等形式，从乡村评选优秀人才。组织和宣传部门要将做出突出贡献的人才树立为"新乡贤"，给予其荣誉和表彰，弘扬"新乡贤"精神，增强其回到乡村、留在乡村、建设乡村的自豪感和荣誉感。

杨家镇切实抓好基层组织建设。乡贤理事会、乡贤参事会、乡贤议事会等乡贤组织是当下实现基层治理现代化的重要力量，乡贤是管理乡村公共事务的重要参与者，在乡村治理和推进乡村风尚文明建设中起着重要作用。

6.3.5 实施城市精英吸引行动

随着城市化发展和乡村复兴，会有相当一批有识之士和各界精英愿意到乡村去创新创业，分享田园生活，实现人生价值。政府应在充分发挥农民主体作用的同时，制定规则，打开通道，把有志于乡村振兴的城市精英请到乡村来，让其与村民共建共享，带动村民共同发展。

杨家镇大力引进农业技术、医疗卫生、文化教育、经营管理等专业人才，探索兼职、咨询、科技合作等方式挖掘高端人才智慧，积极开展技术入股、期权激励等创新机制，充实杨家镇乡村振兴人才队伍，保证乡村振兴战略的顺利推进。

杨家镇鼓励西南科技大学、绵阳师范学院、四川中医药高等专科学校等高校根据乡村振兴需求，采取定向招生、定向培养、定向就业的方式，培养乡村振兴专业人才；做好选拔人才到基层一线服务和选拔基层人才访学研修工作，推动人才双向流动。

6.3.6 实施专家大脑支撑行动

杨家镇加强与高校和科研单位的沟通联系，以专家服务基层、创业导师走进留创园等活动为载体，重点围绕乡村产业振兴、生态振兴、文化振兴，组织各行业、各领域专家（人才）到基层服务，着力解决现代农业发展中遇到的技术水平不高、科技成果转化速度慢、农村实用人才匮乏等方面的难题，切实为现代农业发展提供专业的技术指导和服务，把智慧、知识、技术推广应用到乡村中去，解决科技下乡"最后一公里"的问题。

杨家镇对有基础、有条件、有潜力的产业村持续提供资金和技术支持，培育1~2个引智示范村。

专栏 5-1　人才振兴示范工程

・绵阳国际康养学院：采取"政府+高校+企业"的合营筹建方式，成立绵阳国际康养学院，开设针灸康养、护理、康复治疗、老年服务与管理等康养服务相关专业，兼顾短期培训与学历教育，立足打造中国康养高水平教育基地。
・天虹院士工作站：引进国内知名蚕业专家和技术人员入驻工作站，形成一个集专业交流、技术培训、科技示范、产业技术展览等活动于一体的交流活动中心，成为全市乃至全省的蚕业专家交流合作平台。
・新型职业农民培育工程：加快建立新型职业农民培育制度，启动新型农业经营主体带头人轮训计划，实施现代青年农场主计划、农村青年创业致富"领头雁"培养计划、职业技能提升计划等项目。到 2022 年，杨家镇将累计培育新型职业农民 1 500 人以上。
・青少年实践基地：以青少年教育实践基地为核心，统筹利用现有资源建设农业教育、社会实践和研学旅游示范基地，大力推进优秀农耕文化教育进校园，加强大中小学生的国情乡情教育。
・能工巧匠工作室：逐步建设 10 个杨家镇本土匠人乡村特色工作室，对每个工作室给予适当财政支持。到 2022 年，杨家镇将培育 30 名传统特色工艺传承技能大师，以技能为品牌，形成大师名片，将传统工艺产业发扬光大。
・搭建乡村"双创"平台：依托现有各类园区、特色小镇、闲置土地资源、房屋资源，积极培育和打造返乡农民工创业孵化基地、返乡创业园区；鼓励和扶持返乡人员依托本地资源嫁接外地市场，利用互联网技术，发展农产品销售、商贸流通等城乡各类服务业，推动线上线下融合发展；运用公共就业创业服务平台开展网上培训，通过移动互联网、手机应用程序等载体开展"创业+职业技能"组合培训，拓宽培训渠道；加大农民工中高级职业技能培训力度。
・乡村干部队伍建设行动计划：切实加强"三农"干部队伍的培养、配备、管理和使用，全面提升全镇干部特别是领导干部做好"三农"工作的水平，培养出懂"三农"工作、会抓"三农"工作的行家里手；加强村组干部队伍建设；按照懂农业、爱农村、爱农民的要求，全面提升"三农"干部的能力和水平，把农村一线锻炼作为培养干部的重要途径，形成人才向农村基层一线流动的用人导向；抓好后备干部培养，实施村级后备干部培养计划，为每个村储备 2 名以上后备干部。

6.4 创新人才振兴保障机制

6.4.1 完善人才培养机制

杨家镇探索多样化人才培养模式，建立自主培养与人才引进相结合，学历教育、技能培训、实践锻炼等多措并举的农村人力资源开发机制。杨家镇运用移动互联网等信息化技术，创新在线培训、手机客户端管理考核等新型服务方式。

杨家镇大力实施乡土人才培育工程，不断提升其技能水平和创业能力，培养更多的"土专家""田秀才"。杨家镇发挥各级各类创业大学、创业孵化基地等平台的作用，实施乡土人才培育示范计划，5 年分级分类培训 1 000 人次。杨家镇组织基层人才挂职研修，每年选拔 20 名基层人才到四川省内高校、科研院所、文化单位、医疗机构访学研修。杨家镇力争建设 10 个本土匠人特色工作室，培育 50 名传统特色工艺传承技能大师。

6.4.2 健全人才评价机制

杨家镇建立职业农民职称制度，研究制定符合职业农民特点的职称评审标准和评审规范。职业农民参加职称评审不受学历、所学专业等限制，考察业绩贡献、经济社会效益和示范带动作用成为重点。杨家镇探索鼓励和奖励措施，对获得职称的职业农民，优先提供信息技术、融资支持、产品推介服务，优先安排学习培训，优先给予财政资金支持项目、政策补贴等。

杨家镇建立乡土人才技能等级评价制度，探索制定乡土人才技能评价地方标准，组织开展乡土人才专项能力认定，做好职业农民职业资格认定工作。杨家镇支持行业协会、同业公会、龙头企业开展职业技能竞赛，对在涉农产业、本土特色产业等技能竞赛中表现优秀的乡土人才，经主管部门认定，授予"杨家镇技术能手"称号，纳入高层次人才，让其享受相应工作和生活待遇。

6.4.3 创新人才激励机制

深化农村集体产权制度改革是发展壮大集体经济的有效途径，也是运用市场机制配置人力资本的重要手段。杨家镇要抓住当前深化农村集体产权制度改革的有利时机，把集体经济作为发挥人才作用的一个现实基础，把集体经济股权作为吸引、留住人才的激励机制，研究谋划吸引人才的政策。杨家镇应充分利用天使投资、风险投资和股权投资基金等社会资本加大对基层专业技术人才创新创业的金融扶持力度。

杨家镇深化农业科技成果转化和推广应用改革，健全对农业科研人员的以知识产权明晰为基础、以知识价值为导向的分配政策。杨家镇在保障农民利益、集体利益保值增值的前提下，借鉴现代企业制度，视人才的贡献和业绩，经村集体经济组织成员合议，允许农村留乡人才、返乡人才、下乡人才持有股份，以改革的红利增强人才下乡的动力。杨家镇探索公益性和经营性农技推广发展机制，允许农技人员通过提供增值服务合理取酬。

6.4.4 完善人才引进保障机制

杨家镇引导符合条件的新型职业农民参加职工养老保险、医疗保险等，支持符合条件的乡村医生按规定参加职工养老保险，探索将农村家庭农场、合作社和社会化服务组织成员纳入职工养老保险、医疗保险的保障范围。

杨家镇完善人才管理服务机制，鼓励有条件的地方推进村庄人才公寓、专家公寓建设，为农业科技人才短期性、周期性下乡提供便利。杨家镇对经认定符合条件的农业领域高层次人才，提供出入境和居留、户籍办理、工商税务、住房保障、配偶随迁、子女入学、公共交通、医疗、旅游等便捷通道、优质服务。

7. 文化振兴

7.1 振兴思路

文化是一个国家、一个民族的灵魂，乡村文化是乡村民众群体生活智慧的结晶。在迈入中国特色社会主义新时代的背景下，大力实施乡村振兴战略，离不开乡村文化的繁荣兴盛。在党的十九大精神的引领下，以文化建设扎实推进乡村现代化建设，能够为乡村振兴伟大使命的践行提供坚实的保障和持续的动能。

杨家镇文化振兴要以社会主义核心价值观为引领，坚持精神文明和物质文明同步建设，坚持既要塑形也要铸魂，全面推进乡村思想道德建设、文明创建。杨家镇传承和发展"涪翁文化""孝德文化""和文化"等优秀传统文化，创新发展"康养文化""丝绸文化""农耕文化"等特色文化，拓展文化产业链，培育特色乡俗文化品牌群，最终形成以"丝绸文化"为核心，以"涪翁文化"和"田园文化"为辅助的文化旅游品牌，打通"和文化""孝德文化"等村落公共文化向旅游文化产业发展路径，推进康养、农耕、民俗、文艺、美食、文创等特色文化发展。杨家镇促进乡村文化繁荣与发展，培育文明乡风、良好家风和淳朴民风，提升农民精神风貌，加快形成乡村文明新风尚。

7.2 总体目标

杨家镇以乡风文明为基石，繁荣兴盛农村文化，促进乡村文化产业化、品牌化发展；以社会主义核心价值观为引领，弘扬优秀传统文化，加强农村公共文化建设，开展移风易俗行动，培育文明乡风、良好家风和淳朴民风。到2022年，杨家镇乡村文化振兴将取得重要进展，农村思想道德建设切实加强，乡村文明水平显著提升，良好社会风尚进一步形成；公共文化服务基本实现标准化和均等化，农村公共文化设施、队伍、活动、投入得到保障，群众喜闻乐见的文化产品和文化服务更加丰富繁荣。"涪翁文化"等优秀传统文化的传承与发展富有成效，具有国际影响的地区名片初步形成，各种特色文化协同发展，杨家镇文化品牌矩阵得到建立。杨家镇农村面貌明显好转，乡风文明程度显著提高，新建幸福美丽新村5个、省级"四好新村"3个、市级"四好新村"8个，100%的村达到县级及以上文明村的标准。

7.3 实行文化振兴工程

7.3.1 加强党的领导和思想引领

杨家镇紧紧围绕党的理论创新成果、中央重要决策部署和省市的政策要求，采用多种形式开展理论学习宣传普及活动，切实增进人们对习近平新时代中国特色社会主义思想的政治认同、思想认同和情感认同。杨家镇推动民生政策宣讲，深入解读和宣传乡村振兴战略以及党的"三农"政策和强农、惠农、富农举措。

杨家镇大力弘扬社会主义核心价值观，坚持教育引导、实践养成、制度保障三管齐下，深入推进文明镇、村和"四好新村"创建，广泛开展群众性精神文明创建活动。杨家镇加强对基层理论宣传骨干的培训，推动基层理论宣传骨干入村入社开展理论宣讲。

杨家镇推进社科理论普及，结合综合文化站、乡村综合性公共文化服务中心标准化建设，进行科普教育、知识传授和价值传播，提高农村群众人文素养。杨家镇定期组织科学普及活动，以科普周、科普志愿服务、科普展等形式组织专家、志愿者走进社区、乡村、企业等开展科普工作。

7.3.2 弘扬乡村优秀传统文化

杨家镇大力挖掘优秀传统文化，加快文化传承创新示范区建设，推进传统文化与乡村振兴有机结合。杨家镇传承传统文化，以涪翁小镇建设为载体，将针灸这一国家级非物质文化遗产有机融入现代康养，形成独具特色的康养品牌。

杨家镇加强涪翁文化广场、文化走廊、文化馆等场景建设，以多种形式展示、讲述当地中医文化渊源、涪翁文化故事，形成文化名片。杨家镇丰富和发展村落文化，进一步挖掘"孝德文化""和文化"等乡村优秀传统文化，丰富文化广场建设，设立村史馆、文化馆，营造独特村落文化。

杨家镇加强文物保护利用和文化遗产保护传承，实行一村一档，永久保存，增强文化底蕴和居民归属感。杨家镇进一步挖掘龙王洞、火烧寺、告封碑等文化遗产中蕴含的优秀思想观念、人文精神、道德规范，在保护传承基础上不断赋予文化遗产新的时代内涵，充分发挥其教化群众、淳化民风的作用。

7.3.3 发展乡村特色文化产业

杨家镇加强规划引导、典型示范，挖掘培养乡土文化本土人才，建设特色鲜明、优势突出的"古盐运之路""康养文化""丝绸文化""水乡文化""农耕文化"产业示范区，创建一批文化产业特色村和文化产业群，推动区域文化、农业、旅游、康养、教育等资源融合发展。

杨家镇充分挖掘各村地方人文、生态特色内涵，引进文创团队，通过文化创意、包装设计、品牌营销，推动特色文化资源向文化产品转化，实现文化资源的产业化开发和利用，形成"一村一品、一村一业、一村一韵"的乡村文化利用格局，打造乡村文化精品，实行差异化发展。

杨家镇大力推动农村地区实施传统工艺振兴计划，整理非遗项目资料和建立档案，开发特色传统工业资源，培育形成具有地域特色的传统工艺产品。杨家镇加快文化遗产、节庆赛事、养生文化、民俗文化、名人文化方面的创意产品开发，推动民俗文化产业发展。

专栏 5-2　文化振兴重点工作

·丝绸文化：以丝绸文化产业园（柏林湾村）建设为载体，完善现代蚕业体验园区、丝绸文化体验展示园区、现代蚕业休闲观光园区建设，传承丝绸文化，品鉴蜀绣文化，挖掘本土手工艺人、蜀绣大师，建立杨家镇乡土人才信息库，加强与成都、重庆的文化交流和经验借鉴，以文化名人、系列文化产品、丝绸文化节和博览会为抓手，打造集科普教育、蚕桑展示、刺绣体验、产品销售为一体的产业园区。

·涪翁文化：以涪翁小镇建设为载体，将针灸这一国家级非物质文化遗产有机融入现代康养，形成杨家独具特色的康养品牌；建设涪翁文化广场、文化走廊、文化馆，加强场景建设，以多种形式展示、讲述中医文化渊源、涪翁文化故事，形成文化名片；加快建设草药乐园、针灸康养体验馆等体验项目建设，形成品牌矩阵。

·农耕文化：以品质农业集聚区（朵朵树村、川主庙村、高碑垭村）建设为载体传承农耕文明，发展品质农业；进行传统农业生态园（农耕文化博物馆、文化研究院、文化体验园）以及现代农业科技馆、观光带建设。

·孝德文化、和文化：以罗汉寺孝德文化创新示范区、万和村和文化创新示范区建设为载体，进一步挖掘乡村优秀传统文化，丰富文化广场，设立村史馆、文化馆，营造独特村落文化，并打造青少年思想道德建设基地；进一步丰富"孝德之星""最美家庭"等文化活动的举办形式、展示方式，深化立意，发挥试点作用，深入社区、联合高校，以文化讲堂、文化展、文化演出等形式逐步扩大影响力和评选范围。

·民俗文化：进一步利用传统节日组织开展民俗活动，挖掘杨家镇元素，打造节会品牌；办好杨家镇香草园经典节庆活动，推进新村大庙会、香草嘉年华、果桑采摘节、荷花灯光美食节、盛夏灯光音乐节等文化节庆活动开展。

·水文化：以欢乐碗水乡文化村、百塘渔湾义化示范带建设为载体进行水文化打造，加强塘堰改造、湿地保护，通过水上游乐、亲子教育、特色采摘园、标准竞钓池、渔家乐等项目建设，构建山中有水、水体相连的特色水文化体系。

7.3.4　加强乡村公共文化建设

杨家镇加强乡村文化基础设施建设，深入推进文化惠民工程，加快推进综合文化站、乡村综合性公共文化服务中心标准化建设，健全完善长效运营机制，充分发挥综合服务功能。杨家镇积极开展"全民阅读""四下乡"等群众性文化活

187

动。杨家镇鼓励和引导社会力量投资与捐赠公共文化设施，重点加强对图书室、文化站、广播网络等设施的建设管理，坚持一院多能、一室多用，有效整合、合理规划，统筹建设各类活动场所，充分提高其利用率。

杨家镇提高公共文化服务供给质量，深入推进文化惠民，建立农民群众文化需求反馈机制，及时准确了解和掌握群众文化需求，开展菜单式、订单式服务。杨家镇建立政府、市场、公众多方参与的运行机制，激发社会组织参与乡村公共文化服务的动力，广泛吸纳社会资本向公共文化服务领域流动，形成开放多元的乡村公共文化服务供给格局。

杨家镇完善群众文艺扶持机制，不断增强乡村文化自身造血功能，变"送文化下乡"为"种文化进村"。杨家镇鼓励和支持成立各类群众文化团队，开展形式多样的宣传教育、科学普及和文化娱乐活动，充分发挥文化富民、育民、乐民的作用。杨家镇积极开展形式多样、丰富多彩、喜闻乐见的文化活动，强化特色文化品牌建设，推进"一村一年一场戏"，形成村村有特色的生动局面。

专栏 5-3　乡村公共文化服务工程

·文化惠民工程：实施公共文化服务基础设施全覆盖建设工程，保障乡村现有公共文化服务基础设施的高效合理利用，及时准确了解和掌握群众文化需求，开展菜单式、订单式服务，积极开展优秀文化进乡村服务，推动书法、绘画、戏曲等文化项目深入基层农村服务点，丰富乡村群众的文化生活。
·农村文化广场提升工程：实施文化广场提升工程，建设现代化、标准化、广覆盖、高效能的农村文化广场设施网络，建立可持续发展的广场文化活动运行机制；充分发挥广场的文化载体功能和凝聚人心作用，组织引导、整合吸纳各类文化资源向农村文化广场集聚，调动农村群众参与文化活动的积极性。
·"文化云"建设工程：大力推广"杨家文化云"建设，以公共数字文化平台建设推动杨家镇公共文化服务水平提档升级，更好地立足群众、服务基层，使公共文化服务改革创新惠及广大群众，使广大群众共享改革创新成果；保障镇、村两级图书室、文化站与绵阳市、涪城区实现网络无障碍互通，确保各类上网信息资源能够同步更新。
·文化工作者队伍建设工程：鼓励多元化的文化工作者队伍建设，引导政府专职文化工作者、文化志愿工作者、社会组织等多方力量有重点、有方向地发挥各自的能量，打造一支结构合理、综合素质优良的文化工作人才队伍。

7.3.5 开展乡风文明建设

杨家镇广泛开展文明创建活动，建立农村道德标准，发挥新乡贤作用，引导农民群众养成好习惯、形成好风气，不断激发群众建设美好家园的内生动力，形成知荣辱、讲正气、做贡献、促和谐的良好风尚。杨家镇在全镇各村（社）普遍开展"文明家庭""孝德之星""好媳妇"等评选活动，倡导"礼、义、廉、耻、孝"传统价值观。杨家镇深化文明村镇创建，到 2022 年，全镇县级以上文明村镇创建将达到村镇总数的 70%以上。

杨家镇大力推进农村诚信体系建设，加强农村社会诚信体系建设，建立健全覆盖农村的征信系统，完善守信激励和失信惩戒机制。杨家镇深化诚信主题宣传教育活动，大力宣传推广群众身边的守信践诺之举、诚实守信典型，公开曝光失信败德行为。杨家镇保障村规民约有效实施，建立村规民约监督执行机构，设立村规民约奖励基金，明确村规民约组织保障和资金保障。

杨家镇深入开展移风易俗行动，加强对农村精神文明新风尚的宣传，倡导婚丧嫁娶新风，推行喜事新办、丧事简办、厚养薄葬。杨家镇进一步推进落实《关于推行节地生态安葬的指导意见》，积极推行节地生态安葬，培育现代殡葬文化并出台相应奖补政策，到 2022 年，节地生态安葬率达到 30%。杨家镇建立红白理事会，建立完善红白事的办理流程、标准要求，推动红白理事会工作制度化、规范化、常态化。

7.4 完善文化振兴保障机制

7.4.1 强化政府职能保障机制

政府注重发挥组织领导职能，成立镇委、镇政府主要领导任组长的乡村文化振兴领导机构，健全以镇党委宣传部部长为召集人的乡村文化振兴工作联席会制度，统筹协调整合镇直各部门相关资源，形成大文化格局，有效补齐农村文化服务的短板，加快乡村文化振兴的进程。

同时，政府注重发挥统筹规划职能，结合经济社会发展实际，编制乡村文化振兴总体规划，在此基础上编制文化设施、文化供给、文化效能、制度保障等专项规划，确保乡村文化振兴稳步推进。杨家镇组织编制《杨家镇优秀文艺成果和文艺人才奖励办法》，重点鼓励精品文艺力作、优秀文艺人才、重大文艺活动，激励和鼓舞广大文艺工作者创作出更多更好的文艺作品，提升文化软实力。

政府注重发挥社会购买职能，编制杨家镇传统文化、特色文化、生态文化项目，通过招商引资的形式，积极打造文化产业园；同时，结合节庆文艺活动、文化旅游节，加大向社会购买文化产品的力度，推进"送文化"向"种文化"转变。

7.4.2 创新社会职责保障机制

杨家镇注重扶持文化团队，充分发挥"涪翁文化""孝德文化""和文化"

"丝绸文化""水乡文化"等地方特色文化的辐射带动作用，创办非物质文化遗产传承基地，出台相关扶持政策，加大具有地方特色的文化品牌团队的创建力度。

杨家镇注重组建文化协会，引导民间文艺团队，按照文化表演、文化创作、文化包装、文化策划等类别，引导民间文艺机构组建专业协会，积极开展研讨、创作、交流等活动。

杨家镇注重文化领域投入，鼓励民间资本捐建或捐资助建公共文化基础设施，引导民间资本通过资助项目、赞助活动、提供设施等形式参与乡村文化振兴。

7.4.3 推进群众义务保障机制

杨家镇引导群众参与，以村文艺队为依托，以乡镇片区文艺汇演为平台，定期组织群众开展舞蹈、乐器、表演等培训活动，提高群众参与文艺活动的积极性。

杨家镇鼓励群众创作，结合非物质文化遗产保护传承工作，引导传承人结合时代特点，积极创作衍生优秀文艺作品；同时，鼓励传承人通过"师承"或"授徒"的方式，积极开展非物质文化遗产保护和传承工作。

杨家镇支持群众搭建传统节庆文艺平台，积极鼓励群众自编、自导、自演文艺活动，逐步养成一种文化自觉。

8. 生态振兴

8.1 振兴思路

杨家镇坚持把和谐共生、生态宜居作为根本导向，走绿色发展之路；巩固提升国家卫生镇创建成果，树立"山水林田湖草是一个生命共同体"的理念；认真落实《农村人居环境整治三年行动方案》《农村生活污水治理五年实施方案》，加强农业面源污染防治，抓好农村生活垃圾、生活污水和村容村貌等突出问题的综合治理，大力推进"垃圾革命""污水革命"和"厕所革命"；实施农村生态环境清洁小流域建设，加强农村水环境治理和农村饮用水水源地保护。

杨家镇加大生态保护与修复力度，促进乡村自然生态系统功能和稳定性全面提升，持续改善生态环境质量，推进农业绿色发展，实施农业节水行动，深入推进农业灌溉用水总量控制、定额管理；推进农业清洁生产，加强农业投入品规范化管理，实施化肥、农药零增长行动。

杨家镇扎实开展幸福美丽乡村创建，推广"小组微生"建设模式，注重场镇与村居、田野与村庄、村内建筑与景区的风貌协调，以绵中公路、杨关大道、产业一号线、塘杨路等特色旅游线为重点，打造具有鲜明特色、融合乡村景观的新型农村民居典范，形成整体统一、富有特色的农房建筑风貌带。

8.2 总体目标

杨家镇坚定践行"绿水青山就是金山银山"的理念，以建设美丽宜居村庄为导向，以乡村绿色发展、环境靓丽为主攻方向，加大生态保护与修复力度，统筹山水林田湖草系统治理，大力发展绿色经济，加快补齐农村人居环境突出短板，全面提升美丽乡村建设水平。杨家镇把生态优势转化为产业优势、可持续发展优势，以期建设成为绵阳国家科技城的"后花园"和"生态走廊"。

到2022年，杨家镇将明显改善农村人居环境，取得实施乡村振兴战略的重要阶段性成效；基本实现村庄规划编制、生活垃圾有效处置、无害化卫生厕所改造全覆盖，生活污水处理率大幅提高，村容村貌明显改观，全镇所有村建成区级"四好新村"，80%以上的村建成市级"四好新村"，60%以上的村建成省级"四好新村"。农业可持续发展能力、绿色农产品供给能力明显提升，农田灌溉水有效利用系数提高到四川省平均水平以上，主要农作物化肥、农药使用量减少20%以上，秸秆综合利用率达到98%以上，畜禽粪污综合利用率提高到绵阳市平均水平以上，实现全镇废弃农膜基本回收利用。水土流失面积有所减小，侵蚀强度有所减弱，林草植被得到有效保护与恢复，水体被严格管控，水质条件明显改善。

8.3 实施生态振兴工程

8.3.1 持续改善农村人居环境

杨家镇梯次推进农村生活污水治理，推动城镇污水管网向周边村庄延伸覆盖，加强生活污水源头减量和尾水回收利用。杨家镇以房前屋后、河塘沟渠为重点实施清淤疏浚，采取综合措施恢复水生态，逐步消除农村黑臭水体系。杨家镇加快推进通村组道路、入户道路建设，完善村庄公共照明设施，基本解决村内道路泥泞、村民出行不便等问题。

杨家镇全面推行户分类、村收集、镇转运、市处理的镇村环卫一体化模式，全域实施"清洁家园"行动，完善生活垃圾处理及收运设施，健全农村生活垃圾收运处理体系，加快建立垃圾治理设施投资运营长效机制，建立多元化投入保障机制，综合治理农村生活垃圾。村（社区）建立完善农村环境卫生相关村规民约，加强农村生活垃圾收运队伍建设及管理，加强教育培训，完善激励机制，全面推行垃圾分类。到2022年，杨家镇生活垃圾无害化处理率将达到100%。

杨家镇持续推进农村"厕所革命"，大力开展农村户用卫生厕所建设改造，重点开展农村户用厕所和旱厕改造，因地制宜、科学配套乡村公厕建设。杨家镇将乡村公厕纳入乡村环卫管理体系，安排专人负责保洁管理。杨家镇加强粪污治理，推进乡村厕所粪污无害化处理和资源化利用，彻底解决农村"如厕难、排污难、处理难"的"三难"问题，力争实现农村无害化卫生厕所全覆盖。

8.3.2 加快幸福美丽新村建设

杨家镇全面改善村容村貌，加快推进"四好农村路"建设，实现穿村公路和村内主干道路硬化全覆盖，基本解决村内道路泥泞、村民出行不便等问题，为农村群众出行提供更加方便、快捷的交通条件。到2022年，杨家镇农村将基本实现村内道路"户户通"。杨家镇实施城乡供水水质提升工程，加快推进城镇供水管网向农村延伸，逐步实现城乡供水同网、同源、同质。

杨家镇整治公共空间和庭院环境，开展美丽庭院创建活动；推进村庄绿化亮化，建设绿色生态村庄，在村庄主要街道两侧，文化广场、学校、村民中心等重要场所安装照明设施；实施以建庭院、建入户路、建沼气池、改水、改厨、改厕、改圈为主要内容的村容村貌整治工程。

杨家镇强化乡村特色风貌建设，保护乡村风貌多样性，建设立足乡土社会、富有地域特色、承载田园乡愁、体现现代文明的美丽乡村。杨家镇开展田园建筑示范，引导建筑师下乡进行农房设计指导，打造特色乡村风貌。杨家镇挖掘和传承传统文化，加大历史文化名村和传统村落保护力度，编制村庄保护发展规划，加强对龙王洞、火烧寺、告封碑等历史文化要素的保护利用，注入旅游元素，发展乡村旅游。杨家镇开展乡村风貌提升行动，划定全镇乡村风貌分区、特色风貌带、田园建筑示范点，编制乡村风貌建设技术导则，保护山水田园景观，整治美化公共空间，发展体现地域特点、村落特色和时代特征的乡村建筑。

8.3.3 全面推进农业绿色发展

杨家镇强化资源保护与节约利用，实施农业节水行动，建设节水型乡村；推广高效节水农业模式，优先推进严重缺水和生态环境脆弱地区节水灌溉发展，积极发展喷灌、微灌、用水计量和智能控制等技术。到2022年，杨家镇农业灌溉水有效利用系数将提高到0.462以上。杨家镇严格控制未利用土地开垦，落实和完善耕地占补平衡制度，加强重点区域耕地保护，推进保护性耕作。杨家镇降低耕地开发利用强度，鼓励轮作休耕。杨家镇坚守森林生态保护红线，严格执行森林采伐限额制度和凭证采伐制度，全面加强林地保护管理。

杨家镇推进农业清洁生产，实施化肥、农药零增长行动，杨家镇大力推广生物农药，全面推广测土配方施肥技术、水肥一体化技术，推进有机肥替代化肥和病虫害绿色防控。杨家镇大力推行高效生态循环种养模式和养殖场标准化建设，科学划定畜禽禁养区，有效防治畜禽养殖污染。杨家镇加强渔业养殖污染治理，探索实施渔业养殖总量控制制度，全面取缔湖库非法养殖。杨家镇推广生态养殖模式，加强养殖尾水排放监管，池塘和工厂化养殖实行达标排放。

杨家镇集中治理农业环境突出问题，加快粪污处理设施建设与标准化改造，推动规模化大型沼气池建设，散养密集区逐步实现畜禽粪便污水分户收集、集中处理利用，促进畜禽粪便、污水等废弃物就地就近利用。在2022年，杨家镇将实现畜禽粪污综合利用率达到94.83%以上。杨家镇推广秸秆高效利用模式，秸秆综合利用率达到98%以上，基本实现全镇废弃农膜回收利用。杨家镇深入实施土壤污染环境防治行动计划，大力推进重金属污染耕地修复和种植结构调整。杨家镇严格工业和城镇污水处理、达标排放，阻绝未经处理的城镇污水和污染物进入农业农村。

8.3.4 加大乡村生态保护与建设力度

杨家镇加强农田水利设施、农业生态基础设施建设，修复自然生态系统、净化水质、保护生物多样性等；保护和改善农田生态系统，大力发展有机生态农业；保护和培育森林生态系统，增强林业生态发展的平衡性，大力开展国土绿化行动，推进沿河、沿湖、沿路造林绿化及农田生态林网建设。

杨家镇推进湖库湿地保护修复，加快湿地、自然保护区建设以及改善水环境，开展重点湖库水华防控研究，筛选典型重点湖库，通过监测和评估，分析水体现状，制定水体防控方案以及污染物禁排或限排措施。杨家镇在重要饮用水水源地保护区探索发展环水有机农业，控制种植业面源污染。

杨家镇划定山体保护控制线，确定山体保护范围，禁止进行开山采石、探矿挖矿、毁林开荒、倾倒垃圾等与生态功能保护无关的生产和开发活动。杨家镇加强天然林资源和公益林保护管理，对国有林、集体公益林进行全面有效管护，积极开展公益林建设，强化森林防火、林业有害生物防治、森林生态资源监测等。

8.3.5 推进乡村生态景观规划

杨家镇推进景观生态绿地建设，加强"绵中路—杨关大道—产业—号线—塘杨路"生态圈防护绿带建设，构建环镇生态带，统筹推进城区绿廊、公园绿地、道路绿网建设，构建点、线、面相结合的镇村绿化空间体系。杨家镇推进农村庭院绿化美化建设，充分利用村旁、宅旁、路旁、水旁以及宅间空地种植绿色植物，以家庭庭院绿化为基础，以村庄绿化、环村林网、公共绿地建设为重点，加强林盘绿化美化建设，加强农田道路两侧、灌溉渠系沿线防护林带建设，构建全镇基本农田防护林网。杨家镇加快绿道建设，以区域绿道、城市绿道、社区绿道、郊野绿道系统串联城乡。到 2022 年，杨家镇规划建成总长度 61 千米的绿道网络，串联城乡、产业、林盘和景区。杨家镇加强精品小游园及街旁绿地建设，增加集健身、休闲、园林景观为一体的公众休闲场所。

专栏 5-4　生态振兴重点工程

·农村垃圾污水处理：推进生态文明乡镇、生态文明村等"生态细胞工程"建设；建立健全村庄保洁体系，实现有齐全的设施设备、有成熟的治理技术、有稳定的保洁队伍、有长效的资金保障、有完善的监管制度。交通便利且转运距离较近的村庄推行户分类、村收集、镇运转、市处理模式，其他村庄就近分散处理，推广农村生活垃圾分类和资源化利用，覆盖所有具备条件的县（区、市），推进城镇污水处理设施和服务向城镇近郊的农村延伸，在离城镇较远、人口密集的村庄建设污水处理设施进行集中处理，人口较少的村庄推广建设户用污水处理设施，生活污水乱排乱放问题得到管控。

·农村风貌改造工程：划定全镇乡村风貌分区、特色风貌带、田园建筑示范点，编制乡村风貌建设技术导则；在充分尊重当地历史文化、民风民俗的前提下，结合规划产业特色，将杨家镇的建筑风貌划分为三个区：一是休闲度假风貌区，结合万和村康养产业，以中式院落为主，体现休闲、宁静、养生的特点；二是现代都市风貌区，结合镇区及香草园商业街、游乐园，建筑以现代风格为主，体现明快活泼、时尚现代的特点；三是五彩田园风貌区，结合杨关五彩田园产业带，建筑以传统民居为主，体现田园农耕、鱼米之家的特点。

·桑基鱼塘生态循环农业示范：以柏林湾村、回龙寺村和云林村为建设示范点，依托丰富的塘堰资源，在池塘附近种植桑树，以桑叶养蚕，以蚕沙、蚕蛹等为鱼饵料，以塘泥作为桑树肥料，形成池埂种桑、桑叶养蚕、蚕蛹喂鱼、塘泥肥桑的生产结构或生产链条，构建高效人工生态系统。

·生态绿道、生态景观建设：以绵中路沿线农田核心区块为主，以杨关大道、产业一号线和塘杨路为支架，通过水稻、荷花、油菜、香草等作物的规模化种植，结合创意农业建设，重点在柏林湾村、高碑垭村、朵朵树村、川主庙村、云林村、回龙寺村等示范村打造微景观节点，统筹生态建设、景观营造与产业发展，建设田园景观农业的旅游观光环线。

·河（渠）整治工程：继续推进阴山河、刘家河等河（渠）整治和改造工作，开展河道垃圾淤泥清理专项行动，进行水质监测和改善，推进流域水环境生态修复；美化提升沿线景观环境，进行双向河堤绿化，盘活十里生态观光水廊。

·绿色农业工程：大规模推进农田水利建设，积极推广应用深松整地、覆盖保墒、保护性耕作等技术，蓄住自然降水，用好灌溉水，增强田间土壤蓄水能力；推行农业废弃物资源化利用，采取政府支持、市场运作、社会参与、分步实施的方式，推进畜禽粪污、农作物秸秆、废旧农膜及废弃农药包装物等废弃物进行能量循环、综合利用，构建农业废弃物资源化利用的有效治理模式。

8.4　健全生态振兴体制机制

8.4.1　健全生态保护补偿机制

杨家镇坚守生态保护红线，逐步解决生态保护红线区内违法违规项目建设和历史遗留问题；合理控制水体开发利用强度，保障湖库生态用水；完成饮用水水源地保护区管理范围划定和立界工作，全面推行村一级河长制；加大对森林、湿地等重点生态功能区域的补偿力度，进一步健全生态保护补偿机制；完善流域上下游、跨地区横向生态保护补偿机制，建立横向补偿关系；加快探索市场化生态保护补偿机制，建立健全用水权、排污权、林地使用权交易制度。到2022年，杨家镇将实现全镇森林、湿地等重点领域和禁止开发区域、重点生态功能区等重要区域生态保护补偿全覆盖，初步建立多元化补偿机制，基本形成生态保护补偿制度体系，确保重点生态功能区、生态环境敏感区和脆弱区得到有效保护。

8.4.2　完善建设和管护机制

杨家镇全面推进镇域村庄规划编制实施，加强乡村建设规划许可管理，以利用促保护，鼓励采取市场化运作手段，规范推广政府和社会资本合作模式，吸引社会资本参与农村垃圾污水处理项目。杨家镇探索建立垃圾污水处理农户付费制度，完善财政补贴和农户付费合理分担机制。杨家镇完善农村人居环境建设和管护机制，发挥村民主体作用，鼓励专业化、市场化建设和运行管护。杨家镇支持村级组织和农村工匠带头人等承接村内环境整治、村内道路、植树造林等小型涉农工程项目。杨家镇组织开展专业化培训，把当地村民培养成为村内公益性基础设施运行维护的重要力量。杨家镇提倡相邻村庄联合建设基础设施，实现区域统筹、共建共享。杨家镇推行环境治理依效付费制度，健全服务绩效评价考核机制，保障设施可持续运转。

8.4.3　创新特色村镇发展机制

杨家镇深化扩权强镇改革，强化事权、财权和用地指标等保障，创新小城镇发展投融资机制，鼓励社会力量参与城镇投资、建设、运营和管理，探索建立小城镇建设专项基金、推广运用政府和社会资本合作模式等。杨家镇加大对特色小城镇转移支付、对口支持的力度，加强银、政、企合作，提升自我发展能力。杨家镇坚持"固态保护、活态传承、业态提升"的原则，完善资金投入机制，鼓励村民自筹资金、自我组织、自我管理，深入挖掘各地丰富多样的文化资源，推进特色村镇建设。

9 组织振兴

9.1 振兴思路

乡村振兴离不开乡村组织的振兴，组织强则乡村强，组织弱则乡村衰。杨家镇以习近平新时代中国特色社会主义思想为根本遵循，坚持把夯实基层基础作为固本之策，建立健全党委领导、政府负责、社会协同、公众参与、法治保障的现代社会乡村治理体制，构建党组织领导下的自治、法治、德治"三治协同"的治理体系和一核多元的体制机制，确保乡村社会充满活力、安定有序。

推动乡村组织振兴，关键要结合实际、因地制宜，重点是善抓趋势、勇于创新。杨家镇以基层党组织建设为核心，以夯实基础、"筑巢引凤"为抓手，不断加强乡村各类组织的培育工作，包括培育管理性、公益性的组织以及壮大农村集体经济、带动村民发展的各类经营性组织，造就专业化的乡村人才队伍。杨家镇聚焦农村基层党组织、农村经济组织、自治体系、法治体系、德治体系五个方面的建设，系统推动、精准发力，为乡村振兴注入强劲动力。

9.2 总体目标

杨家镇以增强农村基层党组织的组织力为重点，以实现乡村治理体系和治理能力现代化为目标，坚持以党组织建设带动其他组织建设，以组织振兴促进乡村振兴，着力健全完善乡村组织体系，激发乡村各类组织活力，凝聚乡村振兴的整体合力，夯实乡村振兴的组织基础，推动农村基层组织全面进步、全面过硬，打造乡村组织振兴的样板。到 2022 年，杨家镇制约乡村组织振兴的突出问题将得到有效解决，杨家镇将构建起乡村振兴的组织体系和政策框架，形成领导有力、运转有序、治理有效的乡村组织振兴制度机制，党政合力、镇村聚力实施乡村振兴战略的工作格局基本形成，农村基层党组织坚强有力、农村经济组织发展壮大、村民自治组织规范有序、乡村法治体系更加稳固、农村德治组织健全完善的建设目标基本实现。

9.3 实行组织振兴工程

9.3.1 加强基层党组织建设

杨家镇巩固和强化基层党组织的领导核心地位，坚持乡村振兴重大事项、重要问题、重要工作由党组织讨论决定的机制，大力推进村党组织书记通过法定程序担任村民委员会主任和集体经济组织、农民合作社负责人，切实加强党组织对农村各类组织的领导。杨家镇推行村"两委"班子交叉任职，到 2022 年，村党组织书记兼任村委会主任的村占比将达到 50%。

杨家镇突出抓好党的建设"一号工程",纵深推进基层党建"3+2"书记项目,完善镇党委工作手册,创新开展建"五好"党委、树"三型"支部、育"四做"党员的杨家镇党建模式。杨家镇实施农村"头雁"提升、后备力量"育苗"工程,加强优秀后备人才递进培养。杨家镇加强基层党员队伍建设,严格标准条件,完善定期培训制度,健全党员岗位创先争优长效机制。

杨家镇完善基层党组织制度,强化作风建设,落实村干部权力清单、坐班值班、岗位目标责任制等制度,建立健全村干部任期和离任经济责任审计、任期述职、责任追究等制度,规范村级权力运行,以党的建设为引领,推动乡村振兴开好局、起好步。

专栏 5-5 基层党组织建设示范工程

· "四链四民"机制示范工程:团阳寺村充分发挥村党支部政治核心作用,探索提高群众组织化程度和教育引导群众的有效办法、措施、路径,创新农村基层党建"四链四民"机制,即建好组织链,高举旗帜聚民;抓实发展链,农旅融合富民;做优利益链,强化保障安民;创建文化链,弘扬新风育民。团阳寺村将村党支部建设成为敢于攻坚克难的战斗堡垒、联系服务群众的桥梁纽带、凝聚党心民心的核心枢纽。

· "头雁"工程、"育苗"工程示范镇:加强基层党员队伍建设,严格标准条件,完善定期培训制度,健全党员岗位创先争优长效机制,对村党支部书记、村委会主任和村"两委"成员等,实施递进培养,拓展发展空间,大力提高综合素质;健全用人、育人制度,吸收和培育 10 名以上优秀大学生村党支部书记,建成年轻化、知识型、结构合理的基层党组织队伍,成为基层党组织队伍建设的典范。

· 基层党建"3+2"书记项目:基层党建实施规范化强基、示范性带动、智慧型扬帆三大工程,探索在联系服务群众中教育引导群众、提高群众组织化程度两项工作。

· 党员先锋指数建设示范点建设:完善基层党组织制度,强化作风建设,规范村级权力运行,建立村级小微权力清单和村级组织、村社干部负面清单,打造市级党建示范点 1 个、区级党建示范点 1 个。

· 推行"亮显工程":一是阵地亮标识,营建党建文化长廊,规范党务、村务、财务"三务"公开,统一公开内容、体现红色元素,打造党员群众的服务驿站和基层党建的"红色地标";二是党员亮身份,在职党员进入农村社区要主动亮身份,以实际行动为农村社区群众提供服务、排忧解难;三是岗位亮职责,通过设置"党员示范岗"和"党员责任区",要求党员根据各自岗位职责和实际情况,做出"一句话服务承诺",党组织对服务承诺进行审核把关;四是党建亮绩效,推行年初晒清单、年中晒进度、年底晒成绩,上级党委书记点评、现场民主测评、群众民意测评的"三晒三评"责任落实机制,将基层党建述职评议考核、党组织星级评定等工作落到实处。

9.3.2 壮大农村经济组织

杨家镇建立健全村集体经济组织,依法确立村集体经济组织的市场主体地位,切实增强村集体经济组织造血功能。杨家镇进一步因地制宜推行资产保值、资源增效、资本升值、服务增收、固定投资、股本分红六种发展模式，发展壮大村集体经济。

杨家镇壮大新型农业经营主体，实施新型经营主体培育工程，加快建立新型经营主体支持政策体系，加大财政、税收、土地信贷、保险等政策对新型经营主体的支持力度，扩大新型经营主体承担涉农项目规模，支持新型农业经营主体成为建设现代农业的骨干力量，鼓励其通过土地经营权流转、股份合作、代耕代种、土地托管等多种形式，开展适度规模经营。杨家镇吸引农业龙头企业、专业大户共同参与，引导农民合作社按产业链、产品、品牌等组建联合社，提高农民群众组织化程度。杨家镇推动金融、人才等资源要素向农村配置，培育一批生产经营型、专业技能型、社会服务型职业农民和职业经理人。

杨家镇大力培育服务性、公益性、互助性农村社会组织，鼓励村集体领办创办合作社及其他各类服务实体，为农业经营主体提供农机作业、统防统治、农资供应、冷链物流等服务。杨家镇积极发展农村各类中介组织，逐步建立和完善优势产业的行业协会。杨家镇着力推进农村共青团、妇联组织区域化建设，不断发展壮大基层群团组织阵地；支持和鼓励群团组织承接适合群团组织承担的公共服务职能。

9.3.3 完善乡村自治体系

杨家镇加强村民自治组织建设，依法选举产生新一届村民委员会，依法推选产生村民代表和村民小组组长，健全人民调解、治安保卫、公共卫生、民政事务等下属委员会，实现村务监督委员会应建尽建。杨家镇深入实施"四议两公开一监督"工作机制，完善村民自治章程、村规民约等村级自治组织相应规章制度，在村党组织领导下分工负责、有序运行，形成"民事民办、民意民决、民治民享"自治良序。

杨家镇推进基层管理服务创新，创新基层管理体制机制，整合优化公共服务和行政审批职责，制定农村社区基本公共服务清单，推进社区服务规范化标准化，打造"一门式办理""一站式服务"的综合服务平台。杨家镇在各村普遍建立网上服务站点，逐步形成完善的乡村便民服务体系，配套幼儿园、活动广场和农贸市场，打造"15分钟生活圈"。

杨家镇建立和完善自治服务体系，提高村民自助互助能力，支持有威望、有经验、有文化、有群众工作热情的村民担任小组长；发展多种经营，发扬互助合作精神，组织村民合理利用自然资源，保护和利用自然生态环境，提高生产、生活质量；建立村务公开栏，及时公布村民小组决议实施情况，保障村民群众对村务工作的知情权、参与权、监督权。

9.3.4 健全乡村法治体系

杨家镇深入推进依法治村，紧密结合农村经济社会发展实际，加强土地征收、承包地流转、生态保护、社会救助、劳动和社会保障等方面法律法规的宣传教育，每年至少开展一次乡村干部法治培训，建立村民学法、用法、守法档案。杨家镇积极培育社会主义法治文化，加强法治宣传一条街、法治书屋、远程教育等法治宣传阵地建设，大力开展法治文化活动，构建覆盖县、乡、村的法治文化体系。

杨家镇创新基层行政执法模式，推进法治村创建工作，健全农村公共法律服务体系，落实"一村一法律顾问"制度。杨家镇推进村（社区）司法行政工作室规范化建设，完善人民调解、行政调解、司法调解联动工作体系，建立健全乡村调节、仲裁、司法保障的农村土地承包经营纠纷调处机制。

杨家镇完善农村社会治安防控体系，推进平安村建设，依法打击和惩治各类违法犯罪活动，增强群众安全感。各村组建巡防治安队伍，加快推进镇、村两级综治中心实体化建设、规范化运作。杨家镇推进平安智慧乡村平台建设，采取"互联网+"等信息化技术手段，让群众足不出户就能了解政策法规、监督村务村情、开展法治教育与农技知识学习等。到2022年，杨家镇将建成空中有监控、地面有巡逻、重点部位有技防的防控网络。

9.3.5 重塑乡村德治体系

杨家镇强化道德教化作用、群体带动作用，以社会主义核心价值观为引领，实施"思想强农"工程，实现社会主义核心价值观村居固化宣传、城乡全覆盖。杨家镇建立道德激励约束机制，弘扬"孝德文化"，广泛开展好儿女、好媳妇、好公婆等评选活动，深入宣传道德模范、身边好人的典型事迹，追求真善美，传递正能量。杨家镇开展村规民约与家规家训建设，强化农民的社会责任、规则意识、集体意识、主人翁意识，实现家庭和睦、邻里和谐、干群融洽。杨家镇积极培育富有特色和时代精神的新乡贤文化，成立乡贤联谊会，村社设立乡贤理事会，明确乡贤参与乡村治理的范围、职责和方式。

杨家镇加强乡村德治建设，深入开展农村群众性精神文明创建活动、移风易俗行动。杨家镇建立红白理事会，完善红白事的办理流程、标准要求，推动红白理事会工作制度化、规范化、常态化。杨家镇开展文明村镇、星级文明户、文明家庭等创建工作，健全文明村镇创建标准、考核细则，建立"能进能退""能上能下"的文明村镇考评体系。到 2022 年，杨家镇 80% 的村镇将达到县级及以上文明村镇标准。

杨家镇培养健康社会心态，加强社会心理服务体系建设，建立健全社会心理服务组织体系和统筹协调机制，深入开展社会心理服务疏导和危机干预工作。杨家镇将社会心理服务纳入乡村基本公共服务体系，将社会心理咨询服务场所建设纳入镇、村基层综治中心标准化建设管理范畴。

专栏 5-6 乡村治理示范工程

· **乡村便民服务体系建设**：按照每百户居民拥有综合服务设施面积不低于 30 平方米的标准，加快农村社区综合服务设施覆盖，实施"互联网+农村社区"计划，推进农村社区公共服务综合信息平台建设，培育发展农村社区社会组织，加强农村社区工作者队伍建设。
· **平安智慧乡村平台建设**：采取"互联网+"等信息化技术手段，完善网格化管理、社区化服务、信息化建设三大工程，让群众足不出户就能了解政策法规、监督村务村情、开展法治教育与农技知识学习等；推进"雪亮工程"，加大农村公共区域视频监控系统建设力度，推进城乡视频监控连接贯通。
· **和谐杨家综合信息平台**：完善平台功能，2019 年实现村居道德评议堂、和谐杨家子平台全面上线。2020 年，星级文明户评选、"孝德"主题活动、团阳寺村"三民评议"活动形成示范，为构建乡村社会治理新秩序奠定了坚实的基础。
· **无讼村（社区）建设行动**：建立健全村信息搜集、报送、研判和化解机制，建立完善法官、律师与村结对联系制度，在村全面设立诉讼服务点，构建以法院诉讼服务中心、乡镇诉讼服务站和村诉讼服务点为平台的"三位一体"诉讼服务网。
· **乡村道德银行德治工程**：创新和完善道德银行登记细则、操作流程、考核奖惩等具体办法，与绵阳市农商行合作，将村民社会公德、职业道德、家庭美德量化为道德分数，以组织汇报、群众汇报、本人汇报、智慧乡村平台识别等形式作为信息参考基础，由村民通过智慧乡村平台、微信平台进行实名打分，其中季度、年度道德指数排名靠前的村民被授予"道德之星""年度之星"，由镇、村两级给予精神奖励和物质奖励，同时绵阳市农商行会根据评定的信用等级，为信用好的村民提高贷款信用额度和提供优惠贷款利率。

9.4 夯实组织振兴体制机制

9.4.1 健全村级工作运行机制

杨家镇推动把加强党的领导有关要求写入村民自治组织、农村集体经济组织等相关组织章程，积极推进村党组织书记通过规定程序担任村委会主任、农村集体经济组织主要负责人，推动村党组织班子成员、党员担任村务监督委员会、集体经济组织负责人，提高村委会成员、村民代表中党员的比例。杨家镇完善村级事务运行机制，深入实施"四议两公开一监督"工作机制，严格执行经济责任审计等制度，全面推行党务、村务、财务公开，引导群众在党组织领导下进行自我管理、自我教育、自我服务、自我监督。

杨家镇建立村党组织领导的基层协商民主制度，及时反映和处置群众诉求、维护群众合法权益，预防和化解矛盾纠纷，促进乡村和谐稳定。到2022年，杨家镇将全面建立党组织领导的民事民议、民事民办、民事民管的村级协商机制。

9.4.2 建立乡村组织激励关爱机制

杨家镇统筹整合乡村振兴各项政策、项目、资金、信息、人才、技术等资源，以乡镇（街道）、村（社区）党组织为主渠道承接，带领其他各类组织共同抓好落实，确保乡村组织振兴有抓手、有资源。

杨家镇研究制定并全面落实对农村合作经济组织、农村社会组织参与乡村振兴的扶持政策，探索分类制定乡村组织服务乡村振兴的考核评价和激励制度，对表现突出的组织和个人给予物质或精神奖励。

9.4.3 完善紧密型利益联结机制

杨家镇创新收益分享模式和农民作为市场主体的平等地位，鼓励农民以及农村集体组织以土地、林权、资金、劳动、技术、产品为纽带，开展多种形式的合作与联合；加快推广"订单收购+分红""土地流转+劳务+社保""农民入股+保底收益+按股分红"等多种利益联结方式。

杨家镇强化利益联结保障和龙头企业联农带农激励机制，将利益联结机制与国家相关扶持政策挂钩，探索将新型农业经营主体带动农户数量和成效作为安排财政支农资金的重要参考依据；着力完善收益分配机制和风险防范机制，切实加强农业经营主体、农民群众双方利益分配的指导与监管，推动双方明晰产权、明确责任与风险。

9.4.4 探索农村制度改革

杨家镇深入推进农村集体产权制度改革，全面开展农村集体资产清产核资、集体成员身份确认，加快推进集体经营性资产股份合作制改革；推动资源变资产、资金变股金、农民变股东，探索农村集体经济新的实现形式和运行机制。

杨家镇积极健全现代农业经营体系，探索推进农村承包地、宅基地三权分置，探索开展农村集体产权制度改革，探索推广"公司+农民合作社（集体经济组织)+家庭农场（农户)"等组织模式，探索实施农村产权抵押融资、土地流转收益保证贷款等农村金融改革和农业政策性担保措施，推广土地托管和农业社会化服务经验，不断完善现代农业服务体系，更好地服务现代农业发展。

10 规划保障

乡村振兴战略规划是杨家镇乡村振兴的纲领性文件。杨家镇实行全镇统筹推进、分类实施、村级落实的工作机制，坚持党的领导，更好履行各级政府职责，运用市场化、法治化手段，真正把实施乡村振兴战略摆在优先位置，最大程度激发各类主体的活力和创造力，形成强大合力。

10.1 加强组织领导

10.1.1 成立杨家镇乡村振兴领导小组

杨家镇建立实施乡村振兴战略领导责任制，健全党委统一领导、政府负责、党委农村工作综合部门统筹协调的领导机制。杨家镇成立杨家镇乡村振兴战略规划实施工作领导小组及办公室，统筹负责乡村振兴战略规划的组织协调和推进落实。领导小组下设各专项工作组，承担实施乡村振兴战略专项工作的统筹协调、推动落实、督导检查等职能，协同推进规划实施。各村成立相应的乡村振兴办公室，明确工作重点，逐层建立责任机制，完善相关工作措施，为推动规划加快实施提供坚强的保障。

10.1.2 强化责任担当

杨家镇强化主体责任和主要负责人第一责任，镇委、镇政府把实施乡村振兴战略摆在优先位置，把工作重点和主要精力放在抓乡村振兴战略落实上；在干部配备上优先考虑，在要素配置上优先满足，在公共财政投入上优先保障，在公共服务上优先安排；坚持领导干部联系点制度，每位领导干部负责主抓一个村，加强对实施乡村振兴战略的工作指导。各部门按照职责，强化资源要素支持和制度供给，协同配合，在工作谋划、项目安排、措施保障上目标同向，在重点工程项目上集聚资源，在工作推进上相互衔接、上下联动、整合力量、集中突破。

10.1.3 加强人才支撑

杨家镇把懂农业、爱农村、爱农民作为基本要求，健全人才培养、配备、管理、使用机制，建设政治强、本领硬、作风实的"三农"工作队伍；加强村级组织建设，分级抓好村党组织书记、村委会主任集中培训，提高村干部的政治素质和工作能力；进一步激发和调动干部队伍活力，鼓励和引导更多优秀干部在推进乡村振兴战略实践中建功立业、历练成长。杨家镇充分发挥基层党组织在宣传党的主张、贯彻党的决定、领导基层治理、团结动员群众、维护农民权益、推动改革发展中的战斗堡垒作用，调动一切积极因素，团结一切社会力量，形成推动乡村振兴战略规划落实的强大合力。

10.2 健全投入保障

10.2.1 建立多元投入格局

杨家镇完善财政支农投入稳定增长机制，坚持把农业农村作为财政支出的优先保障领域，明确"三农"投入责任，确保支农投入力度不断加大、总量持续增加、与乡村振兴目标任务相适应。杨家镇引导和撬动社会资本，加大农村基础设施和公用事业领域开发力度，建立项目合理回报机制，吸引社会资本参与乡村振兴。杨家镇坚持市场化方向，优化农村创新创业环境，搞活农村经济；落实和完善融资贷款、配套设施建设补助、税费减免等扶持政策，合理引导工商资本下乡。杨家镇规范推广政府和社会资本合作模式，通过特许经营等方式吸引社会资本参与乡村振兴项目。

10.2.2 加大金融支农力度

杨家镇把更多金融资源配置到农村经济社会发展的重点领域和薄弱环节，更好满足乡村振兴多样化金融需求。杨家镇推进农村土地承包经营权、农民住房财产权、集体经营性建设用地使用权抵押贷款试点，解决农民贷款难问题。杨家镇把普惠金融重点放在乡村，引导持牌金融机构通过互联网和移动终端提供普惠金融服务；支持符合条件的涉农企业上市、"新三板"挂牌和融资、并购重组。杨家镇完善金融支农激励政策，加大对"三农"金融服务的政策支持；加快完善农业融资担保体系，改进农村金融差异化监管体系，合理确定金融机构发起设立和业务拓展的准入门槛，守住不发生区域性金融风险底线，强化地方政府金融风险防范化解责任。

10.2.3 健全财政投入机制

杨家镇加大对农业和农村的投入，在财政收支矛盾仍然较为突出的情况下，保证对农业农村的支持力度，促进农业生产发展、农村基础设施建设、农村人居环境治理、农村民生供给等事业发展。杨家镇创新财政涉农资金使用方式，推行一事一议、以奖代补、先建后补、贷款贴息等。杨家镇大力支持城乡基本公共服务均等化，使公共财政向农村倾斜、公共设施向农村延伸、公共服务向农村覆盖，加快农村人居环境整治。杨家镇把社会事业发展的重点放在农村，逐步建立健全全民覆盖、普惠共享、城乡一体的基本公共服务体系。

10.3 强化考核评估体系

10.3.1 成立规划实施考评小组

在乡村振兴战略规划实施过程中，杨家镇政府各相关部门抽调人员成立乡村振兴战略规划实施考评小组，负责对各行政村乡村振兴战略规划实施过程进行跟踪考核以及绩效评价。杨家镇根据每年考核结果，评定开展乡村振兴战略工作先进示范村（社区）、先进部门以及先进个人。

10.3.2 制订规划实施考评方案

杨家镇以产业兴旺、生态宜居、乡村文明、治理有效、生活富裕为考核内容，设计考核指标体系，以年度计划指标为依据，对各行政村的乡村振兴战略规划实施情况进行年度考核。根据考核结果，杨家镇分析各村、各部门目标完成情况，特别注意对完成比例比较低的地区和完成情况比较好的地区分别分析情况，考察、询问地区相关负责人，提交总结报告，总结归纳经验教训，为未来年度实施乡村振兴战略规划提供借鉴和参考。

10.3.3 设立考评结果激励机制

杨家镇将乡村振兴战略规划实施成效纳入各级党委、政府及有关部门的年度目标责任考核，考核结果作为各级党政干部年度考核、选拔任用的重要依据，确保各项目标任务的完成落实。乡村振兴战略规划确定的约束性指标以及重大工程、重大项目、重大政策和重要改革任务要明确责任主体和进度要求，确保质量和效果。杨家镇要加强乡村统计工作和数据开发应用，确保相关数据真实准确；加强对规划实施情况跟踪分析，对重点领域中的突出问题适时开展专题评估。

第六章　广元市青川县青溪镇
乡村振兴战略规划案例

农业稳则天下安，农村兴则基础牢，农民富则国家盛。实施乡村振兴战略是党的十九大作出的重大决策部署，是决胜全面建成小康社会、全面建设社会主义现代化国家的重大历史任务，是新时代"三农"工作的总抓手。四川省积极贯彻国家战略要求，先后出台《四川省乡村振兴战略规划（2018—2022年）》《关于开展乡村振兴规划试点工作的通知》等文件，对实施乡村振兴战略的重大意义、总体要求、目标任务以及保障措施等做出全面部署，明确了四川省乡村振兴的时间表、路线图、任务书，确定青溪镇等30个乡（镇）开展乡村振兴战略规划试点。

青溪镇作为四川省乡村振兴战略规划首批试点镇，主动肩负"先试先行、典型引路、以点带面"的重大使命，力争一张蓝图绘到底，推动青溪镇乡村跨越发展和全面振兴，为四川省乃至全国探索经验。规划编制工作团队在深入调研的基础上，结合调研基本情况和青溪镇各部门提供的基础资料，通过开展深入研究和专家座谈形成规划。广元市青川县青溪镇按照产业兴旺、生态宜居、乡风文明、治理有效、生活富裕的总要求，践行绿色、高端、和谐、宜居发展理念，对实施乡村振兴战略做出总体设计和阶段谋划，明确目标任务，细化工作重点，谋划重人工程，确保乡村振兴战略扎实推进。广元市青川县青溪镇乡村振兴战略规划是指导镇域乡村全面发展的战略性、全局性、基础性规划，是未来五年指导青溪镇乡村振兴工作的重要依据。

第一节　规划编制背景与基础

实施乡村振兴战略是促进城乡共建共享、共同繁荣、融合发展的重大历史任务，是更好满足人民群众对美好生活需要的重大举措。青溪镇要抢抓乡村振兴重大历史机遇，增强责任感、使命感、紧迫感，依托生态资源富集优势，闯出一条革命老区欠发达地区高质量发展新路，打造乡村振兴"青溪样板"。

一、规划基础

党的十八大召开以来，青溪镇坚持把"三农"工作作为全镇工作的重中之重，贯彻落实县委"以人为本、生态立县、绿色崛起、富民强县"的总体战略，按照"旅游带动、镇村统筹、民生为本、业绩一流"的发展思路破解"三农"难题，团结带领全镇干部群众，一心一意谋发展，千方百计惠民生，全镇农业农村保持加快发展的良好势头，为实施乡村振兴战略奠定了良好的基础。

（一）农业发展质量和效益明显提升

青溪镇坚持走"生态经济化、经济生态化"道路，大力发展高端特色生态农业，大力培育绿色有机农产品；高水平打造青溪现代农业园区，建成市级农业科技示范片 1 100 亩，实现年均产值 3 000 万元；积极发展高效农业，食用菌规模和品质逐渐稳定，建成欣源羊肚菌种植示范基地 3 500 余亩，实现年均产值 6 500万元；培育发展蜜园蜂业养殖专业合作社、金桥市级核桃专业合作社、欣源羊肚菌专业合作社等 11 家专业合作社，绿色认证品牌逐年增多，拥有食用菌、唐家河自然保护区蜂蜜等特色中国地理标志产品。青溪镇积极推进农旅融合，乡村旅游业实现高速发展，重大康养项目建设快速推进，打造了一批休闲农业和乡村旅游品牌，乡村康养旅游产业体系基本形成。2017 年，青溪镇成功入选四川省首批特色小镇，荣获"四川省乡村旅游特色小镇"称号。青溪镇东方村获国家民委授予的"中国少数民族特色村寨"称号。

（二）农民生活水平明显提高

青溪镇多渠道促进农民增收，使农民收入与经济发展实现同步增长。2017年，青溪镇农村居民人均可支配收入达到 1.72 万元，较 2015 年增长 1 360 元，城乡居民收入相对差距缩小，城乡居民收入比从 2015 年的 1.93∶1 缩小到 1.81∶1。农村消费持续升级，2017 年农村居民人均生活消费支出达到 5 230 元，比 2015 年增长 24%。青溪镇金桥村获得"四川省旅游扶贫示范村"荣誉称号。

（三）农民生产生活条件明显改善

青溪镇围绕幸福美丽新村建设，统筹推进基础设施和公共服务设施建设。农田水利等基础设施建设更加完善，青溪镇累计新建、整治渠系 15.8 千米，新增、修复、改善农业有效灌溉面积 1.3 万亩。农村交通条件明显改善，农村公路实现 100%乡镇通畅、100%行政村通达，100%行政村通硬化路。农村信息化建设全面提速，18%以上的行政村通光缆、通宽带。农村危房实现彻底改造，C/D 级危房改造达 87 处。社会事业持续进步，义务教育阶段入学率达 100%，新型农村合作医疗制度参合率达 100%。社会保障体系不断完善，城乡居民最低生活保障实现应保尽保。文体事业取得长足发展，县、乡、村三级公共文化服务体系基本形成。青溪镇堆坪村成功创建为省级"四好新村"，大水村、堆坪村建成市级"四好新村"，金桥村、徐坝村、东方村、东桥村建成县级"四好新村"。

（四）农村生态环境建设成效显著

青溪镇践行"绿水青山就是金山银山"的发展理念，农村生态环境持续改善，全镇森林覆盖率达 80.5%。青溪镇全面加强农村环境卫生综合整治，完成污水处理站及配套管网建设，对生活垃圾进行转运处理的村占比达 100%。青溪镇强制关停 3 家养殖场，完成 14 家畜禽养殖场整改达标工作，畜禽养殖场粪便综合利用率达 55%以上，养殖业污染治理率达 100%。青溪镇广泛开展文明村镇、文明家庭创建活动等，强力推进移风易俗，乡风文明程度进一步提升。青溪镇基层组织和民主法制建设不断加强，党在农村的执政基础进一步得到夯实。

（五）农村改革创新不断深化

青溪镇稳步推进农村集体产权制度改革，深入推进农村集体资产量化确权、农村产权抵押融资等改革试点工作。青溪镇深化林业改革，推进林权抵押贷款和林权流转，实现林业资源要素配置市场化。农村资源要素初步激活，社会资本、技术、人才等返乡积极性提高，农村创新创业和投资兴业蔚然成风。

二、形势研判

青溪镇农业农村经济发展形势良好，乡村基础设施建设不断完善，以生态文明为本底的可持续发展路径得到有效拓展，高质量发展得到逐步推进，经济发展具有较大的潜力和韧劲，经济长期向好的趋势明显。

（一）外生战略环境

1. 枢纽地位凸显

青溪镇位于川陕甘结合部核心节点，拥有大熊猫国家公园，是大熊猫传统保护区域，是大九寨旅游环线重要组成部分，处于西安、成都、兰州等距离三角中心区域，区位优势较为明显，具有较大的客流"虹吸"潜力。青溪镇距离平武县报恩寺、小河沟自然保护区、白马风情景区等仅约30千米，距离广元市昭化古城、剑阁古城80千米和95千米，处于两小时的旅游通勤圈内。

2. 城乡关系调整

乡村振兴战略延续21世纪以来城乡关系调适的政策主线，强调通过城乡融合体制机制实现资源要素由乡到城的单向流动转变为双向互动，为青溪镇以城带乡、城乡统筹发展进入新的阶段奠定了坚实的基础，城乡关系将发生重大转变。

3. 时空区位转换

青溪古镇（国家4A级旅游景区）具有良好的三国题材背景，特别是古蜀道的历史元素，为打造以生态康养旅游度假为主的特色小镇提供了较好的外部时空环境。

4. 政策红利集聚

青溪镇作为首批试点镇将享受到更多的政策发展红利，其特色的旅游资源和生态资源在未来具有较大的生态红利优势。青溪镇作为东西部扶贫协作重点支持区域，与浙江有效联动，特别是以电商为主的互联网经济有效开拓了青溪镇特色农产品市场和旅游资源，为串联东西部地区绿色经济合作提供了重要的外部环境。

（二）内生发展基础

1. 生态资源丰富

唐家河自然保护区、青溪古镇两个国家4A级旅游景区为青溪镇提供了坚实的生态和旅游资源基础，官帽山生态旅游度假区冰雪资源丰富，紧邻的青龙湖提供天然的湖区生态资源，清江河、南渭河两条河流水资源丰富，自然生态和旅游资源优越。

2. 基础条件较好

青溪镇以高端特色山珍为主导的农产品品牌效应凸显，产业转型升级需求旺盛，产业融合、产村融合具有较大的发展潜力。青溪镇以三国文化、民俗文化和红军文化为主的特色文化产业突出，形成了较好的旅游特色品牌，集聚效应基本形成。

三、机遇和挑战

从党的十九大到二十大的五年，是"两个一百年"奋斗目标的历史交汇期，实施乡村振兴战略既有难得的机遇，又面临一定的挑战。

（一）重大机遇

1. 乡村振兴是国家重大战略

实施乡村振兴战略被写入了党章，这是全党的共同意志，为实施乡村振兴战略提供了根本政治保障。国家"一带一路"建设、长江经济带发展、川陕革命老区振兴发展、新一轮西部大开发、东西部扶贫协作、秦巴山片区区域发展与脱贫攻坚等国家重大战略在青溪镇交汇叠加，为实施乡村振兴战略营造了良好的外部环境。

2. 发展基础和支撑坚实有力

四川省深入实施"一干多支、五区协同"发展战略，形成"四向拓展、全域开放"立体全面开放新态势，扎实推动高质量发展，大力实施乡村振兴战略，为推动实现农业农村现代化带来重要战略机遇期。广元市委深入实施"三个一、三个三"兴广战略，将现代农业板块放在重要位置，为青溪镇实施乡村振兴战略夯实了发展基石，乡村发展将处于大变革、大转型的关键时期。

3. 城乡融合发展趋势增强

青溪镇处于城镇化快速发展阶段，城镇和工商业对农业农村的带动能力不断增强，工业反哺农业、城市反哺农村的趋势更为明显。城乡改革不断深化，制约城乡要素流动的体制机制藩篱不断被打破，这为吸引要素向农村流动、加快乡村振兴注入了强劲的动力。

4. 消费升级助推农村产业升级

人民群众对绿色有机食品、生态旅游、健康养老、休闲度假等绿色化、低碳化、服务化、安全化的产品和服务需求不断增加，这为青溪镇发挥产业、旅游、文化、资源等优势，加快绿色有机食品、全域生态旅游、康体养生文化等产业发展提供了有利契机。到 2022 年，青溪镇唐家河自然保护区将建设成为"放心舒心消费活动创建示范景区"，龙湾大道将建设成为"放心舒心消费活动创建示范街"。

（二）主要挑战

1. 农业现代化水平低

青溪镇耕地资源零散，难以形成规模效应。农产品深加工水平低，新型农业经营主体发展不足，集体经济实力不强，产业培育成效尚不显著。农业与第二产业和第三产业融合程度低、层次浅、链条短、附加值不高。

2. 农村基础设施薄弱

青溪镇乡村公路建设标准低，路网结构不完善，景区公路、旅游公路、产业道路等建设亟待加强。青溪镇水利设施建设滞后，防汛抗旱基础设施薄弱，信息基础设施建设亟待改善。

3. 农村环境问题依然突出

青溪镇农药、化肥施用量逐年增加，农膜类残留物未得到有效降解，畜禽粪便综合利用率低，农村生活污水和生活垃圾处理设施仍然不足，垃圾收运网络尚未全域覆盖，农村面源污染呈上升趋势。

4. 农村发展内生动力较弱

青溪镇农村居民自我发展能力较弱，持续增收后劲不足，城乡收入差距仍然较大。农村"空心化"和老龄化现象较为突出，农村劳动力、资金、技术还比较匮乏，土地、山林资源闲置现象还比较突出。

5. 乡村文化阵地作用发挥不足

青溪镇乡村文化内涵挖掘不深，乡村治理体系不健全，协同共治和德治尚缺乏有效途径，依法治理工作的针对性和村规民约的实效性有待加强，乡村文明程度亟待提升。

第二节　规划报告编写目录

规划报告编写目录如表 6-1 所示。

表 6-1　规划报告编写目录

1 规划背景	7 焕发乡风文明新气象
1.1 重大意义	7.1 培育乡村文明新风
1.2 规划基础	7.2 丰富乡村文化生活
1.3 形势研判	7.3 壮大乡村文化产业
1.4 机遇和挑战	8 打造生态宜居美丽青溪
2 总体要求	8.1 保护和修复自然生态系统
2.1 指导思想	8.2 加强农村人居环境整治
2.2 规划原则	8.3 加快幸福美丽新村建设
2.3 总体定位	9 构建现代新型乡村治理体系
2.4 发展目标	9.1 加强基层党组织建设
3 构建乡村开发开放新格局	9.2 构建"三治融合"乡村治理体系
3.1 统筹镇村国土空间开发格局	9.3 大力推进平安乡村建设
3.2 镇村空间体系格局	9.4 创新组织作用发挥体系
3.3 镇村产业空间布局	9.5 健全农村基层服务体系
3.4 生态环境保护空间布局	10 完善基础设施和公共服务
4 推动乡村产业高质量发展	10.1 推动农村基础设施提档升级
4.1 加快特色精品农业发展	10.2 提升公共服务供给能力
4.2 健全新型农业经营体系	10.3 巩固提升脱贫攻坚成果
4.3 加强农业科技创新支撑	11 推进农村改革创新
4.4 推进农村一二三产业融合发展	11.1 深化农村产权制度改革
5 加快建设世界级旅游目的地	11.2 加快乡村振兴体制机制改革
5.1 优化生态旅游产业体系	11.3 加强开放与扩大合作
5.2 大力发展康养旅游业	12 强化规划组织实施保障
5.3 培育发展旅游文创业	12.1 加强党的领导
5.4 提升完善旅游配套设施	12.2 落实主体责任
5.5 加强旅游品牌营销宣传	12.3 动员社会参与
6 构筑乡村人才振兴高地	12.4 强化考核激励
6.1 实施能工巧匠传承行动	
6.2 实施职业农民培育行动	
6.3 实施新乡贤召回行动	
6.4 实施城市精英吸引行动	
6.5 实施专家大脑支撑行动	

第三节　规划案例精选章节

2　总体要求

2.1 指导思想

青溪镇坚持以习近平新时代中国特色社会主义思想为指导，全面贯彻党的十九大和十九届二中、三中全会精神，四川省委十一届三次、四次全会，广元市委七届七次全会，青川县委十二届五次全会决策部署，深入领会习近平总书记来川视察重要讲话精神和对四川工作系列重要指示批示精神，紧紧围绕统筹推进"五位一体"总体布局和协调推进"四个全面"战略布局，坚持"一干多支、五区协同"的区域发展新格局，形成"四向拓展、全域开放"立体全面开放格局。青溪镇立足特色优势，以乡村产业振兴、人才振兴、文化振兴、生态振兴和组织振兴等为重要抓手，以建设"青溪古镇国家级生态康养旅游度假区"为目标，依托唐家河自然保护区等文化旅游资源优势，走以生态文明建设为本底的创新、开放、可持续发展道路，打造"美丽乡村、美丽农家"特色，最终建设为川陕革命老区振兴发展示范区、生态经济东西部合作创新发展先行区、大熊猫国家公园国际联盟总部基地，成为引领青川县经济高质量发展的重要引擎。

2.2 规划原则

2.2.1 生态优先、绿色发展

青溪镇坚持生态环境保护优先，通过产业项目发挥农业生产对生态的修复功能，实现农业经济增长和生态环境保护协调发展的有机结合。

2.2.2 政府引导、项目支撑

青溪镇强化政府公共服务，营造农业产业化发展良好环境，鼓励多元投入，加强项目设计、开发，不断增强农业产业化发展活力。

2.2.3 优化格局、融合发展

青溪镇强化农业与第二产业和第三产业相结合，打造集产业融合、产村融合、产镇融合、镇村融合等为一体的现代产业体系和空间格局。

2.2.4 因地制宜、突出特色

青溪镇合理利用和配制各种资源，大力培育发展特色优势主导产业，加快产业转型升级，提升产业整体竞争力。

2.2.5 乡村文明、传承发展

青溪镇传承家庭和睦、邻里守望、诚实守信等优秀传统文化，构建乡村良好的社会风气、生活习俗、思维观念和行为方式。

2.2.6 农民主体、全面发展

青溪镇坚持农民主体地位，尊重农民的各项权利，使农民真正成为乡村振兴的建设主体和受益主体。

2.3 总体定位

青溪镇围绕青川县委"生态立县、绿色崛起"的总体战略，依托唐家河自然保护区和青溪古镇等丰富的文化旅游资源，夯实产业发展基础，充分发挥区位、资源等优势，明确青溪镇定位。

2.3.1 川陕革命老区振兴发展示范区

青溪镇紧抓川陕革命老区振兴发展和秦巴连片区域脱贫攻坚重大政策机遇，深入推进农业供给侧结构性改革，促进农业"接二连三"、融合发展，持续增强乡村发展动能。青溪镇以农业品牌提升为重点，大力发展绿色有机农业，做优做精羊肚菌、蜂蜜、核桃等特色山珍，形成特色优势、全产业链发展，打造全国高端特色山珍供应基地。青溪镇以绿色转型为突破，加快推进石材园区工业转型升级，打造工业旅游产品，做大做强有机农产品加工业和生物医药产业，建成全国绿色经济发展示范镇。青溪镇以全域生态旅游为抓手，大力开发自然教育、乡村休闲、健康养生等旅游产品，着力打造以大熊猫食竹景观和创意文化为特色的原生态竹旅游示范区和大熊猫文化创意产业园，把唐家河自然保护区大熊猫栖息地竹旅游区建成世界级旅游文化品牌，使之成为广元市乃至四川省生态康养旅游的靓丽名片和国家级乡村旅游目的地。

2.3.2 生态经济东西部合作创新发展先行区

青溪镇牢牢把握青川县东西部扶贫协作机遇，加大与浙江的深度交流合作力度，大力培育"农业+互联网""农业+旅游"等新业态，借力东部发达地区技术、人才、渠道等优势，将青溪镇建设成为浙江人才康养旅游的疗养胜地。青溪镇积极搭建面向全球的农产品电子商务平台，引导优质农产品线上销售，全面实现"卖全球"目标。青溪镇加快推动全域生态旅游有效融入大九寨文化旅游品牌建设，以打造成为大九寨旅游环线国际驿站为目标，推进农、商、文、旅、体融合发展，加大与东部地区在青溪古镇、唐家河自然保护区、官帽山等生态康养旅游项目中的合作共建力度，重点将青溪古镇打造为特色鲜明的文旅新城，形成青川县高质量发展的重要增长极。

2.3.3 大熊猫国家公园国际联盟总部基地

青溪镇依托大熊猫公园品牌，坚持国家公园的发展理念，利用大熊猫国家公园品牌和生态优势，面向世界自然保护联盟、国家公园联盟等组织，建成以大熊猫为主题的集环境保护、生物科普、科学考察、生态展示、会议交流、文化创意及其产业孵化等为一体的联盟总部基地。青溪镇通过在落衣沟村和阴平村建设大熊猫国家公园国际社区，依托大熊猫这一标志做足、做深相关文化创意产业，使之为总部基地建设运营提供有力支撑和保障，将其打造成为广元市全域开放、链接全球的前沿阵地。

2.4 发展目标

到 2022 年，青溪镇城乡融合体制机制、政策体系以及现代农业体系将初步构建，农村一二三产业融合发展格局初步形成，农村基本公共服务水平显著提高，农村居民人均可支配收入持续稳定增长，农村基础设施条件持续完善，村镇体系和空间布局优化，中心村镇建设成效显著，彰显"美丽乡村、美丽农家"的农村人居环境显著改善，现代乡村治理体系初步构建，文化教育传承效果得到增强，场镇和中心村基本实现农业农村现代化。

到 2027 年，生态康养、文化旅游、现代休闲农业产业分别打造成为青溪镇经济结构调整的先导产业、现代服务业的动力产业、脱贫攻坚和提质增效的支柱产业，生态康养和文化旅游产业产值占比达到青溪镇地区生产总值的 50% 以上，森林覆盖率达到 85% 以上，农村居民人均可支配收入超过 30 000 元，城乡居民收入差距缩小到 1.7∶1 以内。

到 2035 年，乡村振兴取得决定性进展，美好乡村格局全面形成，现代农业产业体系、生产体系、经营体系更加优化，"一产强、二产优、三产活"得以实现，乡村更加生态宜居，乡风文明大幅提升，乡村治理更加有效，农民生活富裕美好，青溪镇率先实现农业农村现代化。

青溪镇乡村振兴战略规划主要指标如表 6-2 所示。

表6-2 青溪镇乡村振兴战略规划主要指标

指标		基期	预期		属性
		2017 年	2022 年	2027 年	
产业兴旺	县级以上现代农业示范园区/个	1	2	3	预期性
	耕地灌溉率/%	100	100	100	预期性
	有新型职业农民村民小组占比/%	—	94	98	约束性
	农业信息化率/%	—	90	92	约束性
	经营主体带动小农户机制	部分建立	全面建立	全面建立	约束性
	"三品一标"农产品数量/个	4	8	8	预期性
	旅游综合收入/万元	6 400	15 000	50 000	预期性
	生态康养和文旅产业占比/%	—	50	65	预期性
生态宜居	场镇规划建设	优美	优美	优美	约束性
	农村生活垃圾处理率/%	95	100	100	约束性
	农村生活污水处理率/%	—	100	100	约束性
	村保洁员配备率/%	60	100	100	约束性
	农村卫生厕所普及率/%	70	100	100	约束性
	畜禽粪污综合利用率/%	70	100	100	约束性
	基础设施和公共服务"六网一中心"建设水平	类区前列	类区前列	类区前列	约束性
	道路"户户通"占比/%	65	85	95	预期性
	农村自来水普及率/%	—	82	85	预期性
	农村天然气入户率/%	45	80	85	预期性
	农村 100 兆宽带入户率/%	—	75	90	预期性
	山水林田湖草系统治理水平	类区前列	类区前列	类区前列	约束性
	村庄绿化覆盖率/%	—	50	60	预期性
	森林覆盖率/%	80.5	>83	>85	预期性

表6-2（续）

指标		基期	预期		
		2017 年	2022 年	2027 年	属性
乡风文明	是否成为县级及以上文明镇	是	是	是	约束性
	农村文化传承活动	广泛开展	广泛开展	广泛开展	约束性
	农村道德模范评选活动	广泛开展	广泛开展	广泛开展	约束性
	农村文明家庭创建活动	广泛开展	广泛开展	广泛开展	约束性
	市级以上"四好新村"占比/%	42	80	85	预期性
	村综合性文化服务中心覆盖率/%	50	100	100	预期性
	劳动年龄人口平均受教育年限/年	9	11	12	预期性
治理有效	基层党组织领导核心作用	明显	明显	明显	约束性
	制定村规民约村占比/%	100	100	100	约束性
	村民违法犯罪发生率/%	—	低于全区平均水平	低于全区平均水平	约束性
	农村社区党群服务中心普及率/%	100	100	100	预期性
	一村一法律顾问的村占比/%	—	100	100	预期性
生活富裕	农民人均可支配收入/万元	1.7	2.7	3.0	预期性
	义务教育入学率/%	100	100	100	约束性
	新农合、新农保、低保、"五保"覆盖情况	全覆盖	全覆盖	全覆盖	约束性
	城乡居民收入比	1.9	1.7	1.5	预期性
	农村居民恩格尔系数	—	0.28	0.26	预期性

3　构建乡村开发开放新格局

青溪镇坚持乡村振兴与新型城镇化双轮驱动，统筹镇村国土空间开发格局，优化乡村生产、生活、生态空间，分类有序实现乡村振兴。

3.1 统筹镇村国土空间开发格局

3.1.1 强化空间功能布局

青溪镇遵循"东提、西调、南拓、北控、中优"十字方针，按照五大功能分区定位，统筹推进镇村国土空间的开发、保护和整治，加强镇村规划衔接，坚持多规合一，加快形成城乡一体、协调发展的空间格局。

3.1.2 优化国土空间结构

青溪镇坚持走以生态为本底的绿色可持续发展道路，加强国土空间管控，推进综合整治，形成高效、协调、可持续的镇村国土空间开发格局。青溪镇充分发挥场镇主体功能分区的作用，统筹各类空间性规划，按照不同主体功能定位，开展场镇资源环境承载能力和国土空间开发适宜性评价，完善经济发展考核办法，科学划定生态保护红线、永久基本农田和城镇开发边界，合理设置生态、农业、城镇三大空间比例，构筑场镇"三区三线"空间格局。青溪镇依据生态保护优先、便于生产生活的总体要求以及相关法律法规规定和规划划定要求，将全域划分为城镇空间、乡村空间、生态空间三大主导空间。

3.1.2.1 城镇空间

城镇空间是指城镇用地、交通水利用地和其他建设用地范围。2017 年，青溪镇城镇空间约 140.9 公顷，到 2022 年，青溪镇城镇空间将达到 275.23 公顷，主要新增产业用地及城镇居住用地；到 2027 年，青溪镇城镇空间将达到 300 公顷，全面建成规划产业用地、新村建设用地、镇区建设用地。

3.1.2.2 乡村空间

乡村空间是指村民生活和乡村农业生产区域，包括乡村集体建设用地和耕地、园地、草地、其他农用地等用地范围。2017 年，青溪镇乡村空间约 2 822.69 公顷；到 2022 年，青溪镇乡村空间将达到 2 917.98 公顷；到 2027 年，青溪镇乡村空间保持不变。

3.1.2.3 生态空间

生态空间是指生态敏感度高应严格保护和发挥重要生态功能的区域，包括重要山体保护区、水系保护范围、地质灾害防护区、电力设施保护区、油气管道设施保护区等。到 2022 年，青溪镇将划定生态空间 49 721.14 公顷；到 2027 年，青溪镇将划定生态空间 50 000 公顷。

3.2 镇村空间体系格局

青溪镇按照"场镇—中心村—特色村——般村"的镇村体系要求，重点规划建设青溪场镇、中心村和特色村，强化农旅结合、产镇融合，发挥资源禀赋和区位优势，促进产镇融合，补齐基础设施、公共服务、生态环境短板，提升产业承载力和人口吸纳力，打造"小而美"的宜居生态名镇。

3.2.1 场镇空间格局

青溪场镇需要重点加强对青溪古镇旅游休闲区的保护，禁止大拆大建，以适度保护和修缮为主，形成"一城两区"的场镇发展空间格局。

青溪镇围绕青溪古镇打造古城旅游休闲区，将现有古城内居民逐步迁出，强化青溪古镇景区特色；重点对青溪古镇进行保护和修复，打造集古城旅游、商贸、影视拍摄、三国古战争虚拟现实场景体验等商贸旅游为一体的休闲旅游综合体。

东岸综合门户区以行政区划功能建设为主，推动旅游商贸及服务功能的发展，适度加强行政功能和旅游商贸功能的配套服务，适度拓宽现有行政边界和减少用地指标限制。

西岸居住生活综合区主要容纳外地流入人口和本镇异地搬迁人口的生活居住服务配套，提高居住建设用地的利用率，适度拓展东瓯社区和青溪社区范围，提升宜居生活品质。

到 2027 年，青溪镇将青溪村、东方村、东桥村整体纳入场镇建设范围，适度调整规划和进行国土性质变更，扩大镇域空间范围。青溪镇将重点打造南部生态宜居功能区，适度提升青溪社区的人口规模和居住规模，配套以生态宜居为主的商贸流通服务产业，构建以康养旅游体验胜地为核心的宜居生活品质示范区。

3.2.2 村庄空间格局

青溪镇依托对外交通主要干线，构建"场镇—中心村—特色村—基层村"的镇村体系。

青溪镇加强基础设施建设，重点打通青溪镇至青川高铁站的高速路，提升青川县城到青溪镇的公路等级，强化青溪镇的对外交通联通能力；引导农村人口集中居住，将分散居住的村民逐步搬迁至统一居住区，优化生态环境和宜居生活空间。

中心村包括落衣沟村、魏坝村、埝坪村。落衣沟村重点以生态环境保护为本底，打造生态旅游产业。魏坝村逐步退出采石场，改造成以香菇、木耳等食用菌类特色农产品加工为主的加工业园区。埝坪村以现代农业与休闲旅游融合为主，围绕木耳、香菇、羊肚菌、蜂蜜等有机绿色农产品，打造特色山珍供应基地。

特色村包括阴平村（大熊猫国家公园国际社区）、东桥村（文创艺术产业城）、东方村（生态康养旅游美食城）。三个特色村将围绕各自特色独立发展，中远期被纳入青溪场镇范围，实现城乡一体化发展。

基层村包括平桥村、徐坝村、金桥村、大水村、石玉村、青溪村。

青溪镇各村分区引导如表 6-3 所示。

表 6-3　青溪镇各村分区引导

行政村	主导产业引导	生活体系引导	生态发展引导
落衣沟村	乡村旅游产业	中心村	生态经济和生态保护并重
魏坝村	食用菌加工业	中心村	生态农业经济为主
埝坪村	绿色农产品	中心村	生态农业经济为主
阴平村	民宿+旅游产业	特色村	生态休闲旅游经济为主
东桥村	果蔬产业	特色村	生态休闲旅游经济为主
东方村	盘景园艺业	特色村	生态休闲旅游经济为主
平桥村	果蔬产业	基层村	生态经济和生态保护并重
徐坝村	食用菌产业	基层村	生态农业经济为主
金桥村	山地休闲旅游产业	基层村	生态经济和生态保护并重
大水村	休闲农业	基层村	生态农业经济为主
石玉村	果蔬产业	基层村	生态保护为主
青溪村	康养旅游业	基层村	生态休闲旅游经济和现代服务业为主
青溪场镇	康养旅游、商贸服务业	传统场镇+南部新区	生态休闲旅游经济和现代服务业为主

3.3 镇村产业空间布局

青溪镇坚持市场导向与发挥区域比较优势相结合、产业调整与发展特色主导产业相结合的原则，因地制宜，形成"一轴一廊五区"的农业产业发展新格局。

一轴，即以青溪场镇、落衣沟村、金桥村等为载体的南北生态康养旅游经济发展轴。

一廊，即以东西方向省道 301 沿途村庄为载体的生态景观走廊，包括青溪场镇、徐坝村、埝坪村等区域。青溪镇重点布置生态景观走廊、休闲栈道、观景平台、停车场等，便利生态旅游观光游客参观旅游。

五区，即大熊猫国家公园生态经济区（唐家河自然保护区、石玉村、落衣沟村、阴平村），山地运动休闲区（金桥村），古城商贸旅游核心区（青溪场镇、东方村、东桥村、青溪社区、东瓯社区），特色农业品质提升区（埝坪村、大水村、平桥村），特色农业加工园区（魏坝村、徐坝村）。

3.4 生态环境保护空间布局

青溪镇执行最严格的环境保护制度和水资源保护制度，稳定现有自然保护区、森林公园以及大面积水源保护区、生态公益林、重要河流水系等基础性生态用地，加大地质灾害危险区生态建设力度，发挥生态服务和系统维护功能，加大对唐家河自然保护区生态环境的保护，逐步关停采石场，减少不合理的资源开发活动，严格限制大规模工业化城镇化开发，实施强制性保护。

4 推动乡村产业高质量发展

青溪镇依托独特的自然生态环境资源，加快特色精品农业发展，打造生态经济产业体系。

4.1 加快特色精品农业发展

4.1.1 做强绿色农业

青溪镇发挥特色农业产业和农村综合改革的牵引作用，抓好建基地、创品牌、搞加工等重点任务，加快构建"产供销一体化、种养加相结合"的绿色有机农业产业体系。青溪镇以大水村、埝坪村、徐坝村为重点，建设食用菌种植基地，大力推进香菇、羊肚菌、天麻、木耳、竹荪等产业标准化基地建设。青溪镇以青溪现代农业园区为重点，在金桥村、青溪村、魏坝村等区域，发展银杏、核桃等栽植，拓展核桃深加工产业链，打造200亩市级农业科技示范区。青溪镇以平桥村、东方村、大水村为重点，建设集生态、示范、观赏等功能为一体的绿色有机蔬菜基地，打造1 000亩蔬菜标准化示范园。青溪镇以落衣沟、平桥村、金桥村为重点，建设雷竹生产加工基地，打造1 000亩雷竹种植基地和雷笋罐头加工产区，打造以大熊猫食竹景观为特色的原生态竹旅游示范区，把唐家河自然保护区大熊猫栖息地竹旅游区建成世界级旅游文化品牌。青溪镇以阴平村、金桥村为重点，新建300亩花卉和盘景种植基地。青溪镇以魏坝村、徐坝村为重点，建设中蜂养殖基地、天麻标准化基地、林麝香基地，完善配套基础设施建设，开发有机农产品和地道中药材。

4.1.2 深化品牌建设

青溪镇以资源为基础，以企业为主体，以市场为导向，以技术进步为手段，以质量为核心，全面推进品牌战略的实施，打造全区域、全品类、全产业链的农产品公共品牌——"品质青溪"。青溪镇紧紧围绕羊肚菌、黑木耳、蜂蜜、核桃、精品花卉、绿色蔬菜、生态畜牧等特色产业，在巩固食用菌、唐家河自然保护区蜂蜜等特色"中国地理标志产品"资源基础上，着力打造一系列具有影响力的特色农产品品牌。青溪镇鼓励各类新型经营主体通过"区域公共品牌+"形式，发展"母子品牌"，形成区域特色品牌联盟，联合打造四川省知名品牌。到2022年，青溪镇力争新增无公害农产品认证4个、绿色食品认证6个。

4.1.3 发展智慧农业

青溪镇以现代农业园区、市级农业科技示范区为重点，大力发展有机农作物农业科技培育、先进农业技术研究、农业科技创新、特色种植与研发产业，打造新型高效农村科技服务体系，加快优质专用品种培育引进工程、优势特色产业可持续创新工程、农业科技创新体系工程等项目实施和传统精耕细作、现代信息技术与物质装备技术深度融合。青溪镇实施"互联网+"现代农业示范行动，结合区块链和大数据，补齐农作物数据安全短板，通过智慧农业应用程序，对农作物生长状况实现远程监控。到2022年，青溪镇力争成功创建省级农业科技示范基地。

4.1.4 建设农业科技孵化基地

青溪镇推动成立农学企联盟，实现"土地、劳动力+农科技术+资金、市场平台"的三方联合运作和产学研一体化发展。青溪镇密切与唐家河自然保护区科考基地的联系，加强农业绿色生态、提质增效技术研发应用，吸引和鼓励年轻农民和创业者参与创业孵化项目，为高校科研机构提供研发和实践平台。青溪镇依托特色种植基地建设，打造特色山珍、特色花卉、养生中医药等地方特色植物培育实验园地，通过实施实践教学，开展田间试验，加强农业人才培养。青溪镇拓展基地衍生功能，将旅游观光、蔬菜种植、季节采摘结合起来，打造青少年认识体验实践基地。

4.2 健全新型农业经营体系

青溪镇坚持家庭经营在农业中的基础性地位，发展新型农业经营主体，发展多种形式适度规模经营，发展壮大农村集体经济，提高农业集约化、专业化、组织化、社会化水平，有效带动小农户发展。

4.2.1 壮大新型农业经营主体

青溪镇围绕特色山珍、有机农产品等，进一步扶持壮大种植大户、专业合作社骨干、新型职业农民，适度发展家庭农场。青溪镇大力培育和发展农民合作社、联合社，积极发展生产、供销、信用"三位一体"综合性合作社，通过完善机制、规范运行，提高其带动能力和运作水平。青溪镇全面推进现代农业产业体系、生产体系、经营体系建设，打造集生产服务、供销服务、信用合作服务和公共服务于一体的综合性农业服务平台，设立本土化的社会化服务机构。青溪镇大力扶持和发展农业龙头企业，发挥农业龙头企业的引领作用，带动其他经营主体形成分工合理的产业链条或产业联合体。青溪镇全面建立职业农民制度，培养新一代爱农业、懂技术、善经营的新型职业农民。到2022年，青溪镇力争加快培植出一批辐射面广、带动力强的农业龙头企业，培育新型职业农民200人。

4.2.2 落实小农户生产扶持政策

青溪镇统筹兼顾培育新型农业经营主体和扶持小农户，促进小农户和现代农业发展有机衔接。青溪镇继续深化土地制度、经营制度改革，着眼于发展适度规模经营，鼓励通过互换承包地、联耕联种、生产托管等方式实现连片耕种，支持小农户开展基础设施建设与管护，改善生产设施条件，提高小农户抵御自然风险能力和自我发展能力。青溪镇完善农业龙头企业、农民合作社激励政策，建立经营主体扶持力度与带动小农户数量挂钩制度，鼓励新型农业经营主体与小农户建立契约型、股权型、技术联合型、市场联合型等利益联结方式，提升小农户组织化程度。青溪镇健全小农户生产社会化服务机制，通过互联网、物联网等技术，推进支持供销、科技、农机、金融、市场等融合的小农户综合服务平台建设，帮助小农户对接市场，节本增效。

4.2.3 建立健全多元化农业服务体系

青溪镇探索建立农业社会化服务综合平台，为新型农业经营主体和农户提供综合性服务，破解服务下乡"最后一公里"难题。青溪镇引导农业技术水平高、生产要素禀赋足、市场经营能力强的新型职业农民、返乡创业农民工、高校毕业生、退役军人领办创办农业经营主体，开展农业生产托管服务，大力发展农业生产性服务业。

4.3 加强农业科技创新支撑

青溪镇深入实施创新驱动发展战略，加快科技成果推广应用，不断增强科技对经济发展和社会进步的支撑能力，以科技创新突破制约农业发展瓶颈，引领支撑农业转型升级和提质增效。

4.3.1 提升农业技术应用水平

青溪镇积极推进高效低耗栽培、经济林木品种改良和丰产栽培、畜禽良种选育及扩繁、农产品精深加工、农业环境保护等先进实用技术。青溪镇在羊肚菌、木耳、核桃、雷竹、中药材、花卉、中蜂养殖、林麝香等特色优势产业中建设一批符合国际技术标准的生态、有机农产品基地，提高传统农业发展质量和效益。青溪镇大力推行农业标准化生产和农产品质量认证制度，进行农产品质量安全跟踪系统的研究与开发，以科技进步推动农业产业化。

4.3.2 加快农业科技成果转化应用

青溪镇积极与高校、科研院所、行业部门等合作，争取强有力的科技支撑和人才保障，建立"高校（科研院所、行业部门）+县级农技推广部门+镇级农技推广部门"三级科技成果转化工作网络，面向绿色兴农重大需求，加大绿色技术供给、技术集成和示范推广力度。青溪镇健全基层农业技术推广体系，创新公益性农业技术推广服务方式，支持各类社会力量参与农业技术推广，全面实施农业技术推广服务计划，加强农业重大技术协同推广。

4.3.3 加大新品种、新技术引进试验示范推广

青溪镇积极研发增产、增收、增效、节本降耗作用显著的新技术，将开展新品种、新技术、新模式、新机制"四新"示范与促进良种、良法、良壤、良灌、良制、良机"六良"配套相结合，创新种植模式，探索全程机械化的生产、服务模式以及完善补贴政策。

4.4 推进农村一二三产业融合发展

青溪镇坚持市场导向，发挥市场主体作用，推动农村产业深度融合，不断拓展乡村多种功能，培育农村新产业和新业态，发展特色小镇，以完善多形式利益联结机制为核心，以制度、技术和商业模式创新为动力，发展壮大乡村产业。

4.4.1 实施农产品加工提升行动

青溪镇充分发挥特色山珍系列产品量大质优的优势，积极引进、培育、壮大一批果蔬冷贮冷藏、畜禽深加工龙头企业。青溪镇以青溪现代农业园区为主，形

成广元市重要的高端特色山珍加工企业集群。青溪镇以产业集聚发展、集群发展、产业链发展为抓手，推动石材产业园转型为农产品深加工产业示范园。到2022年，青溪镇力争农产品加工业总产值突破1亿元，培育农产品加工企业6家以上，形成广元市特色农产品加工集群。

4.4.2 推进农村产业深度融合

青溪镇有效整合各类农业产业链，推动上中下游各环节有机衔接，促进农业产业链延伸，提升农业产业链整体竞争力。青溪镇推进农业与旅游、文化、康养等产业深度融合，开发农业多种功能和多重价值，提升价值链。青溪镇开发新兴现代商务方式，加快推进农产品营销体系建设，依托广平高速、青云路等的交通优势，加快推进农产品交易市场、冷链物流建设，及时筹建青溪镇电子商务产业园区。到2022年，青溪镇力争建成统一开放的农村电子商务市场体系，打造电子商务聚集与生态农业相结合的国内一流农村电子商务示范区。

4.4.3 激发农村产业新动能

青溪镇深入挖掘农业农村生态涵养、休闲观光、文化体验以及康养等的新价值，加速新理念、新技术向农业农村融合渗透，促进农业功能从提供物质产品向提供精神产品拓展，着力培育农村新产业和新业态，推动主产业多业态发展。青溪镇以休闲农业和乡村旅游为引领，充分发挥乡村各类资源富集的独特优势，加快羊肚菌、黑木耳等山珍食用菌田园综合体建设，打造埝坪村农业观光、阴平村旅居养老、金桥村生态康养等主题庄园，推进落衣沟熊猫社区、官帽顶云朵小镇等特色小镇建设，形成具有青溪镇特色的"旅游+"产业圈。青溪镇积极发展农村产业融合发展综合平台、文创产业园区等融合载体，加快推进"农业+文化+旅游"融合发展。

4.4.4 打造康养美食产业

青溪镇以绿色农产品为依托，大力发展康养美食产业；深度挖掘功能性美食，充分利用青溪镇绿色有机农产品和地道中药材、药食两用产品，围绕康复、养生、养老等特定人群的特殊需求，开发药膳、素食等功能性美食，打造"青溪名菜"。青溪镇鼓励餐饮企业创建"名、优、特"品牌，将观光美食与健康养生融合发展，加快形成一批集休闲娱乐、疗养健身、农事体验等多种元素为一体的康养美食名店。青溪镇策划举办"青溪康养美食论坛""回族美食文化节"等康养美食节会活动，制作《寻味青溪》《青溪康养美食菜品烹饪技术规范》等专题片和出版书籍，宣传推广"广元康养美食之乡"特色品牌，不断提升青溪镇康养美食的知名度，把青溪镇建设成为康养农业生产示范基地，打造全国知名的康养美食之乡。

5　加快建设世界级旅游目的地

青溪镇围绕打造国家级生态康养旅游度假区及大九寨旅游环线国际驿站，将"旅游+康养""旅游+文创"产业作为乡村振兴"首位产业"进行谋划，引导产业集聚，创新产业发展模式，推进"农、文、旅"协调发展，打造高品质生态旅游产业。青溪镇促进文化和旅游资源优势转化为发展优势，加快推动文旅融合发展，进一步提升文化和旅游供给力、四川旅游吸引力、巴蜀文化影响力，不断吸引川陕甘地区客流，提升青溪镇文化旅游品牌价值。

5.1 优化生态旅游产业体系

青溪镇以唐家河自然保护区、青溪古镇两个国家 4A 级旅游景区为龙头，带动龙门雪山（官帽山）和阴平古道等旅游景点发展，将青溪镇旅游景点与青龙湖串联起来开发，形成青川县境内旅游景点小环线，并深度融入大九寨旅游环线发展。青溪镇努力将自身打造成以生态观光、文化体验、休闲度假、研学科考、环境教育、生物保护、会议交流为主要功能的国际旅游目的地、大九寨旅游环线国际驿站、大熊猫国家公园国际联盟总部基地。

5.1.1 生态观光旅游

青溪镇依托唐家河自然保护区的高山、森林、草地、湖泊、地质公园等景观，大力发展自然景观与人文景观相结合的休闲观光旅游。青溪镇按照主题化的思路，高品位、高标准、精品化打造大熊猫国家公园国际社区，根据节令推出有针对性的旅游产品和旅游服务，促进旅游产业要素集聚。

5.1.2 文化体验旅游

青溪镇以青溪古镇国家级生态康养旅游度假区建设为契机，利用青溪古镇独特的明代古城及其内部城镇格局，深挖其浓厚的历史文化和古道风情，打造形成具有地方民族风情的繁华商贸集市，以旅游服务、传统文化展示等功能为主，打造成为大九寨旅游环线国际驿站、唐家河自然保护区旅游服务基地。

5.1.3 生态康体旅游

青溪镇加强优质森林资源开发，重点打造落衣沟森林小镇，大力开发景区森林浴、登山览胜、天然氧吧、中医药疗养康复、竹林疗养、避暑度假等生态养生休验产品。青溪镇加快唐家河自然保护区漂流水上运动基地、官帽山滑草滑雪运动场等重点项目建设，丰富休闲康体旅游产品，打造具有国际特色的山地生态康体旅游胜地。

5.1.4 田园休闲旅游

青溪镇推进健康养生项目与种植养殖基地、农耕用器、农耕文化、民俗风情、农业劳作过程和农业生产过程相结合，在魏坝村、石玉村、徐坝村、平桥村、埝坪村、大水村等地大力发展田园观光、农耕民俗体验、乡野拓展、乡村度假、乡村慢生活体验等多种乡村康养休闲业态。青溪镇保护阴平古村落，将其打造成高端精品民宿集聚区；在金桥村、石玉村、徐坝村、和平村等靠近城镇的村庄逐步实施村民集中"上楼"，推动青溪古镇"腾笼换鸟"，发展经营性休闲房地产。

5.1.5 自驾露营旅游

青溪镇依托高速公路和景区自驾露营基地，完善自驾露营的道路、信息、水电、厕所等配套设施，精心设计自驾露营线路体系，串联落衣沟村、阴平村、东桥村、东方村、青溪村和金桥村，提档升级露营基地，发展汽车租赁与维修、交通信息服务、房车旅游、餐饮住宿等自驾露营配套产业。

5.1.6 生态研学旅游

青溪镇以唐家河自然保护区等为基础，建设地质博物馆、地质科普点及科普线路、湿地科教中心、湿地科普展示园，保护森林公园、湿地公园、地质公园，积极发展中医药资源科普教育与研学旅游，为游客提供丰富多样的生态科普、教育、体验等产品。

5.1.7 高端小众旅游

青溪镇以走近大自然、亲近大自然为主题，瞄准特殊需求群体，围绕集旅游、休闲、探险、科研为一体的户外运动，开发精品体验线路，探索高端生态旅游模式。

5.2 大力发展康养旅游业

青溪镇依托良好的区位条件和生态环境，重点发展医疗服务、养生保健服务、养老服务、健康管理服务，建设成为知名的医养结合康养服务集聚区。

5.2.1 医疗救助

青溪镇依托广元市山地康养三甲医院建设，围绕老年病科、心内科、呼吸科、神经科、儿科等特色专科，以互联网为载体和技术手段，为亚健康人群、疾病早期及恢复期患者、慢性病患者、老年人群等开展疾病预防、保健、康复治疗、健康教育和咨询等服务，打造知名康复医疗服务基地。

5.2.2 养生保健

青溪镇大力发展中医特色的诊疗、理疗、慢病康复、护理、养生等服务，促进中医养生堂、中医按摩馆等聚集发展，借助中医药保健养生的优势，促进保健养生膳食咨询、保健养生膳食定制发展，打造知名中医药保健养生基地。

5.2.3 生态养老

青溪镇引入龙头养老服务企业，在场镇地区构建养老护理、养老地产、养老文化、养老旅游、养老金融、养老居住等养老全产业链，形成养老产业集群，打造知名养老基地。

5.2.4 康体健身

青溪镇完善运动康养基础设施建设，加快山地运动场景建设，以阴平村滨河漂流、龙门雪山滑雪场、金桥村户外运动营地为依托，打造漂流、滑雪、登山三大康养赛事品牌，构建包括赛事活动、康体健身、户外运动、专业训练等在内的健康体育运动产业链条，建成中国康养运动强镇、中国体育旅游示范镇、中国户外运动首选目的地。

5.3 培育发展旅游文创业

青溪镇立足三国文化、红军文化、民俗文化等资源，培育旅游文化创意产业，建成旅游文化创意产业高地。

5.3.1 着力构建产业发展大平台

青溪镇依托现有资源优势，积极引进人才、资金、科技等要素资源，规划建设旅游文创体验中心，打造在国际上有较高知名度、在全国具有引领示范意义的青溪旅游文化产业带。青溪镇深度挖掘独特的红色文化、三国文化、民俗文化、生态文化资源，依托历史建筑、工业遗存、特色街区等载体，不断融入文化创意元素。青溪镇重点打造沿青溪镇至唐家河自然保护区"青竹"旅游文创产业走廊，为生态旅游文创带建设提供产业支撑。青溪镇围绕青溪古镇旅游景区，打造旅游文创街区，构建青溪镇旅游及商品集散中心。青溪镇加快阴平艺术创作产业基地和红色影视文化产业基地建设，为融入旅游环线发展提供有力支撑。青溪镇以建设省级"竹林小镇"为契机，发挥"小镇经济""街区经济"牵引作用，加快对接高校、科研院所、龙头文旅企业等，依托现有农业、工业资源，着力构建一批低成本、便利化、全要素、开放式的文化创意类"众创空间""创新工场""孵化工厂"等新型创业服务平台。

5.3.2 构建特色旅游文创产业体系

青溪镇大力发展生态产业，以"农耕养生+健康体验"为基础，积极开展康养文化的保护传承和康养产业文化研究，把绿色文化融入生态环境建设，形成生态旅游文创产业。青溪镇培育三国文化创意产业，以阴平古道、青溪古镇、阴平沟村、落衣沟村为依托，挖掘三国文化精髓，包装和打造三国文化创意产品。青溪镇积极发展红色旅游文化创意产业，围绕红色文化，建立教育实践文化传承基地，探索红色文化实践，传承体验红色文化。青溪镇推动民俗文化创意产业发展，围绕丰富多彩的传统民俗文化，把民俗文化融入旅游文创产品中，重点研发青溪豆腐、火塘老腊肉、山椒黑木耳、山野素珍席、雅鱼、跑山土鸡、三色饭（酸菜豆花饭）以及唐家河自然保护区野生蜂蜜酒等"青溪美食八绝"产品，大力研发以"五熟釜"铜火锅为代表的"清真美食"，加快研发三国（青溪）酒、七佛（青溪）贡茶、川北（青溪）特色服装及饰品。

5.3.3 推动企业做大做强

青溪镇支持各类企业开发、经营旅游文创产业融合项目，引导骨干企业跨行业延伸产业链，培育拥有自主品牌、创新能力和市场竞争力强的旅游文创融合发展领军企业。青溪镇培育主业突出、特色鲜明、成长性好的旅游文创融合根植性企业，支持中小企业主动参与旅游文创产业融合，创新价值链，开拓新业务、新产品、新市场。青溪镇支持企业与高校、科研院所组建旅游文创产业融合战略联盟，引导市场主体以经营许可、资源、技术、品牌、资金等为纽带，开展经营资源互补、成本风险共担、经营利益共享的项目合作。青溪镇支持旅游文创企业积极参与"一带一路"建设，围绕旅游文创产业融合发展实施联动营销，推广青溪镇旅游文创产业品牌形象，提升青溪镇的显示度和传播力。

5.3.4 营销旅游文创产品

青溪镇加强与高端媒体合作，推出青溪镇特色品牌的深度报道，持续形成重大影响力和竞争力。青溪镇加强与各类主流媒体合作，围绕青溪镇特色文化等重大选题和重大项目，刊播系列报道，全面展示青溪镇旅游文创产业融合发展活力。青溪镇发挥新媒体传播优势，全方位、多平台、立体化营销青溪镇旅游文创产业品牌形象。青溪镇加快推进评说青溪古镇、旅游文化解说词、川陕红军干校培训教材编写等项目实施，利用各种平台开展对外旅游文创交流，推动青溪镇特色文化走出青川县和广元市、走出四川省乃至全国。每年8月上旬，青溪镇举办"国际（青溪）康健节"，筹备滑雪、漂流、探险（秘）、攀岩等赛事，展销青溪镇特色产品。青溪镇加强旅游文创产业对外贸易，推动青溪镇旅游文创产品和服务"走出去"。

5.4 提升完善旅游配套设施

在打造世界级旅游目的地的过程中，青溪镇抓好旅游康养基础设施和服务设施的配套建设，提升旅游综合服务水平，满足游客多元化需求，努力推动旅游业转型升级、提质增效。

5.4.1 构建慢游旅游交通体系

青溪镇按照"一轴、一廊、两心、五区"的旅游空间布局，构建"一路一道"慢游交通体系。"一路"，即沿唐家河自然保护区至官帽山旅游观光公路，丰富沿线景观、节点服务，打造具有通达、游憩、体验、运动、健身、文化、教育等复合功能的旅游观光公路。"一道"，即沿青溪镇东西向生态景观走廊，打造串联田园综合体、特色庄园、度假小镇等重要景点和节点的特色慢行游览体验绿道。青溪镇积极探索在公路沿线增设观景台、汽车露营站、旅游服务站等特色交通服务设施，给游客旅游提供便利的交通体验。

5.4.2 完善旅游配套服务设施体系

青溪镇加强游客集散服务中心的建设，实现游客集散、交通换乘、信息咨询和产品订购等多项服务功能的统一，打造一个综合游客集散服务中心和配套建设若干旅游咨询服务点。青溪镇推进"旅游厕所革命"，构建布局合理、设施完善、管理规范的旅游公厕服务体系。青溪镇针对不同消费层次需求和基地环境条件，构建星级酒店、度假酒店、度假庄园、主题酒店、乡村精品住宿（农家乐、农庄、客栈、庄园）和营地相结合的特色旅游住宿体系，形成多元化的旅游住宿格局。

5.4.3 全面打造智慧旅游体系

青溪镇积极推进创建"智慧旅游小镇"，以"智慧旅游，便捷服务"为目标，广泛应用互联网、物联网等信息技术，加快构建一体化的旅游公共信息服务平台，推动智慧旅游服务、智慧旅游管理、智慧旅游营销体系建设，构建智慧化旅游服务体系。

5.4.4 构建旅游安全保障体系

青溪镇加强旅游安全环境建设，重点做好旅游交通、旅游饭店、景区游乐设施安全工作和旅游食品安全工作。青溪镇加大旅游安全设施投入力度，配套并完善旅游景区消防、安全防护、安全警示、紧急救援电话等设施，做好灾害性天气预报和地质灾害预警服务。青溪镇建立旅游安全管理机制，推进旅游安全保险体系建设。青溪镇深入推进平安青溪建设，加强旅游治安环境治理，营造和谐的旅游环境。青溪镇健全旅游安全服务，加强救援设施和救援队伍建设，加快建立和完善多层次、一体化的旅游应急救援服务系统。

5.5 加强旅游品牌营销宣传

青溪镇打造特有旅游品牌，整合营销模式，提升旅游知名度和影响力。

5.5.1 打造大熊猫世界级旅游文化品牌

青溪镇依托唐家河自然保护区丰富的野生动植物资源，创建国际生物多样性保护交流平台，积极与国际重要保护地、著名旅游景区、重点科研机构等建立合作机制，通过举办有影响力的国际性大熊猫文化论坛、大熊猫生态旅游节、唐家河自然保护区（阴平古道）马拉松等营销推介活动，不断提升唐家河自然保护区大熊猫竹旅游区品牌价值。青溪镇加快开发一批自然标本和竹编、动物鸟类教学玩具等工艺品，丰富文创产品，提升"唐家河自然保护区蜂蜜"品牌形象，进一步强化唐家河自然保护区生态扶贫产品直销中心建设。

5.5.2 整合创新旅游营销方式

青溪镇积极参加旅游整合营销活动，通过多媒体、大平台营销使核心品牌走向国内和国际。青溪镇策划拍摄《熊猫佳佳》《动物天堂唐家河自然保护区》等纪录片，策划拍摄《阴平诀》等影视作品，全力提升"唐家河自然保护区"核心旅游品牌影响力，统一开展受众面广的大宣传、大促销。青溪镇整合报刊、电台、网站及相关搜索引擎、微博、微信、在线旅行商、图片视频社交媒体平台、手机应用程序等宣传媒介，推进"互联网+"旅游营销宣传，营造全民旅游宣传氛围。青溪镇强化主题活动宣传、主要媒体宣传，加大与央视、四川卫视等主流电视媒体的合作力度。青溪镇积极参加旅发会、旅博会、西博会、旅交会等重大旅游营销节会活动，进一步丰富和完善唐家河自然保护区紫荆花节、唐家河自然保护区度假漂流节、唐家河自然保护区大熊猫红叶节等旅游节会活动的内涵，吸引广大游客来青溪镇观光旅游度假。青溪镇积极邀请境内外旅行社、宣传媒体以及自驾游和自助游俱乐部等考察、游览、采风、宣传，推介青溪镇特色文化，宣传青溪镇生态旅游。

5.5.3 加强区域旅游交流合作

青溪镇以产品和市场为核心，创新合作理念和方式，建立区域和线路联合营销机制，继续推动川北旅游联盟、川陕甘旅游联盟、大成都旅游联盟等开展区域营销，做好大九寨旅游线路、三国蜀道旅游线路等的整合营销，构建"信息互享、客源互送、线路互建、宣传互动"的区域发展格局。青溪镇围绕剑门蜀道三国游、温泉山水生态游、最美乡村体验游等主题线路，加快与周边市、县打造无障碍特色旅游区，推出九寨沟—唐家河自然保护区—青溪古镇—剑门关—阆中古城旅游线路等。

6 构筑乡村人才振兴高地

乡村振兴，人才是关键。强化乡村振兴人才支撑，健全人才培养、人才引进、人才评价、服务保障机制有助于实现乡村振兴。

6.1 实施能工巧匠传承行动

青溪镇围绕历史文化传承类人才、非物质文化遗产类人才、乡村旅游类人才及乡村民宿经营管理人才等，建立乡土人才信息库。青溪镇加大乡村土专家、田秀才、种植高手、养殖能人、各种能工巧匠等"匠心农人"培育力度，搭建适合乡土人才致力于乡村振兴的干事平台，发挥在质量兴农、绿色兴农、品牌强农等方面的引领作用。青溪镇挖掘乡村能工巧匠，针对乡土人才的专业技能挖掘市场潜力、找寻附加产值、建立配套产业、拉伸产业链条，将其转化为乡村振兴的文化资源和产业优势。青溪镇加大人才引进力度，以岗位聘用、客座邀请、项目合作等多种形式引进文化人才。青溪镇加强文化人才的培育，增强文创艺术人才带动文创旅游业发展的能力。

6.2 实施职业农民培育行动

6.2.1 加强职业农民的技能培训

青溪镇依托农校、乡村振兴学校（学院），大力培育新型职业农民，探索"新主体+新农民"联结机制，以新型农业经营主体带头人和现代青年农场主培养为引领，以家庭农场、农民合作社、农业企业等新型农业经营主体负责人和骨干为重点，分类型、分层次开展新型职业农民培育。青溪镇全面推行教育培训、认定管理、政策扶持"三位一体"的培育模式，提升新型职业农民的职业素养和实际操作能力。青溪镇充分运用田间课堂、农民夜校、网上教学等形式，发挥就业培训机构、农广校、农村电商基地、创业孵化基地等平台作用，预计到2022年累计培育新型职业农民200人。

6.2.2 加大对农民变服务员的技能培训

青溪镇加强对本地农民旅游从业资格和技能的培训，强化农民在全域旅游中的主体地位和参与感。青溪镇强化农民科技服务培训，发展智慧旅游，不断提升农户、政府、商家、游客的满意度和获得感。青溪镇构建旅游技能服务一体化平台，加强宣传教育引导，不断提升农民的服务意识和服务品质。

6.3 实施新乡贤召回行动

青溪镇建立农村新乡贤吸纳机制，采取激励政策，让退休干部、外出农民工和创业者等乐于"载誉还乡"，使他们的思想观念、知识和财富服务于乡村的发展。青溪镇以村民推荐、公开评选等形式，从乡村评选优秀人才作为新乡贤，做好新乡贤精神弘扬工作。青溪镇建立乡贤理事会、乡贤参事会、乡贤议事会等乡贤组织，发挥其在乡村治理和推进乡村风尚文明建设中的重要作用。

6.4 实施城市精英吸引行动

青溪镇大力引进农业技术、医疗卫生、文化教育、经营管理等方面的专业人才，探索通过兼职、咨询、科技合作等方式挖掘高端人才智慧，积极推行技术入股、期权激励等创新机制，充实青溪镇乡村振兴人才队伍，保证乡村振兴战略的顺利推进。青溪镇鼓励四川农业大学、成都中医药大学、四川旅游学院、广元信息职业学院等高校根据乡村振兴需求，采取定向招生、定向培养、定向就业的方式，培养乡村振兴专业人才。

6.5 实施专家大脑支撑行动

青溪镇加强与高校和科研院所的联系，以专家服务基层、创业导师走进创业园区等活动为载体，重点围绕乡村产业振兴、生态振兴、文化振兴，组织各行业、各领域专家（人才）到基层服务，着力解决现代农业发展中遇到的技术不高、科技成果转化慢、农村实用人才匮乏等方面的难题，切实为现代农业发展提供专业的技术指导和服务，把知识、技术推广应用到乡村去，解决科技下乡"最后一公里"问题。青溪镇对有基础、有条件、有潜力的产业村持续提供资金技术支持，培育1~2个引智示范村。

7 焕发乡风文明新气象

青溪镇以社会主义核心价值观为引领，坚持精神文明和物质文明一起抓，传承发展优秀传统文化，持续推进农村公共文化建设和农村文化市场繁荣，推动乡村文化振兴。

7.1 培育乡村文明新风

青溪镇围绕文明村（社区）、文明家庭等创建活动，广泛开展社会主义核心价值观培育活动、乡风文明建设主题活动，倡导科学文明生活，巩固和加强农村思想文化阵地建设。

7.1.1 培育和践行社会主义核心价值观

青溪镇坚持教育引导、实践养成、制度保障"三管齐下"，大力培育和践行社会主义核心价值观，推动社会主义核心价值观具体化、形象化、生活化，把社会主义核心价值观融入百姓日常生活。青溪镇加强社会主义核心价值观宣传，采取符合青溪镇农村特点的方式、方法和载体，充分运用宣传栏、文化墙、公益广告等形式，开展"中国梦""讲文明树新风""家风家训"等社会主义核心价值观宣传教育活动。青溪镇深入开展理想信念教育活动，深化"不忘初心，牢记使命"主题教育，弘扬民族精神和时代精神，加强爱国主义、集体主义、社会主义教育，引导人们树立正确的历史观、民族观、国家观、文化观。青溪镇在农民群众中大力实施时代新人培育工程，弘扬劳动最光荣、劳动者最伟大的风尚，评选推出一批新时代农民的先进模范典型。

7.1.2 广泛开展乡风文明主题建设活动

青溪镇广泛开展"崇德向善·厉行法治""诚信·孝敬·勤俭"等主题教育活动，引导农民形成正确的价值观念。青溪镇积极开展"新家园、新生活、新风尚""传家风、立家规、树新风"等活动，引导群众抵制封建迷信活动和腐朽落后文化的侵蚀。青溪镇发挥先进典型的示范引领作用，通过开展"新乡贤""青溪好人""道德模范""文明家庭（户）""书香家庭""孝媳孝婿""孝子孝女""邻里守望"等评比活动，大力开展志愿服务活动，通过多种渠道进行舆论引导、传递正能量，让文明乡风在农村落地生根。青溪镇深入推进移风易俗，开展专项文明行动，遏制大操大办、厚葬薄养、人情攀比等陈规陋习，培育新型农民，涵育文明乡风。

7.1.3 弘扬乡村优秀传统文化

青溪镇深入挖掘三国文化、红军文化、"边城秘境"文化、回族文化、大熊猫文化的丰富内涵，全面促进乡村特色文化经济的发展。青溪镇加强文物保护利用和文化遗产保护传承，实行一村一档，永久保存，增强文化底蕴和居民归属感。青溪镇积极推进古蜀道申遗等三国文化资源保护工作，加强青溪古镇等重点文化遗址的保护和修复工作，保护传承青溪镇特色文化。

7.2 丰富乡村文化生活

青溪镇统筹镇村公共文化布局、服务提供、文化产品创作、队伍建设，丰富乡村群众文化生活。

7.2.1 加强基层文化阵地建设

青溪镇依托镇文化站、村社区图书室、文化院坝、农民夜校、道德讲堂等，组织开展丰富多彩的文化活动，如"文明家庭"评比活动和志愿服务工作示范户评选活动，营造积极向上、健康文明的文化氛围。青溪镇加大资金投入力度，建设一批公益群众文体设施，逐步改善村级文化活动室配置，为群众提供文化活动场所。青溪镇统筹实施广播电视公共文化服务工程，加快推进数字电视户户通、广播村村响，做好农家书屋出版物补充更新工作，建设乡村阅报栏、宣传栏、文化墙、电子阅报屏、公益广告牌，提升公共文化设施服务水平。

7.2.2 增加公共服务产品和供给服务

青溪镇实施农村文化惠民工程，依托文化阵地，开展多种形式的群众文化活动，积极组建群众文艺团体，利用春节、妇女节、中秋节、重阳节等节日开展文艺汇演、篮球赛、乒乓球赛、广场舞、猜谜、象棋等形式多样的文体活动，丰富群众精神文化生活。青溪镇深入实施文化信息共享工程，加快镇村出版物数字化发行网点和农家书屋、社区书屋数字化升级改造，使农民群众便捷获取优质数字文化资源。

7.2.3 鼓励优秀文化产品创作

青溪镇实施乡村文化创意行动，鼓励引导广大艺术家和文艺工作者深入生活、扎根人民，创作生产富有青溪镇乡土特色、反映乡村振兴实践的优秀艺术作品。青溪镇搭建乡村题材优秀艺术品展示交流平台，加快优秀本土文化作品的推广和传播。青溪镇挖掘乡村文化本土人才，加强基层文化队伍培训，培养懂文艺、爱农村、爱农民、专兼职相结合的农村文化工作队伍，壮大乡村振兴文化力量。

7.3 壮大乡村文化产业

青溪镇实施"文化+"战略，深入挖掘乡村文化内涵，加强文创产品研发和推广，加大文旅、文创龙头企业培育力度，塑造一批具有青溪镇特色的乡村文化品牌。

7.3.1 深度挖掘乡村文化内涵

青溪镇系统梳理乡村文化历史渊源、发展脉络、时代影响，加强乡村文化典籍整理，建立乡村文化资源数据库。青溪镇深入挖掘乡村文化的精神内涵，从中提炼符合当今时代发展需要的思想理念、道德规范、价值追求，研发现代文创精品，发展具有区域特色的乡村文化事业和文化创意产业。青溪镇创新文化资源转换模式，依托乡村饮食、乡村民俗、乡村建筑等乡村文化资源，推动传统文化创造性转化、创新性发展，提升乡村文化附加值和竞争力。

7.3.2 发展壮大乡村文化产业

青溪镇充分挖掘乡村文化创意元素，围绕农事活动、民族传统、民俗节庆等资源加快发展文化创意设计等新型文化业态，培育文旅和文创企业。青溪镇建设"文创+农创+旅创"示范村，打造集农业文化创意、特色农产品交易和观光旅游为一体的综合产业体。青溪镇支持传统技艺项目的保护传承、研究开发、制作销售等活动，打造具有乡村特色和区域特色的传统手工艺品。

7.3.3 着力打造乡村文化品牌

青溪镇实施乡村文化品牌培育行动，发挥乡土优势，彰显农村特色，集中挖掘整理村落文化和民俗文化，丰富和完善乡村文化内容，以品牌核心价值提炼为重点，推出具有影响力的特色创意产品，打造现代文创精品和特色文化品牌。青溪镇加快农村传统文化品牌推广与宣传，以传统文化、地方特色优势产业及产品为基础，发挥阴平村国家级乡村文化旅游示范村带动作用，创新具有地域特色的文化产业营销模式，充分利用互联网技术，推动文化品牌推广与大数据营销结合，形成完整的品牌传播路线。

8　打造生态宜居美丽青溪

青溪镇牢固树立和践行"绿水青山就是金山银山"的理念，尊重自然、顺应自然、保护自然，统筹推进山水林田湖草系统治理，构建生活环境优美、生态系统健康、人与自然和谐共生的乡村发展新格局，让农村成为安居乐业的美丽家园，建设生态宜居美丽乡村，推动乡村生态振兴。

8.1 保护和修复自然生态系统

青溪镇大力实施乡村生态保护与修复重大工程，完善重要生态系统保护制度，促进乡村生产生活环境稳步改善，自然生态系统功能和稳定性全面提升，生态产品供给能力进一步增强。

8.1.1 加强自然生态系统修复与建设

青溪镇继续实施天然林资源保护、退耕还林还草、水土流失综合治理、河湖和湿地生态保护修复等重点生态工程，关闭矿山，进行生态修复。青溪镇强化森林生态系统保护与修复，实施基础设施森林植被修复工程，增强森林健康和可持续发展能力。青溪镇加强湿地与河湖生态系统建设，严守湿地红线，推进湿地水位维持及恢复、水生植被恢复、鼠虫害治理，保护和恢复湿地生态系统。青溪镇全面保护和恢复河流、湖泊、滩涂、库塘等湿地资源，遏制湿地退化萎缩趋势；推进水资源合理开发与保护，加强河川生态保护，强化江河源头、岸线原貌和水源涵养区生态保护。青溪镇加强地质资源保护，推进固土、避险等设施建设。

8.1.2 强化大熊猫栖息地生态系统保护

青溪镇实施大熊猫栖息地恢复改造工程，推进封山育林和植被补造、改造，促进森林生长发育，加快大熊猫栖息地的植被恢复。青溪镇推进大熊猫食用竹的更新复壮，建立森林、竹林协调的更新恢复环境，高质量打造青唐翠竹长廊，在青溪镇至唐家河自然保护区（青唐公路）沿线规划建设一条长度不低于10千米，两侧竹林宽度各不低于5米的省级翠竹长廊。青溪镇加强大熊猫栖息地生态修复，坚持不破坏自然植被的原则，加快大熊猫栖息地生态廊道建设和维护。

8.1.3 健全重要生态系统保护制度

青溪镇完善天然林和公益林保护制度，进一步细化各类森林和林地的管控措施或经营制度。青溪镇全面推行河长制和湖长制，将河长、湖长体系延伸至村一级。青溪镇推进河湖饮用水水源保护区划定和立界工作，加强对水源涵养区保护。青溪镇严格落实自然保护区、风景名胜区等各类保护地保护制度。

8.1.4 加强珍稀濒危野生动植物保护

青溪镇继续开展唐家河自然保护区大熊猫、牛羚等珍稀濒危野生动植物资源本底调查和监测，掌握野生动植物种群基本情况和变化趋势。青溪镇完善珍稀濒危野生动植物抢救保护机制，进一步实施极小种群保护工程。青溪镇加快野生动物救护站和野生植物保护站建设，强化珍稀濒危动植物抢救性保护和极小种群野生植物拯救保护，提升保护管理水平。

8.1.5 加强极小种群抢救性保护

青溪镇开展极小野生动植物种群调查，摸清极小种群家底，对雪豹、小熊猫、红豆树、圆叶玉兰、光叶蕨等极小种群物种实施抢救性保护。青溪镇强化极小种群野生动植物基因保护保存体系建设，依托大熊猫国家公园国际联盟组织建设一批基因保存库。青溪镇建立物种监测预警系统，及时掌握和应对极小种群变化。青溪镇开展林木种质资源调查摸底，建设一批林木种质资源原地、异地保存基地和设施保存库，对特有、珍稀、濒危、重要林木种质资源实施抢救性保存。

8.1.6 促进珍稀濒危动植物种群恢复

青溪镇健全野生动物救护中心和珍稀濒危植物培育中心网络，加快建设野生动物救护繁育站、极小种群植物园、珍稀濒危野生动物放归基地。青溪镇着力建设珍稀濒危动植物人工繁殖基地，加快开展扭角羚（羚牛）、川金丝猴等野生动物人工驯养繁殖、放归试验及研究工作，有效增加珍稀濒危动植物种群数量。

8.1.7 完善森林防火体系和有害生物防治体系

青溪镇大力实施森林防火工程，强化森林防火基础设施建设和综合治理，加强森林火灾预防、扑救、保障体系和森林防火通道建设，建立健全火灾应急处置机制，提高火灾应急防治能力。青溪镇加快病虫害防治基础设施建设，加强有害生物测报、预防、检疫等常态化工作。青溪镇积极推进有害生物治理综合防控，提高综合防治水平。青溪镇大力实施森林健康、工程治理、无公害防治等治理措施，有效控制危险性有害生物蔓延危害，增强应对突发生物灾害的控灾能力。

8.1.8 加强环境污染治理和环境动态监测

青溪镇加快生态环境保护基础设施建设，强化从源头防治环境污染。青溪镇加大水土流失综合治理力度，加强饮用水水源地和良好水体保护。青溪镇推进工矿污染场地和土壤污染管控与修复工作，强化农业面源污染和畜禽养殖污染综合治理。青溪镇提升环境监测、预警和应急能力，健全突发性生态环境事件应对与防控体系。

8.2 加强农村人居环境整治

青溪镇以建设美丽宜居村庄为导向，以农村垃圾、污水治理和村容村貌提升为主攻方向，开展农村人居环境整治行动，全面提升农村人居环境质量。

8.2.1 改善农村生产环境

青溪镇控制农田水土安全和面源污染，坚守永久基本农田保护红线，构建具有多孔和透水性的农田景观基质。青溪镇加强沟路林渠生态景观化以及半自然生态环境保护和重建、田块作物生产和覆盖轮作、土地休耕等工程技术研究和应用。青溪镇积极引导科学施肥，调整和优化施肥结构，鼓励和引导增施有机肥，加强畜禽污染治理，从源头上控制农田面源污染。

8.2.2 推进农业清洁生产

青溪镇实施化肥、农药零增长行动，大力推广生物农药，全面推广测土配方施肥技术、水肥一体化技术，推进有机肥替代化肥和病虫害绿色防控。青溪镇大力推行高效生态循环种养模式和养殖场标准化建设，科学划定畜禽禁养区，有效防治畜禽养殖污染。青溪镇加强渔业养殖污染治理，探索实施渔业养殖总量控制制度，全面取缔湖库非法养殖。青溪镇推广生态养殖模式，加强养殖尾水排放监管，对池塘和工厂化养殖实行达标排放制度。

8.2.3 整治农村生活环境

青溪镇梯次推进农村生活污水治理，推动城镇污水管网向周边村庄延伸覆盖，加强生活污水源头减量和尾水回收利用。青溪镇以房前屋后、河塘沟渠为重点实施清淤疏浚，采取综合措施恢复水生态，逐步消除农村黑臭水体。青溪镇健全农村生活垃圾收运处理体系，加快建立垃圾治理设施投资运营长效机制，建立多元化投入保障机制，综合治理农村生活垃圾。青溪镇各村（社区）完善农村环境卫生相关村规民约，加强农村生活垃圾收运队伍建设及管理，全面推行垃圾分类。青溪镇推进农村"厕所革命"，大力开展农村户用卫生厕所建设改造，重点开展农村户用厕所和旱厕改造，因地制宜、科学配套乡村公厕建设。到2022年，青溪镇无害化垃圾处理率将达到100%，农村无害化卫生厕所实现全覆盖。

8.2.4 提升农村生态环境

青溪镇强化农业生态基础设施建设，保护和改善农田生态系统，大力发展有机生态农业。青溪镇确定山体保护范围，逐步取缔采石场，禁止毁林开荒、倾倒垃圾等与生态功能保护无关的生产和开发活动。青溪镇严格控制未利用地开垦，落实和完善耕地占补平衡制度，加强重点区域耕地保护，推进保护性耕作。青溪镇降低耕地开发利用强度，鼓励轮作休耕。

8.3 加快幸福美丽新村建设

青溪镇以提升村容村貌和完善农村基础设施为重点，把青溪镇建设成为生态宜居、富裕繁荣、和谐发展的美丽家园。

8.3.1 建设大熊猫食竹景观度假小镇

青溪镇依托唐家河自然保护区竹林资源和生态优势，以大熊猫文化、竹文化为底色，通过生产、生活、生态、生命"四生融合"的规划，开发食竹观赏、竹韵文创、竹屋体验、竹品展销、竹宴品尝等特色文化旅游产品，完善基础设施建设，将自身建设成为省级竹林小镇。

8.3.2 打造幸福美丽新村升级版

青溪镇大作"水"文章、巧做"山"课题，开发自然资源、森林疗养等森林康养旅游产品，大力发展"游有景、食有味、住有适、乐有趣"全链条的产业体系，积极发展休闲观光农业，建设东桥村草莓采摘园、阴平村农事体验园。青溪镇创新发展民宿旅游经济，提升建设档次和规模，推动建设生态、文化、景观、建筑各类宜游宜居的民宿度假区。青溪镇做大做强"唐家河自然保护区+青溪古镇"旅游文创产品，依托羊肚菌、黑木耳等山珍食用菌规划建设田园综合体，着力形成垴坪村农业观光、阴平村旅居养老、金桥村生态康养、落衣沟村熊猫社区等新业态，打造具有青溪镇特色的"旅游+"产业新村。

8.3.3 全面改善村容村貌

青溪镇加快推进"四好农村路"建设，实现穿村公路和村内主干道路硬化全覆盖，为农村群众出行提供更加方便、快捷的交通条件。青溪镇实施供水水质提升工程，加快推进城镇供水管网向农村延伸，逐步实现供水同网、同源、同质。青溪镇整治公共空间和庭院环境，开展美丽庭院创建活动，在庭院、村落、溪边、路旁等立地条件适宜且有一定资源基础和竹文化底蕴的地方，积极营造竹林景观，在竹林下合理配置彩化、香化植物，丰富景观层次，提升绿化品位和档次，让竹韵和花香四溢的林下景观交相辉映、相得益彰。青溪镇推进村庄绿化亮化，建设绿色生态村庄，在村庄主要街道两侧，文化广场、学校、村民中心等重要场所安装照明设施。到2022年，青溪镇农村基本实现村内道路户户通。

8.3.4 强化乡村特色风貌建设

青溪镇保护乡村风貌多样性，建设立足乡土社会、富有地域特色、承载田园乡愁、体现现代文明的美丽乡村。青溪镇开展田园建筑示范创建活动，引导建筑师下乡进行农房设计指导，打造特色乡村风貌。青溪镇挖掘传承传统文化，加大历史文化名村和传统村落保护力度，编制村庄保护发展规划，加强历史文化要素的保护利用，注入旅游元素，发展乡村旅游。青溪镇开展乡村风貌提升行动，划定全镇乡村风貌分区、特色风貌带、田园建筑示范点，编制乡村风貌建设技术导则，保护山水田园景观，整治美化公共空间，发展体现地域特点、村落特色和时代特征的乡村建筑。

9 构建现代新型乡村治理体系

青溪镇把夯实基层基础作为固本之策，建立健全党委领导、政府负责、社会协同、公众参与、法治保障的现代乡村社会治理体制，推动乡村组织振兴，打造充满活力、和谐有序的善治乡村。

9.1 加强基层党组织建设

青溪镇坚持党委的领导核心地位，建立科学高效的乡村基层组织体系，强化乡村治理领导力量。

9.1.1 强化乡村党组织领导核心地位

青溪镇全面落实从严治党要求，加强农村党员教育、管理、监督，推动"不忘初心、牢记使命"主题教育活动深入开展，教育引导广大党员自觉用习近平新时代中国特色社会主义思想武装头脑、指导实践、推动工作。青溪镇扎实推进抓党建促乡村振兴，坚持和深化"三分类三升级"活动，扩大党内基层民主，推进党务公开。青溪镇打造坚强的农村基层党组织，持续整顿软弱涣散党组织，每年按照一定比例倒排整顿对象，建立工作台账，逐一制定整顿措施，开展集中整顿。青溪镇培养优秀的党组织书记，大力推行村党支部书记专职化，加大党组织书记选优配强力度，发挥农村基层党组织战斗堡垒作用，为乡村振兴提供坚强的政治保证和组织保证。青溪镇加强党内激励关怀帮扶，定期走访慰问农村老党员、生活困难党员，帮助其解决实际困难。

9.1.2 加强乡村党员队伍建设

青溪镇坚持把政治标准放在首位，把优化结构作为重点，注重从青年农民、优秀返乡农民工中发展党员，提高农村发展党员质量。青溪镇组织开展形式多样的党员教育活动，加强党的基本理论、基本路线、基本方略和党的宗旨、党性、党纪、党史、党的基本知识教育。青溪镇健全落实农村党员定期培训制度，利用大数据、互联网等技术建立农村党员远程教育网络终端，开展常态化教育培训工作，切实提高农村党员干部的履职能力和水平。青溪镇健全党员岗位创先争优长效机制，树立先进典型，强化党员意识。青溪镇扎实推进抓党建促脱贫攻坚，不断提升党建在工程项目开展中的效益，努力建设一批党员中心户、党员创业之家、群众创业综合体，努力发挥党员辐射带动作用。青溪镇加大新型农业经营主体、职业农民、农民职业经理人培育力度，大力发展"归雁经济"，完善和落实返乡农民工、大学生创业激励政策，优化服务、做实保障，促其能引回、能创业、能干事、有发展。

9.1.3 加强农村基层党风廉政建设

青溪镇强化农村基层干部和党员的日常教育管理监督，加强对《农村基层干部廉洁履行职责若干规定（试行）》执行情况的监督检查，弘扬新风正气，抵制歪风邪气。青溪镇充分发挥纪检监察机关在督促相关职能部门抓好中央政策落实方面的作用，加强对落实情况特别是涉农资金拨付、物资调配等工作的监督，开展扶贫领域腐败和作风问题专项治理，严厉打击农村基层黑恶势力和涉黑涉恶腐败及"保护伞"，严肃查处发生在惠农资金、征地拆迁、生态环保和农村"三资"管理领域的违纪违法问题，坚决纠正损害农民利益的行为，严厉整治群众身边腐败问题。青溪镇全面执行以财政投入为主的、稳定的村级组织运转经费保障政策。青溪镇满怀热情关心关爱农村基层干部，在政治上激励、工作上支持、待遇上保障、心理上关怀。青溪镇重视发现和树立优秀农村基层干部典型，彰显榜样力量。

9.2 构建"三治融合"乡村治理体系

青溪镇以党的领导统揽全局，加快形成自治为基、法治为本、德治为先"三治融合"的治理格局，着力增强乡村善治能力。

9.2.1 构建村民自治管理体系

青溪镇深化落实"四议两公开一监督"等民主治村工作机制，积极推进相关配套政策改革，推进基层治理中心下移，深化以村民小组或自然村为基本单元的村民自治试点，在组一级建党小组、理事会、监事会组织体系。青溪镇创新村民议事形式，不断完善村务公开民主管理，逐步建立责权明晰、衔接配套、运转有效的村级民主监督机制，保障村民享有更多、更切实的民主权利。青溪镇加大抓党建促村集体经济发展工作的力度，制订和落实发展村集体经济的实施方案，提高村级组织的自我保障能力。青溪镇深化群团组织改革，着力推进农村共青团、妇联组织区域化建设，不断发展壮大基层群团组织阵地。青溪镇鼓励村党支部领办合作社，深入推进合作示范社建设。青溪镇大力发展各类专业化服务组织，鼓励引导以市场化、社会化手段参与村级事务、开展为民服务。

9.2.2 提升乡村治理法治化水平

青溪镇着力构建村级（社区）公共法律服务工作室等公共法律服务平台，健全农村公共法律服务体系，健全法律援助和司法救助机制。青溪镇加强法治宣传教育，健全媒体公益普法制度，加强新媒体、新技术在普法中的运用。青溪镇扎实开展"七五普法"，深入推进"法律进乡村"活动，实施农村"法律明白人"培养工程。青溪镇加强领导干部法治教育，完善国家工作人员学法用法制度；引导农民群众增强法治观念，增强遵法守法、学法用法和依法办事、依法维权的法治意识，理性有序表达诉求；强化乡村干部法治观念、法治为民意识，将各项涉农工作纳入法治化轨道。青溪镇推进综合行政执法改革向农村延伸，推动执法队伍整合、执法力量下沉，深入开展民主法治示范村建设等法治创建活动。

9.2.3 增强乡村德治感召力

青溪镇深入实施公民道德建设工程，推进乡村诚信文化建设，引导农民爱党爱国、孝老爱亲、重义守信、勤俭持家。青溪镇建立健全农村道德评议机制，发挥好"道德评议会"等组织作用，举办道德讲堂、文化礼堂等德孝主体活动。青溪镇评先树典正风气，积极开展身边好人、道德模范、文明家庭等先进典型评选活动，开展寻找最美乡村教师、医生、家庭等活动，发挥先进典型的示范带动作用。青溪镇加强对党员干部现代远程教育站点、农家书屋、文化活动室、文化广场的建设和管理，开展丰富多彩的文体活动，如广场舞、健步走、唱大戏、篮球赛等一系列文化体育主题活动，充实百姓精神文化生活。青溪镇深入开展诚信专题宣传活动，集中宣传信用政策法规、信用知识、典型案例和信用工作成果，提高农村的诚信意识和信用水平。

9.3 大力推进平安乡村建设

青溪镇维护农村社会稳定，深入开展平安青溪建设活动，积极创建法治青溪、平安青溪，打造共建共治共享的乡村社会治理格局，增强安全感。

9.3.1 健全治安综合防控体系

青溪镇以创建平安青溪为目标，全面落实社会治安综合治理（平安建设）领导责任制，健全常态化管理机制和长效机制。青溪镇健全农村社会治安防控体系，切实创新社会治理，深入推进"十二户治安联防"制度，推动社会治安防控力量下沉，加强农村群防群治队伍建设。青溪镇深入开展扫黑除恶专项斗争，严厉打击农村黑恶势力、宗族恶势力以及黄、赌、毒、盗、拐、骗、涉农涉贫违法犯罪、涉农金融违法犯罪、破坏性采矿犯罪和水资源环境污染犯罪，切实维护农民合法权益。青溪镇以网格化服务管理工作为依托，严格特殊人群服务管理，落实精神障碍患者、吸毒人员、社区矫正人员、社区服刑人员、刑满释放人员监督管理制度。

9.3.2 加强应急管理

青溪镇在全镇范围内加大对非法宗教、邪教活动和境外渗透活动的打击力度，继续整治农村乱建宗教活动场所、滥塑宗教造像行为，依法制止利用宗教干预农村公共事务。青溪镇加强宣传教育，坚决抵制邪教组织的思想渗透；坚持积极防范、突出重点，既确保国家秘密又便利各项工作的方针，依法管理国家秘密，不断提高技术防范能力；防范安全隐患，建立农村消防应急救援、防洪度汛、地质灾害和火灾防控等应急新机制。

9.3.3 创新基层纠纷化解机制

青溪镇传承和创新"枫桥经验"，健全完善村居、社区人民调解组织网络。青溪镇健全"三二一"调处机制和生态旅游矛盾纠纷多元化解机制，深入开展"大调解""大接访"和领导干部下访活动，深入执行党政主要领导工作日轮流接访、领导包案和专案专班化解制度，深入排查化解各类矛盾纠纷。青溪镇建立完善以贫困村为重点的矛盾纠纷排查和多方联调机制、涉贫公安信访工作机制，及时排查化解农村地区各类社会矛盾纠纷，坚决遏制"民转刑"案（事）件以及群体性治安事件发生。青溪镇积极推动村（社区）争创省市级民主法治示范村（社区）和"六无"平安示范村（社区）。

9.3.4 完善农村公共安全体系

青溪镇大力开展不稳定因素和安全隐患的排查整治，加强农村警务、消防、道路交通、食品药品等安全生产工作，及时落实各项防控措施，持续开展农村安全隐患排查整治。青溪镇落实乡镇政府农村道路交通安全监督管理责任，加强道路交通安全和"五无车辆"整治，探索实施"路长制"。青溪镇树立安全发展理念，高度重视安全生产，严格安全生产目标责任制，加强安全宣传教育培训，加强农村公共安全管理，增强农民公共安全意识，营造安全和谐的发展环境。

9.3.5 深入实施"雪亮工程"

青溪镇继续深化平安智慧村庄（社区）创建活动，构建人防、技防、物防深度融合的农村治安防控体系。青溪镇以幸福美丽新村建设为载体，将"雪亮工程"与网格化服务管理、"十二户治安联防"等互助平台有机结合，切实完善"大排查、大接访、大调解"等平安维稳工作机制。青溪镇建立乡镇"一办三中心"，落实村（社区）"一网两站十制度"，努力提升群众安全感。青溪镇全面深入推动落实农村地区"小天网工程"，实现天网全覆盖，着力解决农村特别是贫困村和贫困人员较多的村（社区）治安基础薄弱的问题。

9.4 创新组织作用发挥体系

9.4.1 实施乡村产业振兴先锋行动

青溪镇加强乡村党组织对农业产业发展规划引导，加快转变农业发展方式。青溪镇支持村组干部依规依纪依法入股龙头企业、农民合作社、家庭农场等新型农业经营主体，按章程获得合法收益。青溪镇推广党员中心户、党员创业之家和党群创业综合体，引领党员群众互助发展。青溪镇创新农民党员创业信贷扶持政策，探索"红色评级授信"、政府贴息贷款、工会创业小额贷款贴息，解决党员发展产业缺资金问题。青溪镇鼓励建设"红色农家乐（民宿）""红色家庭农场""红色农民合作社""红色电商"等，深化"两新联千村，党建助振兴"行动，引导工商资本和社会服务下乡，加强"两新"组织建设，提升社会服务水平。

9.4.2 实施乡村生态振兴先锋行动

青溪镇将农村人居环境整治作为乡村党组织的重要任务，组织动员群众讲卫生、除陋习、美环境。青溪镇推行网格化管理、组团式服务，建立环境整治党员责任区，健全"干部＋党员＋农户"管理机制；全员全域设岗定责，实行村道、公益树木、公共服务场所党员管护责任制；健全乡村党员志愿服务体系，组建乡村党员志愿服务队，形成党员示范带动、村民主动参与的人居环境整治格局。

9.4.3 实施乡村文化振兴先锋行动

青溪镇把倡导和树立文明乡风，加强农民爱国主义、集体主义宣传教育作为村党组织重要工作职责。青溪镇以社会主义核心价值观为引领，组织动员党员群众积极参与农村精神文明创建活动，常态化开展文明村镇、最美家庭、五好家庭、星级党员户、星级文明户创建活动。青溪镇发挥红色资源优势，推动红色文化进乡村、进村级组织活动阵地、进乡村大舞台。青溪镇组织开展党员干部家庭"传家训、立家规、扬家风"活动，推行农村党员家庭"挂牌亮户"，以党员干部好家风、好家训引领文明乡风建设。

9.4.4 实施惠民聚心先锋行动

青溪镇坚持推行新时代"枫桥经验"，加强党的群众工作，创新载体方法，构建党员干部联系服务群众长效机制。青溪镇探索集体经济入股分红、创新创业信贷支持、自主经营奖励等联农带农利益联结机制，畅通民意表达渠道，及时解决群众困难问题。青溪镇鼓励引导农民合作经济组织、社会服务组织以市场化、社会化手段参与村级事务、开展为民服务，支持党组织健全规范的经济组织、社会组织承接基层公共服务项目。

9.5 健全农村基层服务体系

青溪镇实行基层公共服务清单制度，制定基层政府在村（社区）治理方面的权责清单，强化司法所在农村社区治理中的职能作用，推进农村基层服务规范化、标准化、法治化。青溪镇创新基层管理体制机制，整合优化公共服务和行政审批职责，打造"一门式办理""一站式服务"的综合服务平台，推动审批服务平台延伸至乡村，逐步提高网上办理比例。青溪镇依托村级组织活动场所加强村级综合服务站（点）建设，逐步形成完善的乡村便民服务体系。青溪镇探索构建村党组织领导下的农村居民自治服务管理机制，大力培育服务性、公益性、互助性农村社会组织，积极发展农村社会工作和志愿服务，推进社会组织进农村、专业社工进农村、公益创投进农村。青溪镇探索建立"社工+志工"联动机制，提升农村志愿服务水平。青溪镇开展农村基层减负工作，集中清理对村级组织考核评比多、创建达标多、检查督查多等突出问题。

10 完善基础设施和公共服务

青溪镇改善农村基础设施条件，提升基本公共服务保障水平，推动农民就业多元化，满足农民群众日益增长的民生需求，为农民生产生活提供综合保障。

10.1 推动农村基础设施提档升级

青溪镇持续加大投入力度，加快城镇基础设施向农村扩展延伸，推进农村基础设施提档升级，全面补齐影响群众生活品质的短板。

10.1.1 加快交通基础设施建设

青溪镇打造"两横一纵一环线"的交通网络格局，加快推进广平高速公路、省道301、唐青路四级公路、青溪至官帽山公路（青云路）以及黄平至金字山道路建设，形成青溪镇对外联系和交往的重要交通纽带。青溪镇在场镇交通布局上，以外围过境公路网络和连接青江河、南渭河分割成的三大片区的内部街道网络为主，构建场镇交通格局。青溪镇优化农村路网结构，提高田间道、生产路等农村道路标准，打通村与村、组与组之间的断头路。青溪镇结合土地整治工程和新农村建设项目，进行农村道路（含机耕道和生产路）的等级提升和路网布局的优化。青溪镇构建"三大六小"停车场分布格局，建设游客中心停车场、古镇旅游停车场和镇区北部唐家河自然保护区旅游停车场三个大型停车场及各片区便利停车场。

10.1.2 加强给排水工程建设

青溪镇加强集中供水设施建设，完善镇区输配水管道系统，实现由自来水厂统一供水。青溪镇在镇区东部低洼处修建污水处理厂，在各村修建完善污水处理构筑设施。青溪镇实施"雨污分流制"，各建设组团接入污水管网，污水经次干网汇入主干网，由污水管线收集汇入，在处理厂处理并达到排放标准后方可排放。

10.1.3 加强能源基础设施建设

青溪镇推进燃气入户工程，构建由输气干线、储配站、配气管网设施及槽车送运等方式组成的天然气输配系统。青溪镇实施新一轮农村电网改造工程，加快实施农网升级改造工程，改造提升35千伏及以下电网，扩大电网覆盖范围。青溪镇大力推广节能新技术，实行多种能源并举，积极推广使用沼气、太阳能和其他清洁能源，逐步取代燃烧柴草与煤炭，减少对空气环境的污染和对生态资源的破坏，可利用部分沼气能作为燃料并辅以电力。

10.1.4 强化乡村信息化支撑

青溪镇以"智慧乡村"为统领，大力推进农村信息化建设。青溪镇加快农村宽带网络和第四代移动通信网络覆盖步伐，深入实施"宽带乡村""光网四川""视听乡村""信息进村入户"等工程，推进宽带网络提速降费，完善电信普遍服务机制，扩大光纤宽带和移动通信网络在农村有效覆盖范围。青溪镇实施数字乡村战略，加快物联网、智能设备等现代信息技术与农村生产生活的全面深度融合。青溪镇推进乡村基层信息服务站点建设，实现基层服务网点与网上服务平台无缝对接；推进农村信用信息数据库建设。青溪镇加强邮政网点建设，进一步优化网络结构，在各村设置代办点，确保邮政普遍服务工作的落实。

10.2 提升公共服务供给能力

青溪镇促进公共教育、医疗卫生、社会保障等资源向农村倾斜，逐步建立城乡一体的基本公共服务体系，扎实推进群众满意的公共服务体系建设工作。

10.2.1 积极打造场镇公共服务设施

青溪镇不断强化东岸综合功能服务区的公共服务职能，建设青溪镇公共服务设施集聚区，打造一站式高效办公模式。青溪镇集中资源加强青溪镇中学和青溪镇小学建设，适度扩大学前教育规模，新增南部居住区南河坝幼儿园；建立村（社区）文化站，不断提高农村文化服务水平。青溪镇强化医疗卫生保障能力建设，着力推进镇卫生院提档升级。青溪镇扩大现有养老院规模，规划日间照料中心。青溪镇强化文体服务功能，满足居民对文化体育的需求，建设 1 处文化站、9 处广场、12 处全民健身设施。青溪镇强化镇区内商业金融和农村金融服务，满足场镇小商品服务资金需求和游客结算资金服务。

10.2.2 建立村（社区）级服务站

青溪镇围绕 3 个中心村，建立村（社区）级服务站，不断强化中心村服务站在本村（社区）的公共服务职能。青溪镇建立适度规模的学前教育幼儿园，优化学前教育师资队伍的结构，拓展中心村学前教育的覆盖范围，在落衣沟村、捻坪村、金桥村和魏坝村各新建 1 所幼儿园。青溪镇改善医药卫生条件，推动卫生所（室）面向群众服务，满足一般医疗需求。青溪镇建立健全文体服务设施，满足居民和旅游人员对文化体育的需求。青溪镇增强中心村在乡村旅游和现代农业中的商业服务能力，配置农家购物中心，满足居民和旅游人员的基本消费需求。

10.2.3 建立新型院落级（村组）服务室

青溪镇积极打造特色基层村新型院落级（村组）服务室，满足居住零散村民的基本公共服务需求。青溪镇强化村组公共服务能力，增强村组院落在村民基本生活、休闲娱乐、健身康养等方面的公共休闲功能。

10.3 巩固提升脱贫攻坚成果

青溪镇深入开展"回头看""回头帮"，建立完善稳定的脱贫跟踪监测、动态管理和分类施策机制，确保脱贫群众不返贫，及时将新增贫困对象纳入帮扶范围，不落下一户一人。青溪镇大力实施脱贫巩固提升工程，继续推进片区连片扶贫开发，进一步巩固完善相对落后地区基础设施和公共服务，不断夯实区域发展基础，推进均衡发展。青溪镇明确乡镇脱贫攻坚主体责任，科学统筹驻村工作队和各级帮扶资源，严格落实脱贫攻坚奖惩措施和责任追究。青溪镇充分发挥村"两委"、各类专业合作组织和创业能人的引领带动作用。

11 推进农村改革创新

青溪镇深化农业农村改革，激发农村内部发展活力，优化农村外部发展环境，加快完善城乡融合发展的体制机制和政策体系，推动土地、资本等要素双向流动，为乡村振兴注入新动能。

11.1 深化农村产权制度改革

青溪镇以农村集体产权制度改革为突破口，深化农业农村改革，健全农村集体资产管理制度，激发农村市场活力，盘活农村闲置资源，发展壮大新型集体经济。

11.1.1 推进农村土地"三权"分置

青溪镇在依法保护集体土地所有权和农户承包权前提下，平等保护土地经营权，探索颁发土地经营权证。农村承包土地经营权可以用于依法向金融机构融资担保、农业产业化经营时的入股。青溪镇坚持以放活土地经营权为重点，发展土地流转型、土地入股型、服务带动型等适度规模经营。青溪镇完善农民闲置宅基地和闲置农房政策，探索宅基地所有权、资格权、使用权"三权分置"，落实宅基地集体所有权，保障农户资格权和农民房屋财产权，适度放活宅基地和农民房屋使用权。

11.1.2 完善农村产权交易平台

青溪镇建立健全镇村农村产权流转交易服务中心、分中心、综合服务站，探索建立镇村农村产权流转交易融资平台，实现镇村两级联网配套、协同运行，明确交易品种，制定交易规则，创新融资机制，组建评资机构，实现农村产权资源线上、线下流转交易。青溪镇进一步优化乡镇（社区）农村产权流转交易服务中心及综合服务平台的功能，配置软硬件设施，建立覆盖全镇的产权资源信息数据库和管理信息系统，逐步实现与省、市、县交易平台联网对接和镇村网络系统集成配套。

11.1.3 深入推进农村集体产权制度改革

青溪镇全面开展农村集体资产清产核资和集体成员身份确认，加快推进集体经营性资产股份合作制改革。青溪镇建立健全农村集体经济组织，并在村党组织的领导和村民委员会的支持下，按照法律法规行使集体资产所有权。青溪镇加快农村集体资产监督管理平台建设，推动农村集体资产财务管理制度化、规范化、信息化。青溪镇稳定农村财会队伍，落实民主理财，规范财务公开，切实维护集体成员的监督管理权。

11.2 加快乡村振兴体制机制改革

青溪镇深化机制体制改革，健全工作运行机制，完善激励措施，强化利益联结保障，激发基层活力。

11.2.1 健全镇村工作运行机制

青溪镇借鉴浙江省乡镇财权相对独立的做法，在收支总体平衡的状况下，探索试点财政包干制度。青溪镇完善村级事务运行机制，深入实施"四议两公开一监督"工作机制，严格执行经济责任审计等制度，全面推行党务村务公开，引导群众在党组织领导下进行自我管理、自我教育、自我服务、自我监督。青溪镇建立村党组织领导的基层协商民主制度，及时反映和处置群众诉求、维护群众合法权益，预防化解矛盾纠纷，促进乡村和谐稳定。到2022年，青溪镇将全面建立党组织领导的民事民议、民事民办、民事民管的村级协商机制。

11.2.2 建立乡村组织激励机制

青溪镇全面落实对农村合作经济组织、农村社会组织参与乡村振兴的扶持政策，统筹整合乡村振兴各项政策、项目、资金、信息、人才、技术等资源，探索分类制定乡村组织服务乡村振兴的考核评价和激励制度，对表现突出的组织和个人给予物质或精神奖励。

11.2.3 创新农户利益联结机制

青溪镇鼓励农民和农村集体组织以土地、林权、资金、劳动、技术、产品为纽带，开展多种形式的合作与联合，推广"订单收购+分红""土地流转+劳务+社保""农民入股+保底收益+按股分红"等多种利益联结方式。青溪镇强化龙头企业联农带农激励机制，着力完善收益分配机制和风险防范机制，切实加强对农业经营主体、农民群众双方利益分配的指导与监管，推动双方明晰产权、明确责任与风险。

11.3 加强开放与扩大合作

青溪镇依托地方特色优质农产品，强化宣传推广，积极组织参加西博会、农博会等农产品展销会，加大农业交流合作力度。青溪镇发挥区位交通优势，主动融入"一带一路"、长江经济带建设，切实提升农业农村对外开放合作层次和水平。青溪镇通过"农旅+会节"等方式，继续办好紫荆花节、青溪古镇—唐家河自然保护区国际音乐节等知名会节，提升羊肚菌、核桃、蜂蜜等有机农产品和特色乡村旅游的影响力。青溪镇构建政府、企业、社会组织等共同参与的农产品宣传推介机制，发挥青溪镇农产品优势，在国内大中型城市开设旗舰店、直销店。青溪镇依托广元市蓉欧班列集货基地建设，开拓"一带一路"沿线国家农产品市场，拓展国际和国内市场，增强青溪镇农产品出口创汇能力。青溪镇深入开展区域合作，围绕有机农产品精深加工等主导产业，主动寻求产业对接转移合作。

12 强化规划组织实施保障

青溪镇坚持党的领导，充分发挥政府的作用，积极调动社会力量参与，坚持一张蓝图绘到底，推动全镇跨越式发展和乡村全面振兴。

12.1 加强党的领导

青溪镇加强党对"三农"工作的领导，坚持乡村振兴重大事项、重要问题、重要工作由党组织讨论决定的机制，建立和落实党政一把手第一责任人制度，为实现乡村振兴提供坚强组织保障。

12.2 落实主体责任

青溪镇明确镇党委、政府在实施乡村振兴战略中的主体责任，推动各级干部主动担当作为。青溪镇制订年度实施方案，细化落实规划提出的目标任务，推进乡村振兴重大项目和工程实施。青溪镇统筹政府和社会力量，搭建社会力量积极参与乡村振兴的平台，构建政府、市场、社会和农民群众协同推进的乡村振兴参与机制。

12.3 动员社会参与

青溪镇加强组织动员，构建政府、市场、社会协同推进的乡村振兴参与机制。青溪镇创新宣传形式，广泛宣传乡村振兴相关政策和生动典型，营造良好的社会氛围。青溪镇充分尊重群众意愿，调动群众的积极性、主动性和创造性，激发乡村发展内生动力，通过汇聚广大群众的力量和智慧，形成共建、共治、共享的乡村振兴新局面。

12.4 强化考核激励

青溪镇强化乡村振兴战略规划实施考核和激励约束，明确规划确定的约束性指标及重大工程、重大项目、重大政策、重要改革的责任主体和进度要求。青溪镇加强乡村统计工作和数据开发应用，建立科学全面的乡村振兴统计监测制度和乡村振兴实施进程及成效评价指标体系，进行乡村振兴统计监测，加强规划实施督促检查，适时开展规划中期评估和总结评估。

参考文献

［1］张美亮，崔慧芬，张琪瑞. 乡村振兴中农民主体地位的规划保障机制研究：以仙居县乡村规划管理机制创新为例［J］. 小城镇建设，2019，37（4）：67-71.

［2］尹仕美，廖丽萍，李奎. 乡村振兴规划共生策略构建及广西实践［J］. 规划师，2018，34（8）：68-73.

［3］王韬钦. 乡村组织振兴的历史逻辑与现实思考：基于国家治理与基层自治的博弈关系［J］. 观察与思考，2019（2）：68-76.

［4］周骏，王娟，陈前虎. 乡村振兴背景下乡村规划的转型发展：以浙江省浦江县薛下庄村为例［J］. 现代城市研究，2019（7）：2-7.

［5］刘瑞刚. 使命、系统与框架：乡村振兴规划中的"三农"再思考［J］. 规划师，2019，35（15）：93-97.

［6］范凌云，徐昕，刘雅洁. 乡村振兴背景下苏南乡村生态营建规划策略［J］.规划师，2019，35（11）：24-31.

［7］陈晓莉，吴海燕. 创新城乡融合机制：乡村振兴的理念与路径［J］. 中共福建省委党校学报，2018（12）：54-60.

［8］高红贵，赵路. 探索乡村生态振兴绿色发展路径［J］. 中国井冈山干部学院学报，2019，12（1）：133-138.

［9］何仁伟. 城乡融合与乡村振兴：理论探讨、机理阐释与实现路径［J］. 地理研究，2018，37（11）：2127-2140.

［10］刘彦随. 中国新时代城乡融合与乡村振兴［J］. 地理学报，2018，73（4）：637-650.

［11］谢安民，薛晓婧，余恺齐，等. 重建乡村共同体：从村民自治到社区自治［J］. 浙江社会科学，2017（9）：98-106，159.

［12］周永康，陆林. 乡村共同体重建的社会学思考 ［J］. 西南大学学报（社会科学版），2014，40（2）：61-67，181.

［13］刘祖云，张诚. 重构乡村共同体：乡村振兴的现实路径 ［J］. 甘肃社会科学，2018（4）：42-48.

［14］王介勇，周墨竹，王祥峰. 乡村振兴规划的性质及其体系构建探讨 ［J］. 地理科学进展，2019，38（9）：1361-1369.